도덕신학과 도덕신앙

- 칸트 종교철학의 실제 -

도덕신학과 도덕신앙

– 칸트 종교철학의 실제 –

김 영 태 지음

전남대학교출판부

❙ 머리말 ❙

서양 철학사를 통해서 볼 때 각 시대마다 평지의 고봉과 같은 걸출한 철학자 혹은 특별한 사조들이 출현하였다. 고대 그리스에는 소피스트 집단, 소크라테스, 플라톤, 아리스토텔레스 ; 헬레니즘 시대에는 스토아주의와 에피쿠로스주의 ; 중세에 이르면 아우구스티누스, 에리우게나, 안셀무스, 토마스 아퀴나스, 에크하르트 ; 근세에 이르면 데카르트, 스피노자, 로크, 흄, 칸트, 공리주의 ; 현대에 이르러서는 실존주의와 실용주의, 그리고 논리실증주의 및 분석철학 등이 그 산맥을 이룬다. 그런데 지금까지도 위력이 시들지 않고 오히려 더욱 각광을 받고 있는 사조 및 대철학자는 영국의 공리주의와 임마누엘 칸트를 손꼽을 수 있을 것이다. 또 이 가운데서도 특히 칸트는 세계적으로 인식론, 존재론, 윤리학 분야에서 광범위하게 헤아릴 수 없는 연구물이 쏟아져 나오고 있는 실정이다.

이와 관련하여 보았을 때 우리나라도 결코 예외가 아닐 것이다. 칸트의 세 비판서를 중심으로 괄목할만한 연구 성과가 이루어졌으며 지금도 칸트에 대한 관심과 연구는 타의 추종을 불허할 정도라고 해도 과언이 아닐 것이다. 그러나 단, 제4비판서라고 볼 수 있는 그의 종교론, 즉 『다만 이성의 한계 안에서의 종교』에 대한 심층적 연구는 이제야 비로소 여명의 단계에 돌입하였다고 볼 수 있을 것이다. 이러한 사실을 깨달은 필자는 이미 1980년대 후반에 이 문제와 씨름한 경험(철학박사학위

논문 작성)이 있고, 그 후에도 간간히 이와 관련한 논문들을 작성하여 발표한 바 있으며, 최근에는 한국 칸트 학회에서 "칸트의 도덕신앙론"을 발표한 바 있다. 따라서 필자는 이러한 일련의 일관성 있는 연구 성과를 한 곳에 결집할 필요성을 절감하여 금번에 『칸트의 도덕신학과 도덕신앙』이라는 제목으로 칸트 종교철학에 있어서의 실제를 담은 전문 서적을 세상에 선보이게 된 것이다. 비록 이 소품이 졸저일지라도 칸트의 종교철학과 그의 윤리학에 관심 있는 분들에게는 학문적으로 큰 도움이 되는 자료이기를 기대하는 마음이 크다.

물질만능과 지나친 감각적 삶의 추구, 더 나아가 지나친 업적주의로 말미암아 참된 종교와 진정한 도덕이 외면 당하는 이 시대에 선의지, 경건한 마음과 태도, 그리고 이에 부합한 도덕적 선행(善行)의 실천을 강조한 칸트의 애절한 호소가 이 책을 통하여 다소라도 확산되어 좀 더 밝은 사회가 된다면 저자로서는 더할 나위 없는 보람이 되겠다. 이 소품이 세상에 출현하도록 도움을 준 전남대학교 당국과 전남대출판부에 깊은 감사를 드린다. 추후 독자들로부터의 질정을 기꺼이 받아들이겠으며 그 질정을 계기로 하여 더욱 나은 소품이 되도록 계속해서 다듬어나갈 것임을 약속한다.

2006년 2월

김 영 태

| 목 차 |

제1장 | 서 론

1. 연구의 목적과 범위

칸트(Immanuel Kant, 1724~1804)는 그의 철학적 중심 과제를 "나는 무엇을 알 수 있는가? (Was kann ich wissen?)", "나는 무엇을 해야 하는가? (Was soll ich tun?)" 그리고 "나는 무엇을 바랄 수 있는가? (Was darf ich hoffen?[1])"라는 세 가지의 큰 물음으로 집약하였다.

첫째 물음은 사변적(이론적) 입장을 표명한 것으로, 칸트는 이 물음에 대하여 가능한 모든 답을 제시하여 이성으로 하여금 충분히 만족시켰다고 생각하고 선험적 감성론과 선험적 분석론에서 수학과 자연과학의 학적 인식을 정초하였다고 자부한다. 그러나 둘째와 셋째 물음에는 이성으로써 답하지 못하였다고 겸허하게 말한다. 즉 지식이 문제가 되어 있는 한 신이나 내세의 문제는 관여할 수 없다고 고백한다. 둘째 물음은 전적으로 실천적 과제이며, 이것은 물론 순수이성에 속하기는 하지만 선험적 문제가 아닌 도덕적 과제로 보는 것이다. 그런가 하면 셋째 물음은 실천적임과 동시에 이론적이다. 그래서 실천적인 것은 다만 이론적인 문제의 해답을 위한 단서로서만 사용된다. 그리고 이론적인 문제가 제고되면 사변적인 문제에 도달할 수 있다[2]는 것이다.

이와 같이 이성에 대한 칸트의 모든 관심(사변적 및 실천적)은 위의 세 문제로 귀착된다. 따라서 칸트의 사상은 인식 문제를 출발점으로 하여 실천적 윤리 문제로 나아가 마침내 신앙의 문제에 이르러 완성되는 일련의 맥락을 보여주고 있다.

칸트는 『순수이성비판』에서 수학과 자연과학적 인식을 정초함과 동시에 종래의 합리론적 입장에서 형이상학을 철저하게 비판하였으나 칸트의 진의는 결코 형이상학을 전면적으로 부정하는 것은 아니었다. 오히려 수학과 자연과학적 인식이 어떻게 확실성을 지닐 수 있는가를 탐구함으로써 새로운 형이상학을 확립하는 것이 목적이었던 것이다.[3] 그러므로 칸트는 우선 인간의 지식의 성립을 고찰하여 인식론을 전개하고 이를 바탕으로 도덕과 신앙의 본연의 위치를 회복시켜 나간다. 이와 같이 칸트는 인식론을 근거로 하여 자연에 대한 인식으로부터, 그리고 거기에는 포함되어 있지 않는 신의 문제에 이르기까지, 이른바 인간 본래의 형이상학적 문제로서의 근거를 밝혀 나간다. 칸트는 특히 『순수이성비판』의 선험적 변증론에서 본래의 의도인 이성 비판을 적극적으로 전개한다. 칸트의 이성 비판의 목적은 이론이성의 범위를 제한하고 실천 이성의 우위성[4]을 보여주는 데 있었다. 그리하여 칸트는 이와 관련하여 다음과 같이 진술하였다.

나는 신학에 관해서 이성을 단지 사변적으로 사용하려고 하

> 는 모든 시도는 전혀 아무런 성과도 거둘 수 없고, 그 내적 성질로 보아 공허하고 무의미하다는 것, 그리고 그 자연적 사용의 원리는 무엇이든 신학으로 인도하지 못하므로 도덕률에 근거하지 않거나 그 지도를 받지 않고서는 결코 이성의 신학이 있을 수 없다고 주장한다. 왜냐하면 오성의 모든 종합적 원칙은 경험 내부에서만 사용되는 것이고, 최고존재자의 인식을 위해서는 이성의 선험적 사용이 요구되긴 하지만, 우리의 오성에는 그러한 능력이 갖추어져 있지 않기 때문이다.[5)]

그런데 실천 이성과 직결되는 종교일반과 신학에 관한 칸트의 사상에는 두 가지 특징이 있다. 하나는 이론적 또는 형이상학적이라는 점, 다른 하나는 실천적 또는 도덕적이라는 점이다. 이 두 특징 중에서도 후자를 중시하는 것이 칸트의 입장이다. 칸트는 신의 존재 문제에 있어서도 도덕적 입장을 취하기에, 그의 입장은 '도덕적 유신론(Theismus Morali, Moral Theism)'[6)] 이라고 일컬어진다.

칸트의 도덕신학은 그의 세 『비판서』와 『이성의 한계 안에서의 종교』(이하 『종교론』으로 칭함)에서 고루 논의된다. 그러나 여기서 중요한 사실은 이미 『철학적 신학 강의』에 도덕신학의 기초 및 원론이 제시되어 있다는 점이다.

『제1비판서』에서 칸트는 신 존재에 관한 전통적인 세 가지 논의(존재론적 증명, 우주론적 증명, 자연신학적 증명)가 모두 타당성이 결여되어 있다는 결론을 내린다. 그러나 존재론적 증명이 이룩한 실재적 존재자(ens realissimum)의 개념은 이론적으로는 공허하다 할지라도 실천적으로는 부당하거나 모순되지 않다고 주장함으로써 신앙을 위한 여지를 마련한다.

『제2비판서』에서는 최고선(summum bonum)과의 관련 속에서 영혼불멸과 신의 존재를 요청한다. 최상선과 관련하여 영혼불멸을 요청하고, 완전선과 관련하여 신의 존재를 요청한다. 그리고 도덕률은 순수한 실천이성의 대상 및 궁극 목적으로서의 최고선의 개념을 통하여 종교, 즉 모든 의무는 신의 명령이라는 인식에 도달하게 된다고 한다.[7] 따라서 신앙이 실천을 요구하는 것이 아니고 실천이 신앙을 요구하게 된다. 다시 말해서 도덕이 종교를 요구하는 것이다. 신의 명령이 인간에게 주어지는 것이 아니고, 인간의 본성에 선천적으로 존재하는 도덕적 의무가 신의 명령이 되는 것이다. 그러므로 칸트의 '도덕신학(Moraltheologie)'은 '신학적 도덕(theologische Moral)'과는 구별되는 특징을 지니고 있으며, 칸트는 이 양자를 다음과 같이 명백히 구별하고 있다. 즉 "도덕신학은 신학적 도덕이 아니다. 왜냐하면 신학적 도덕은 최고 세계 지배자의 존재를 전제하는 도덕률을 포함하지만, 도덕신학은 도덕을 근거로 하여 최고 존재자의 존재를 확신하는 것이기 때문이다."[8]는 것이다.

『제3비판서』에서 칸트는 목적론의 개념, 특히 유기체에 나타난 목적론을 중심으로 현명하고 자애로운 자연의 창조자를 상정하고 있다. 칸트는 자연 속에 합목적성이 존재한다고 보아 이것으로 자연계와 도덕계, 감성계와 초감성계의 이원론을 극복할 수 있다고 생각한 것이다. 또한 자연신학과 도덕신학(윤리신학)을 대비시킴으로써 그의 사상을 점차 도덕신학으로 이행시키고 있다는 것을 볼 수 있다.

그러나 이러한 세 『비판서』의 도덕신학에 관한 언급에도 불구하고 위의 『비판서』들은 도덕신학의 가능성만을 시사하고 있을 뿐 구체적인 신학의 내용은 별로 없다는 것이 필자의 소견이다. 그러므로 칸트의 종교철학은 그의 『종교론』에 와서야 비로소 활발하게 전개된다고 볼 수 있다. 이 저작 속에서는 그리스도교의 전통적인 신앙 내용들 즉 원죄론, 구원론, 그리스도론 그리고 신국론 등이 철학적으로 논의되고 있다. 이 저작을 통한 그의 근본의도는 그리스도교적 신앙 내용의 정당화보다는 그리스도교의 역사적 교회신앙을 매개로 도덕적 이성 신앙의 필연성과 가능성을 제시하는 데 있다고 하겠다.

칸트의 다른 저작에 비하여 학문적 관심을 별로 끌지 못했던 『철학적 신학강의』[9] 역시 전통적인 철학적 신학의 문제들, 즉 신의 본성과 속성, 세계와 신의 관계, 창조, 섭리, 계시 등에 관한 자료를 많이 제시하고 있어 칸트의 신학 사상을 파악하는 데에 필수불가결의 역할을 한다. 현대적 표현으로 말하면 이 저서는 이른바 명실상부한 '조직신학서'인 것이며, 이러한 점에서 칸트는 그리스도교(특히 개신교) 조직신학의 선구자라 해도 과언이 아닐 것이다. 이러한 의미에서 틸리히(Paul Tillich, 1886~1965)는 19세기 신학에 결정적인 공헌을 한 학자는 헤에겔(Georg Wilhelm Friedrich Hegel, 1770~1831)이나 슐라이엘마허(Fräiedrich Ernst Daniel Schleiermacher 1768~1834)라기보다는 오히려 칸트라고 보았을 것이다. 칸트는 자유, 영혼불멸, 신이라는 종교적 관념이 이성적 논증에 의해서 확증될 수 있다고 가정하는 철학을 인식론적으로 비판한 점에서 휴움(David Hume, 1711~1766)을 따르고 있다[10]고 볼 수 있다. 희랍 정교회에서 끌어들인 철학자는 플라톤(Platon, 427?~347 B.C)이고, 로마 가톨릭교회에서 끌어들인 철학자가 아리스토텔레스(Aristoteles,

384~322 B.C)였다면, 칸트는 개신교에 사상적 근거를 제공한 개신교 철학자라고 볼 수 있다.

그렇다면 칸트에 대한 이러한 평가의 근거는 무엇일까? 그것은 칸트가 인간의 유한성과 그 유한성의 한계를 뚫고 무한성에 결코 이를 수 없음을 예리하게 파악하였다는 사실에 있다.[11] 이것은 계몽주의의 형이상학적 자만과는 대조를 이루는 커다란 변화가 아닐 수 없다. 일반적인 계몽주의에서는 이성의 힘을 과신하였지만, 칸트는 계몽주의자이었음에도 불구하고 이성적 존재인 인간을 유한성이라는 테두리 안에 머물게 하였던 것이다. 예컨대 인간이 여기에서 탈출하려고 시도하는 신비주의와 합리주의는 헛된 일이다. 결국 칸트의 비판적 인식론은 유한한 것의 범주를 신적인 것에 적용할 수 없다는 것이다. 다시 말해서 인간은 신의 존재를 증명할 수 없고, 다만 '마치…처럼(als-ob)'이라는 입장에서만 신에 대하여 언급할 수 있다[12]는 것이다.

이와 같이 칸트의 궁극적 관심은 곧 신학, 그 중에서도 도덕신학임에도 불구하고 이에 관한 국내·외 연구는 극히 미흡한 실정임을 부인하기 어렵다. 따라서 필자는 칸트의 모든 철학이 그의 도덕신학을 지향하고 있다는 견지에서 앞에서 언급한 칸트의 저작들을 중심으로 그의 도덕신학의 체계가 어떻게 전개되며, 그 내용은 무엇인가를 고찰하고자 하는 것이다. 따라서 제2장에서는 종래의 사변신학에 대한 칸트의 비판을, 제3 장에서는 사변신학을 지양한 후 어떠한 방식으로 도덕신학으로 이행하여 그것의 기본 구조를 어떻게 정초하는가를 개진하려고 한다. 여기에서는 세 가지 요청이론을 비롯하여 신의 속성 및 인과성 등 소위 그의 "도덕적 유신론"이 다루어질 것이다. 그리고 제4장에서는 도덕적 유신론이 정초되었을 경우 도덕적 신앙의 구체적 실천 및 도덕공동체의 확립 방안이 무엇인가를 구조화해 보겠다. 그리하여 개인 윤리로서의 도덕신앙, 목적의 왕국으로서의 도덕적 공동체를 확립하여 사회윤리를 실현하려는 칸트의 원대한 의지를 고찰해 보겠다. 특히 칸트의 『종교론』에 나타난 근본 의도가 무엇인가를 밝혀 보겠다.

이러한 일련의 논구는 곧 칸트가 그의 『제1비판서』의 <서언>에서 언명한 "신앙에 여지를 마련해 주기 위하여 지식을 지양하지 않을 수 없었다"[13)]라는 그의 의미심장한 언표를 뒤따르는 조그마한 작업이 될 것이다.

2. 칸트에 있어서 신학의 개념

칸트는 그의 『철학적 신학 강의』에서 신학에 관해서 다음과 같이 피력하고 있다.

> 신학이란 무엇인가? 신학은 최고 존재자에 관한 체계적 지식이다.… 신 지식의 체계는 가능한 모든 신 지식의 총화에 관여하는 것이 아니라, 다만 인간의 이성이 신과 해후하는 것에 관여한다. 신에 대한 모든 지식은 이른바 원형적 신학(theologia archetypa)이라고 불리우며, 이 지식은 오직 신 자체 안에서만 발견된다. 한편 인간성 안에 있는 신의 일부에 대한 지식 체계는 모형적 신학(theologia ectypa)이라 불리우며, 이것은 매우 불충분할 수가 있다. 가능한 모든 신 지식의 총화는 인간에게는 불가

능하며, 심지어 참된 계시를 통해서조차도 불가능하다. 그러나 우리의 이성이 신 인식에 있어서 어느 정도까지 나아갈 수 있는가를 이해하는 것은 아주 가치 있는 탐구 중의 하나이다.[14)]

칸트는 『순수이성비판』에서는 이성의 사변적 원리에서 신학을 근원적 존재자의 인식이라고 전제하고, 신학을 이성으로부터의 신학(theologia rationalis)과 계시로부터의 신학(theologia revelata)으로 구분했다.[15)] 칸트는 전자를 다시 선험적 신학(transzendentale Theologie)과 자연적 신학(natürliche Theoligie)으로 분류한다. 선험적 신학 가운데 근원적 존재자의 현실적 존재를 경험 일반으로부터 도출해 내려고 하면 우주론적 신학(Kosmotheologie)이며,[16)] 경험을 조금도 빌려오지 않고 오로지 개념으로 승인하려고 생각한다면 이것은 존재론적 신학(Onto-theologie) 이다. 한편 자연적 신학은 세계에서 경험할 수 있는 자연의 성질과 질서와 통일에서 세계 창조자의 성질과 현실적 존재를 추리하게 되는데, 이 경우 세계에는 다만 자연과 자유라는 이중의 원인성과 규칙성이 있다는 것을 칸트는 명백히 하고 있다. 칸트는 여기에서 최고 예지자를 상정하는데 이것은 자연적 질서와 완전성의 원리, 아니면 도덕적 질서와 완전성의 원리 중의 하나로서 전자를 자연신학(Physikotheologie), 후자를 도덕신학(Moraltheologie)[17)]이라고 한다.

따라서 칸트의 신학은 결국 사변 신학과 도덕신학으로 크게 구분된다고 할 수 있다. 도덕신학은 칸트가 원칙상 부정한 종래의 사변신학과는 확실히 분위기가 다르다. 그리고 사변신학은 세계에 관한 사실이나 이념에서 출발하여 인과적 혹은 논리적 근거에서 신의 존재를 논의하는 것이다. 그러므로 사변신학은 과학적 결론이 그러하듯 인격과는 독립된 것으로서 인간 의지와는 상관이 없다. 그러나 이와는 대조적으로 도덕신학은 어떤 사실이나 개념적 난제로부터가 아니라 우리가 행하거나 혹은 실천적으로 영향을 받을 수 있는 그 무엇으로부터 출발하지 않으면 안된다. 따라서 도덕신학자의 궁극적인 주장은 지식을 구성하는 것이 아니고 오히려 확신을 표상하는 것이다. 아울러 칸트의 주장은 성공적인 기하학적 증명이나 유력하게 제시된 과학적 경우에 해당하되 보편적 타당성을 요구할 수는 없고, 칸트의 출발점을 공유하는 자들에게만 그 타당성을 요구할 수 있다. 그래서 도덕적 특징에 무감각하고 도덕적 책무를 깨닫지 못하는 자들에게는 도덕신학이란 무의미한 것이 될 수도 있다.[18)]

그럼에도 불구하고 이러한 도덕신학에 어떠한 의미에서 경칭인 '이성적(합리적)'이라는 칭호를 부여할 수 있을까? 두 가지 상이한 차원에서 가능하다고 왈쉬(Walsh)는 주장하고 있다. 첫째, 그 결론들이 어떤 의미에서도 결코 독단적(임의적)이 아니라고 주장함으로써 가능하다. 이 경우 도덕적으로 행동한 사람, 또는 도덕적 가책을 느끼는 사람은 신의 존재를 긍정하는 셈이 된다. 그런데 유덕한 무신론자는 이 방면에 둔감하여 과연 무엇이 그 자신의 도덕적 활동과 논리적으로 밀접한 관계가 있는지를 알지 못한다.[19)] 둘째, 도덕적 행위는 독립적이며 능동적이라는 의미에서 자율적이다. 어떤 일련의 사실들이 세계에 대해서 합리적인 것처럼 도덕적인 삶은 신학을 위한 합리적 출발점이 된다는 결론이 도출된다. 도덕에 기초한 신학은 그것이 물리적이든 형이상학적이든 어떤 사실에 정초하려는 의도를 지닌 신학과는 판이한 형태를 취한다. 도덕신학의 주장은 필연적으로 행위와 밀접한 관련을 갖게 된다.[20] 필자는 왈쉬의 주장에 전적으로 동의한다. 그러므로 결국 칸트의 경우, 신의 존재를 논증하기 위해서는 도덕적 명제로부터 출발하지 않으면 안된다. 그러한 의미에서 칸트는 유일하게 가능한 신학은 도덕신학이며, 자연신학은 도덕신학을 위한 준비에 불과하다고 주장하였을 것이다. 칸트는 이러한 명백한 그의 견해를 『판단력 비판』에서 밝히고 있다.

> 나는 자연(물리)신학은 그것을 아무리 밀고 나간다고 해도 창조의 궁극 목적에 관해서는 아무 것도 우리들에게 드러내 주는 것이 없다고 확언하는 바이다. 왜냐하면 자연(물리)신학은 궁극 목적에 대한 물음까지도 도달하지 못했기 때문이다. 그러므로 자연(물리)신학은 과연 하나의 오성적 세계 원인이라는 개념을 우리가 목적에 따라 이해할 수 있는 사물들을 가능케 하는 개념, 즉 우리의 인식능력의 성질에만 주관적으로 적합한 개념으로서 시인할 수는 있지만, 이 개념을 이론적 측면이나 실천적 견지에서는 더는 규정할 수 없다. 그리고 자연(물리)신학의 기도는 신학을 정초하려는 그 의도를 달성하지 못하고 언제나 자연적 목적론에만 머무른다.[21]

그러므로 칸트의 견해에 따르면 자연신학은 하나의 오해된 자연적 목적론이요, 신학에 대한 준비(예비학)로서만 유용할 뿐이다.[22] 이와 같은 자연신학에 대한 칸트의 비판은 두 가지 기능을 갖는다고 할 수 있다. 첫째, 그것은 신의 존재에 대한 이론적인 증명들의 오류를 폭로함으로써 신의 존재가 증명될 수 없음을 보여 준다. 둘째, 그것은 또한 신이 존재하지 않는다는 것도 결코 증명할 수 없음을 보여준다. 결국 우리는 이성으로써는 신의 존재를 증명할 수도 부인할 수도 없다는 것이다. 이와 같이 자연신학에 대한 칸트의 비판은 실천적, 도덕적 신앙에 여지를 남겨둠으로써 도덕신학에로의 이행을 추진하고 있는 셈이다. 이렇듯 신앙이 전제될 때 이성은 신에 대한 우리의 관념을 올바르게 할 수도 정화할 수도 있다. 비록 이성은 사변적인 사용에 있어서는 신의 존재를 증명할 수 없지만, 도덕적 사용에 있어서는 신의 존재 논증이 가능해지는 것이다.

이와 같이 칸트가 항상 실제로 관심을 표명했던 자연신학적 논의는 우리의 마음에 신학적 실천적 인식을 준비해 줄 수 있고, 비록 그것이 자연신학에 확실한 기초는 제공해 줄 수 없다고 할지라도 우리의 마음에 "곧고도 자연스런 방향"[23]을 제시해 줄 수는 있는 것이다.

칸트에 따르면, 만약 선험적 신학의 신 개념 그 자체만을 가정한다면 그것은 전적으로 나태하고 무용하며 아무런 감동도 주지 못한다. 그러나 만약 선험적 신학이 다른 두 신학에 입문이나 서론으로 사용된다면 그것은 매우 유용한 것이 될 것이다. 왜냐하면 선험적 신학에서는 우리가 신을 전적으로 순수한 방법으로 사유할 수 있으며, 또한 이 선험적 신학은 신인동형론이 여타의 두 신학에 살며시 침투하는 것을 방지하기 때문이다. 따라서 선험적 신학은 우리로 하여금 오류를 범하지 않도록 안전하게 해 주는 소극적 유용성의 역할을 한다.[24] 다시 말해서 선험 신학은 우리로 하여금 신 인식으로부터 우리의 개념

속에 도사리고 있는 감각적인 모든 것(예컨대 신인동형론)을 제거하도록 해 준다는 것이 칸트의 입장이다.[25] 우리 모두가 선험신학에서 신을 인식하는 경우 그것은 단지 최고의 본래적 근거 개념 뿐이라는 것이 사실이다. 하지만 이 개념 그 자체가 무용하고 또한 부가적인 지식이 되지 못한다고 하더라도, 그것이 모든 신학의 토대로 적용될 때에는 훌륭한 가치를 지니는 것이다.[26] 왜냐하면 사변신학이나 선험신학과는 달리 도덕적 신학은 순사변적 신학이 말할 수 없는 신의 존재를 확신하기 때문이다. 실천이성이 먼저 신 개념을 내세우고 이로부터 도덕률을 이끌어 내서는 안되는 대신 우리의 도덕의식에서 출발하여 도덕률에 합치시킨 뒤에 신 개념을 형성해야 한다. 신의 계명이기 때문에 우리가 도덕적인 책임이 있는 것이 아니라 먼저 우리의 내심이 신의 계명을 지켜야 하는 책임을 느끼기 때문에 도덕적인 것이 신의 계명이 되는 것이다. 그러므로 도덕신학은 초월자를 이론적-사변적으로 인식하는데 유용한 것이 아니며 그것은 실천적-내재적으로만 사용되는 것이다. 선험적 신학이 아닌 도덕신학이 우리의 도덕적 사명을 세계에 실현할 것을 제시하는 것이다. 따라서 도덕신학만이 유일하게 가장 완전하고도 이성적인 근원 존재의 개념에 도달한다[27]는 것이 칸트의 주장이다.

이상에서 살펴본 바와 같이 칸트에 있어서 신학은 논리적으로 윤리학에 우선하는 것이 아니라 윤리학에 의존하고 있음을 알 수 있다. 유일하고도 가능한 이성의 신학은 도덕률에 근거한 것이거나 혹은 윤리학에 인도를 청하는 것이다.[28] 그래서 신학적 개념은 전적으로 윤리적 개념에 의거하기 때문에 신학이 윤리학에 우선하며, 도덕적 명령은 신의 명령이라는 전통적 견해는 거꾸로 뒤집힌다. 즉 근본적이고 자율적인 개념은 윤리적 개념이며 신학적인 것은 부차적이다.[29] 이러한 점에서 사변신학은 필연코 도덕신학으로 이행하여야 한다는 것이 칸트의 집요한 주장이라 하겠다.

제 2 장 | 사변신학 비판

칸트에 의하면 세 가지의 선천적 개념, 즉 선험적 이념(transzendentale Idee)이 있는데 이 선험적 이념에 따라 세 가지의 선험적 가상(transzen-dentaler Schein)이 생기게 된다. 첫째는 사유적 주관을 대상으로 하는 선험적 심리학에 있어서의 오류, 둘째는 모든 현상의 총괄, 즉 세계를 대상으로 하는 선험적 우주론에 있어서의 오류, 셋째는 모든 사유 가능한 것 가운데 최고의 제약을 대상으로 하는 선험적 신학의 오류이다. 그런데 사유적 주관(영혼)에 관한 것은 순수이성의 오류추리(Paralogismus),[30] 세계에 관한 것은 순수이성의 이율배반(Antinomie der reinen Vernunft),[31] 그리고 신에 관한 것은 순수이성의 이상(Ideal der reinen Vernunft)[32]이라고 한다.

여기서 신의 관념은 술어의 무한집합에 관한 완결만이 아니라 개별자와 인격성까지도 포함한다. 따라서 칸트는 그것을 이념(Idee)이라고 부를 뿐만 아니라 이상(Ideal)이라고 말하기도 한다. 이처럼 신의 관념은 아무런 경험 요소도 포함하지 않으므로 칸트는 그것을 '순수이성의 이상', 또는 '선험적 이상'이라고 부른다.[33]

순수이성의 이상은 이성이 선언적 추리(disjunktiver Schluβ)로 개념의 분류를 완성하기 위하여, 그 이상 아무것도 필요로 하지 않는 분류의 항의 집합을 찾아가는 데에서 성립하는 선험적 가상으로서 사유 일반의 모든 대상의 절대적 통일을 찾아서 신이라는 존재자를 상정하는 것이다. 그러나 이러한 이상이란 단지 이념으로서만 생각되어진 것이기 때문에 이성이라는 것을 잘못 사용한 것임은 말할 것도 없다. 다시 말해서 통제적(regulativ)이어야 할 이성을 구성적(konstitutiv)으로 사용하는 데서 기인된 잘못이라는 것이다.[34)]

칸트에 의하면, 인식의 이상은 실재성의 총체(omnitudo realitatis)라는 이념을 생각하고 모든 것을 여기에서 도출한다는 것인데, 이 실재성의 총체라는 이상이 현실에 실체로서 존재한다고 생각할 때 여기서 신의 존재를 생각하게 된다. 그런데 실재성의 총체는 근원적 존재자(ens originarium), 또는 그 대상 위에 아무 것도 없는 한에서 최고의 존재자라고도 하며, 모든 것이 피제약적인 것으로서 그 대상 밑에 종속하는 한에서 모든 존재자 중의 존재자(ens entium)라고 불리운다. 그러나 이러한 모든 명칭은 하나의 현실적 대상이 다른 사물에 대하여 맺는 객관적 관계를 의미하지 않고, 이념이 개념에 대하여 맺는 관계를 나타내므로 우리는 여전히 불확실한 상태에 머물러 있는 것이다.[35)]

이와 같이, 이성은 최고의 실재성이라는 이념을 실체화하여 신의 존재를 생각하게 되는데, 이 때 이성이 수행하게 되는 신의 존재의 증명에는 세 가지의 방식이 있으며, 그 이상은 없다고 한다. 첫째, 명확한 경험과 그 경험에 의하여 인식된 감성계의 특수한 성질에서 출발하여, 이로부터 인과성의 법칙에 따라 이 세계 밖에 있는 최고의 원인에로 거슬러 올라가는 것, 다시 말해서 매우 특정한 경험 즉 존재 안에 목적성과 질서가 있다는 것을 관찰하는 것으로부터 출발하여 이 질서의 원인을 묻고, 그 다음에는 인과명제의 도움을 받아 하나의 최고의 원인으로까지 소급하여 증명하는 자연신학적 증명(Physikotheologischer Beweis) 둘째, 단지 부정적인 경험, 즉 어떤 존재를 경험적으로 기초하는 것으로서 첫 번째 증명과 거의 같으나 다만 현실적인 존재가 그 스스로 하나의 원인을 필요로 한다는 것을 인정하면서도 현실적인 존재 전체의 경험을 바탕에 두고 있는 증명 곧 우주론적 증명(kosmologischer Beweis) 셋째, 모든 경험을 사상하고 완전히 선천적인 것으로 단지 개념에서만 최고원인의 존재에로 추리하는 것, 곧 존재론적 증명(ontologischer Beweis)이 그것이다.[36]

칸트는 신 존재의 증명은 이론이성의 입장에서 보면 이 세 가지 이상의 증명은 존재하지 않으며, 또 그 이상 있을 수도 없다는 것을 강조한다. 그런데 칸트는 신의 존재 증명을 위에서 말한 것과는 달리 역순에 따라 하나하나 다루어 간다. 그의 계획은 우선 존재론적 증명(본체론적 증명)이 불가능하다는 것을 지적하고, 그 다음에는 우주론적 증명은 존재론적 증명의 결과에 불과하며, 마지막으로 자연신학적 증명은 우주론적 증명의 결과로서 세 증명 모두가 실패하고 만다는 것을 밝히는 것이다. 우드(Wood)는 칸트의 이러한 시도를 도미노 효과(Domino effect)[37]로 표현한다. 이와 같이 칸트는 이론적 입장에서 세 가지의 신의 존재 증명을 일일이 검토하여 모두 성립하지 못함을 밝히고, 사변적 신학은 전적으로 성립될 수 없는 것이며 도덕 신학(Moral theologie)[38]을 제외한 어떠한 신학의 가능성도 배제하였다.

그렇지만 칸트가 절대자를 순수이성의 이상이라고 설명할 때, 우리는 그의 말을 주의 깊게 경청할 필요가 있다. 그는 플라톤의 *Timaeus*를 이어 받아 이상을 모상(Nachbild)의 보편타당한 규정의 원형(Urbild)이라고 말한다. 이 이상들은 객관적인 실재나 실존을 가지고 있지 않다 하더라도 결코 환상이 아니라, "이성의 불가결한 기준이며, 이성은 불완전한 것의 정도와 결함을 평가하고 측정하기 위해 그런 종류의 완전한 것에 대한 개념을 필요로 한다."[39]는 것이다. 예컨대 우리들이 하나하나의 윤리적인 행위를 이상이나 가치에다 직접적으로 관련지어 이에 따라 모상의 완전성의 정도를 측정하고, 따라서 여러 가지 덕을 조건지워진 것이라고 보거나, 이와 반대로 이상을 덕을 조건짓는 무제약자라고 보는 것처럼 모든 존재자를 신에게 관계지을 수가 있다는 것이다. 이때 신은 만물의 원형(Urbild ; Prototypon)이 된다. 만물은 모두 결함이 있는 모상으로서 스스로의 가능성을 위해서 원형으로부터 소재를 받아들이며, 많건 적건 이 원형에 접근하면서 언제나 무한히 떨어져 있어 그곳에 도달할 수 없는 것이다.[40] 그러므로 문자 그대로 신은 현실이 아닌 이상인 것이다. 이러한 설명을 종합하여 볼 때 인간의 이성으로는 신의 가능성도 신의 불가능성도 모두 증명할 수 없다는 것을 알 수 있다. 그러나 그 무엇으로도 신의 가능성을 가정하는 것을 막을 수는 없다는 것이 또한 칸트의 지론이다.[41] 이성은 절대 필연적 존재자의 위치를 정하고 그것에 매우 도덕적이고 신학적인 의미를 지닌 속성들을 부여한다. 절대 필연적 존재자를 신으로 상정하고 또한 그를 전지·전능·전선(全善)한 존재자로 생각하기도 한다.

이제 칸트가 행한 세 가지 사변신학에 대한 비판 내용을 존재론적 신학, 우주론적 신학, 자연신학의 순으로 좀더 구체적으로 검토해 보기로 하겠다.

1. 존재론적 신학(Ontotheologie)[42] 비판

존재론적 증명은 안셀무스(Anselmus, 1033～1109), 데카르트(Descartes, 1596～1650), 라이프니쯔(Leibniz, 1646～1716) 그리고 칸트 직전에는 볼프(Christian Wolff, 1679～1754), 멘델스조온(Moses Mendelssohn, 1729～1786) 등에 의해 주장되었는데 특히 그리스도교 철학자였던 안셀무스를 대표적 학자로 본다.[43]

안셀무스는 그리스도교적인 신의 개념을 그 이상의 위대한 분을 생각할 수 없는 존재(aliquid quo nihil maius cogitari potest ; a being than which nothing greater can be conceived)라는 형태로 표현함으로써 그의 논증을 전개하였다. 안셀무스의 논증은 신을 존재하는 것들 중에서 가장 완전한 존재자일뿐 아니라, 너무나 완전하기 때문에 그보다 더 완전한 분을 생각할 수 없는 존재자로서 논증한다. 안셀무스 진술의 한 부분을 눈여겨보자.

> 오 주여, 당신은 '그 이상의 위대한 존재를 생각할 수 없는 실재'일 뿐만 아니라 당신은 생각할 수 있는 어떤 존재보다도 위대한 존재입니다. 그 이유는 우리가 그러한 존재를 생각할 수 있는데 만일 당신이 바로 그 존재가 아니라면 우리는 당신보다 더 위대한 존재를 생각할 수 있으며, 이것은 불가능하기 때문입니다.[44]…
>
> 이제 나는 당신의 은혜로 믿었던 것을 이제 당신의 빛으로 이해하게 되었습니다. 그리하여 이제 당신이 존재한다는 것을 믿기를 거절하더라도 나는 그것(당신의 존재)이 진리라는 것을 이해하지 않을 수 없습니다.[45]

이 논증은 귀류법(reductio ad absurdum)의 형태를 취하고 있다. 안셀무스가 가정한 무신론적 반대자는 구약성서 시편에 나오는 "어리석은 자는 그 마음에 이르기를 하나님이 없다 하도다"(시 14:1)에서의 어리석은 사람(바보)과 동일시 된다.[46] 안셀무스의 존재론적 증명은 현대에도 철학자들에게 자극을 주어 흥미있는 토론을 유발하고 있다. 플랜틴가(A. Plantinga)[47]는 존재론적 논증을 다음과 같이 요약하고 있다.

(1) 신은 오성 속에 존재하나 실재 속에는 존재하지 않는다. <가정>

(2) 실재 속의 실존재(existence)는 오성 속에서만의 실존재보다 더 위대하다.<전제>

(3) 실재 속의 실존재가 부과된 신의 속성을 지닌 존재자가 상정될 수 있다.<전제>

(4) 실재 속의 실존재가 부과된 신의 속성을 지닌 존재자는 신보다 더 위대하다.<(1)과 (2)>

(5) 신보다 더 위대한 존재자가 상정될 수 있다.<(3)과 (4)>

(6) 신보다 더 위대한 존재자가 상정될 수 있다는 것은 오류이다.<정의>

(7) 그러므로 신이 오성 속에는 존재하나 실재 속에는 존재하지 않는다는 것은 오류이다.<(1)~(6) 귀류> 따라서 만일 신이 오성 속에서 존재한다면 그는 실재로도 존재한다.[48)]

그러나 안셀무스의 증명에 대해 이미 그 당대에 반론이 제기되었었다. 프랑스의 한 무명의 수도사 고닐로(Gaunilo)라는 사람이 그의 『어리석은 사람을 대신하여』(In Behalf of the Fool)라는 저서에서 만약 우리가 '완전한 섬'에 대한 관념이 있으면 그러한 섬이 실제로 존재할 수 있느냐고 반문하였다. 물론 안셀무스에게는 완전한 섬이란 그 자체가 논리적 모순일 수밖에 없다. 섬이란 이미 불완전한 것이기 때문이다. 그러나 안셀무스는 그저 완전한 자에 대해서 논한 것이지 완전한 섬 같은 그런 것을 말한 것이 아니라고 이 반문에 대하여 대답하였다.[49)]

고닐로와는 달리 현대의 신학자 바르트(Karl Barth, 1886~1968)[50)]는 안셀무스의 논증을 신의 존재를 증명하려는 논증으로 보지 않고 신도들로 하여금 신을 가장 훌륭하게 느낄 수 있는 존재보다는 열등한 존재로 느끼지 못하게 하기 위하여 신이 그 자신을 계시한 의미로 받아들여야 된다고 주장하였다. 그러므로 이러한 견해에 의하면 안셀무스의 논증은 무신론자를 신자로 개종시키는 것이 목적이 아니라 이미 그리스도교 신앙을 가지고 있는 신도들로 하여금 신을 더욱 깊이 이해할 수 있도

록 하는 데 그 목적이 있었다고 볼 수 있을 것이다.[51)]

근세 여명기의 철학자 데카르트는 종래의 논증을 정리하여 많은 사람의 주목을 받았었다. 그는 근대철학의 중심 문제로 등장한 "존재는 속성 혹은 술어이다"라는 명제를 내걸고 그의 논지를 전개하였다. 존재라는 것은 하나의 특성(characteristic)이므로 모든 사물의 본질은 정의를 내릴 수 있는 속성을 가지고 있다. 마치 삼각형의 내각의 총화가 180°임이 그 삼각형의 필수적인 특성인 것과 같이 '존재'는 가장 완전한 존재의 필수적인 특성이다. 필수적인 특성을 가지고 있지 않은 삼각형은 삼각형이 아니듯이 존재라는 필수적인 특성을 가지고 있지 않은 신은 신이 아니다. 다만 삼각형과 신의 특성 사이에 차이가 있다면 삼각형의 경우에는 '존재'가 삼각형성(triangularity)의 필수적인 특성이 아니므로 그 삼각형이 반드시 존재한다고는 말할 수 없다. 그러나 완전한 존재자의 경우에는 첫째로 '존재'가 바로 그의 본질적인 속성이며, 둘째로는 실제로 존재하지 않으면 가장 완전한 존재가 될 수 없기 때문에 그러한 존재, 즉 신은 반드시 존재해야 한다고 말할 수 있다.[52)]

또 데카르트는 '제3성찰'에서 신의 이념이 모든 이념 가운데서 특별하고도 근본적인 위치를 차지한다고 주장하였다. 즉 무한에 대한 지각은 유한에 대한 지각보다 우선한다는 것, 다시 말해서 신의 이념이 나 자신의 이념보다 우선한다는 것이다. 이러한 데카르트의 논증에 따르면 존재는 유한적 실체보다는 무한적 실체 안에 더 많이 내포되어 있다는 전통적 존재론에 기초하고 있다[53)]고 볼 수 있을 것이다. 모든 세대에 걸쳐 사람들은 절대적이고 필연적인 존재자를 말해 왔으나 그들이 그러한 존재자를 이해하여 온 과정에는 어떠한 난점도 없었다. 다만 그들은 그러한 존재자의 실존재를 증명하기 위하여 노력해왔을 뿐이다. 왜냐하면 인간의 오성은 비존재가 어떻게 불가능한지에 대하여 이해할 수 없었기 때문이다.

데카르트의 '성찰 5'에 나오는 신 존재 증명의 삼단논법은 다음과 같이 개진되고 있다.

대전제 : 어떤 것의 성격에 관계된 것을 우리가 명석하게 이해하는 것은 무엇이든 간에 확인될 수 있다.

소전제 : 신이 존재한다는 것은 신의 성격에 관계된다.

결 론 : 그러므로 신이 존재한다는 것은 확인될 수 있다.

이 삼단논법의 대전제는 확실성을 위한 기준, 즉 우리가 그것의 진리(사실)를 직관하거나 명석판명하게 이해할 때 하나의 명제가 우리에게 완전한 확실성에 의해 알려진다는 기준에 기초하고 있다. 또한 그것은 순수하고 단순한 본질 또는 참되고 불변하는 본성의 이념에 기초하고 있다. 그런데 명석판명한 것의 실례는 수학, 그 중에서도 삼각형의 예이다. 아울러 이 삼단논법의 소전제는 최상적 완전성의 참되고 불변하는 성격에 대한 지성적 탐구에 기초하고 있다. 존재란 모순을 내포하지 않은 어떤 본성에 속하는 완전성이라고 데카르트는 주장한다.[54) 데카르트는 휴움(David Hume)처럼 사물을 상정하는 것과 그 사물을 현존하고 있는 것으로 상정하는 것은 전혀 다른 것이 아니라고 믿기 때문에 이러한 주장을 한 것이다.[55)]

실재적 존재자(ens realissimum)의 절대적 필연을 설명함에 있어서 볼프(Wolff)는 삼각형은 반드시 삼각을 가져야만 한다는 것이 절대적으로 필연적이라는 사실을 실례로 들었다. 그러나 이러한 판단의 절대적 필연성은 다만 판단에 있어서 질료 혹은 술어의 조건 지워진 필연성일 뿐이다. 문제가 되는 명제는 삼각은 필연적으로 존재한다고 말할 것이 아니라 오히려 삼각형이 존재한다는 조건하에서 삼각은 필연적으로 그것과 더불어 존재한다는 것이다.[56]

이제 이러한 안셀무스와 데카르트의 논증에 대한 칸트의 비판을 살펴 보자. 칸트에 따르면 존재(being)나 실존(existence)은 규정(determination) 또는 실재적 술어가 아니다. 오히려 그것은 물(物)을 가정하는 것이거나 그 자체로 실존하는 것으로서의 어떤 규정이다. 우리가 신은 존재한다(God exists or There is a God)라고 언표할 때 신의 개념에다가 새로운 술어를 덧붙이는 것이 아니라 주어의 술어와 더불어 그 자체로서의 주어를 가정할 뿐이다. 즉 만일 신이 있다면, 신은 존재한다(If God is, God is)와 같은 논법이다. 실존(existence)은 실재 또는 완전성이 아니다. 현실적인 것은 단지 가능적인 것 이상의 아무 것도 포함하지 않는다. 왜냐하면 가능한 것은 개념을 의미하고 현실적인 것은 대상과 정립(Thesis) 그 자체를 의미하기 때문이다.[57]

'있다'라는 개념은 어떤 물체라는 개념에다가 무엇을 부가시켜 주는 것이 아니다. 예를 들어 상상 속의 100탈러[58]는 실제로 가지고 있는 100탈러와 같은 것으로 구성되어 있다. 그리고 그 100탈러가 진실이라거나 실제로 존재한다는 것은 100탈러라는 상상적인 개념을 실제적인 세상에 적용시킨 것이며, 상상적인 100탈러에다가 무엇을 부가시킨 것이 아니다. 다시 말해 어떤 것이 존재한다는 것은 그것이 가지고 있는 여러 가지 속성에다가 또 하나의 속성을 부가시킨 것이 아니라 그것이 실제

로 이 세상에 존재한다는 것을 말할 뿐이다. 그러므로 존재는 속성이 아닌 것이다.[59)]

우리는 어떤 개념이 개념만으로 마음 밖에서 실제로 실증화 되는 것을(다시 말해서 실례를 가지는 것을) 보장하는 개념을 형성할 수 없다. 개념의 본질과 존재영역의 본질은 너무나 판이하기 때문에 어떤 개념이 실제로 현실화 되느냐는 문제는 사실의 문제이며, 경험에 의하여 결정될 문제다. 존재라는 개념은 진실로 최고의 실재라는 개념과 분석적으로 연결되어 있다. 그러나 존재하는 어떤 최고의 실재라는 복잡한 개념이 인간의 현실에 상응하느냐 하는 문제는 선험적으로 결정할 수 없는 것이다. '있다'라는 어휘는 문법적으로는 술어이지만 그것의 논리적 기능은 어떤 개념에 그 이상의 성분을 추가시키는 것이 아니라 단지 그 개념에 대한 어떤 답변을 가정한다는 의미에서 다른 술어들과는 판이하다. 따라서 "최고 존재자의 존재를 개념에서 이끌어 내는 존재론적(데카르트적) 증명에서는 모든 노력과 작업이 허사였다. 상인이 자기의 재산 상태를 개선하기 위하여 그의 재산의 현재의 잔고에 영(零)을 몇 개 더 첨가한다고 해서 그의 재산이 더 증가되는 것이 아니듯이 단지 이념만으로 지식이 풍부하여질 수는 없다"[60)]는 것이 존재론적 증명에 대한 칸트의 비판적 결론이다.

신의 존재를 '개념'에서만 인식하는 것은 불가능하다는 점을 칸트는 그의 『실천이성비판』에서도 강력히 지적하고 있음을 볼 수 있다. "더구나 신과 같은 존재자의 존재를 단순히 개념에서 인식하는 것은 절대로 불가능하다. 왜냐하면 모든 존재명제(Existenzialsatz), 다시 말하면 개념의 대상이 되는 존재자에 관해서 그것이 존재한다고 주장하는 명제는 종합적이기 때문이다. 바꾸어 말하자면 오성 안에 있는 이 개념에 대응해서 오성 밖에 있는(직관적) 대상이 설정되는 것이기 때문이다. 그러나 이러한 일은 어떠한 추리로도 이끌어 낼 수가 없는 것이다."[61]

그럼에도 불구하고 칸트는 존재론적 증명의 의의를 다음과 같이 서술하고 있다. "이 신학(증명)은 비록 실천적 견지에서는 크게 유용성이 없다고 할지라도 개념들을 정화해 주는 이점을 가지고 있다. 이 신학이야말로 가능한 모든 신학의 근거이다."[62] 따라서 "존재론적 논증은 우리가 신에 대하여 어떻게 언표할 것인가에 대한 편리한 규칙을 제공하여 준다. 그리고 이 논증은 신의 최고 실재성에 상반되는 어떠한 신의 개념도 우리의 신 개념 속에 침투하지 못하도록 주의를 환기시켜 준다"[63]고 칸트는 말한다. 그러므로 존재론적 신학의 논의를 통해 도달할 수 있는 결론은 신은 근원적 존재자(ens originarium)라는 상정이다. 우리는 흔히 근원적 존재자의 개념으로부터 신의 근원성을 추론하지만, 오히려 근원적 존재자로부터 실재 존재자(ens realissimum)를 추론하기도 한다[64]는 것이 칸트의 견지이다.

칸트는 존재론적 신학(혹은 선험신학)을 도덕과 종교적 관점에서 유용한 것으로 보되, 특히 그것이 우리로 하여금 경험적 원리들로부터 도출된 신인동형론적(anthropomorphic) 신 개념의 채용을 저지한다는 점에서 한층 유용한 것으로 본다. 칸트는 도덕과 더불어 신학이 그 기초를 경험적 원리에 놓았을 때, 그리고 순수이성으로부터 보다는 자연과 경험으로부터 그들의 신을 도출할 때, 더 나아가 이상적이고 도덕적으로 올바른 행위에 의해서라기보다는 공허한 의식(儀式)을 통해 신을 섬길 때 그것이 부패하게 된다는 것이다. 칸트는 대부분의 사람들을 향하여 경험으로부터 도출된 신의 개념은 끔찍한 환상이며, 미신적 대상에 대한 의례적 예배이며, 위선적 찬양이라고 강변한다. 그런데 칸트는 선험신학(존재론적 신학)이 오성의 순수개념에 기초한 보다 냉정하고 엄격한 신의 개념을 제시함으로써 그러한 부류의 종교적 부패로부터 우리를 구하여 준다고 본 것이다.

칸트는 결국 신의 이념은 인간 이성에 있어서 근본적인 이념이라고 주장했다. 그는 『철학적 신학 강의』에서 다음과 같이 서술하고 있다. "부정(negations)이란 무엇인가? 그것은 실재의 제한에 불과하다. 왜냐하면 만일 적극적인 것이 먼저 사유되지 않으면 어떠한 부정도 사유될 수 없기 때문이다. 광명의 개념 없이 어떻게 암흑을 사유할 수 있으며 번영의 개념 없이 어떻게 빈곤을 사유할 수 있겠는가?"[65] 그러므로 칸트가 말하는 논증은 다름 아니라 "실재적 존재자는 그 자체 내에 모든 실재를 포함하고 있는 어떤 것이다. 그러나 실존재는 또한 실재이기 때문에 실재적 존재자는 필연적으로 존재하지 않으면 안된다. 따라서 만일 누가 신이 존재하지 않는다고 주장한다면 주어(主語)내에 포함된 술어적인 어떤 것을 부정하는 셈이며, 이것이야말로 모순이다"[66]는 것이다.

존재론적 신학에서는 신을 최고 존재자로 상정하거나 적어도 이 개념을 인식의 기초로 삼는다. 그렇지만 단지 하나의 사물인 순수이성을 통하여 최고존재자를 어떻게 상정할 수 있겠는가? 모든 사물은 그 속에 어떤 존재를 나타내는 적극적인 면을 갖지 않으면 안된다. 단지 비존재는 어떤 것도 구성하지 못한다. 모든 부정적 방식의 존재자(de ente omni modo negative ; of a being in every way negative) 개념은 비존재 개념이다. 그러므로 개별적 사물은 실재를 가져야만 하기 때문에 우리는 모든 가능한 사물을 실재적 존재자라고 표상할 수 있는 것이다. 그러나 다만 약간의 실재를 가진 어떤 것의 경우에는 그 무엇인가가 결핍되어 있기 때문에 그것은 완전한 것이 되지 못한다. 그러므로 최고의 사물은 모든 실재를 갖는 것이 되어야 할 것이다. 따라서 실재적 존재자의 개념은 최고 존재자(entis summi)의 개념인 것이다.[67)]

칸트는 또한 최고 존재자의 개념에서 모든 실재를 지닌 존재자로서의 신을 상정한다. 근원성과 절대적 필연성을 도출하는 것은 바로 실재적 존재자와 그것의 속성으로부터이다. 최대 존재자(ente maximo ; the greatest Being)로서의 신 개념 역시 존재론적 신학의 기초인 것이다.[68)]

칸트는 심미적 무한성(위대한 대상), 수학적 무한성(무한수), 그리고 형이상학적 무한성(무한실재)을 들어 존재론적 논증을 이해하려고 하기도 한다. 그러나 수학적 무한의 개념을 신에게 적용해 가지고는 신에 대한 지식을 한걸음도 더 진전시킬 수 없고, 신의 절대적 위대성을 들여다 볼 수 있는 통찰력도 제공받을 수 없다고 한다. 왜냐하면 이 수학적 무한의 개념을 통해서는 신의 위대성의 개념을 결코 표현할 수 없기 때문이다. 그러나 칸트는 형이상학적 무한성의 개념을 통해서는 최고의 완전성을 이해할 수 있는 가능성을 배제하지 않는다. 실재성의 총체(omnitudo realitatis ; all of reality)는 이른바 '형이상학적 무한성'으로 이 개념을 통해서 신의 위대성의 정확한 개념을 이해할 수 있다는 것이다. 왜냐하면 이 총체적인 실재는 그의 절대적 위대성만을 결정하기 때문이다.[69)]

다시 말해서, 이 개념은 위대성 그 자체의 결정적인 개념이기 때문이라는 것이다.

2. 우주론적 신학(Kosmotheologie)[70)] 비판

철학사적으로 볼 때 우주론적 논증을 택한 최초의 인물은 아리스토텔레스로서 그 뒤 키케로(Marcus Tullius Cicero, 106~43 B.C), 아우구스티누스(Aurelius Augustinus, 354~430), 아베로에즈(Averroës, 1126~1198), 토마스 아퀴나스(Thomas Aquinas, 1225~1274) 등이 각각 이를 채용하였고 본격적으로는 근대의 기계론적 자연관을 배경으로 한 로크(John Locke, 1632~1704), 라이프니쯔(Leibniz, 1646~1716), 볼프(Christian Wolff, 1679~1754) 등에 있어서이다.

아리스토텔레스는 "영원한 것이 없다면 생성도 있을 수 없다. 생성의 과정을 거쳐 가는 그 무엇이 존재해야 되기 때문이다. 그리고 모든 운동의 마지막 단계는 다른 것에 의하여 발생된 것이 아니다. 그 이유는 무(無)로부터는 아무 것도 생겨날 수 없으므로 모든 운동의 연속은 어떤 것으로부터 시작되어야 하기 때문이다."[71)]라고 하였는데 이와 같은 아리스토텔레스의 사상은 그 후에 토마스 아퀴나스에게 큰 영향을 끼쳤고 이 사상은 그리스도교(특히 로마 가톨릭교) 사상에도 큰 영향을 주었다.

토마스 아퀴나스의 조탁인 우주론적 증명은 존재론적 직접적인 지식과는 달리 간접적인 지식, 곧 논리적 추리로써 신 존재를 논증하려는 시도이다. 존재론적 증명에서는 신이 전제되었지만 우주론적 증명에서는 신은 미봉적 가설(working hypothesis)로서 설정된다. 이 점은 특히 우주론적 증명의 한 계통인 자연신학적(목적론적) 증명에서 더욱 특징적으로 나타난다. 아퀴나스는 직접적인 지식 곧 직감에 의존하는 신앙은 간접적인 감성적 지식보다 확실성이 부족한 것이라고 생각했기 때문에 신을 감성적인 지식으로 논증하려 했던 것이다. 그것이 이른바 그의 '다섯 가지 증명 방법(Five Ways)'이다.[72]

신이라는 개념에 초점을 두고 그 개념의 내적인 의미를 추구해 나가는 존재론적 증명과는 대조적으로, 아퀴나스는 우리가 살고 있는 이 세계의 일반적인 특징으로부터 출발하여 우리가 신이라고 부르는 궁극적 실재(Ultimate Reality)가 없다면 이러한 일반적인 특징을 가진 세계가 존재하지 않았을 것이라고 주장한다. 그리하여 첫 번째 방법[73]은 운동(ex parte motus, motion or change)이라는 사실로부터 제일운동자(Prime Mover)를 증명해 나간다. 즉 이 세계 속에서 일어나는 모든 운동은 잠세태(potentia)에서 현실태(actus)로 실현되어가는 과정이다. 모든 가능성은 다른 가능성으로 소급된다. 그러나 무한히 소급되는 것은 불가능하므로 우리는 어떤 다른 가능성으로 더 이상 소급되지 않는 존재, 즉 자기 자신은 다른 것에 의하여 움직이지 않으면서 최초로 다른 것을 움직이게 하는 존재(Primum Movens)를 전제할 수밖에 없다. 이 존재가 곧 신이라는 것이다.

두 번째 방법[74)]은 인과법칙으로부터 제일원인(First-Cause)을 증명해 나간다. 즉 이 세계의 원인들로부터 (ex ratione causae efficientis) 출발한다. 이 세계의 모든 사물들은 어떤 원인으로부터 온 결과이고, 이 원인은 다른 원인으로부터 파생되는 결과이다. 이리하여 우리는 계속 보다 높은 원인으로 소급하게 된다. 그러나 무한히 소급하는 것은 불가능하므로 우리는 더 이상의 원인을 갖지 않은 최초의 원인(Prima Causa)을 전제할 수밖에 없다. 이것이 곧 신이다. 이 내용을 다시 체계화하면 다음과 같이 말할 수 있다. (1) 변화하고 있는 물(物)이 있으며, 변화 작용을 하는 물(物)이 있다. (2) 만일 변화하고 있는 물(物)이 있으며 변화 작용을 하는 물(物)이 있고, 또 그 밖의 다른 것에 의해 변화하도록 작용되어지는 것이 있어야만 그 어떤 것에 변화를 일으킨다면 인과적 연쇄는 무한히 길 것이다. 그러므로, (3) 그 밖의 다른 것에 의해 변화하도록 작용하는 것이 있어야만 그 어떤 것이 변화를 일으킨다면 인과적 연쇄는 무한히 길 것이다. (4) 인과적 연쇄는 무한히 길 수 없다. 그러므로, (5) 변화를 일으키는 어떤 것이 있긴하나 그 밖의 그 어떤 것에 의해서도 변화받지 않는 제일원인이 있다. 그것이 곧 신이다.

세 번째 방법[75)]은 우연적인 존재로부터 필연적인 존재자를 증명해 나간다. 즉 이 세계의 가능적 존재와 필연적 존재로부터 (ex possibili et necessario) 출발한다. 이 세계의 모든 사물들은 존재할 수도 있고 존재하지 않을 수도 있는 개연적인 존재이며 모든 가능성의 존재는 그것을 존재하게 한 필연적 존재자로 소급된다. 그러나 무한히 소급되는 것은 불가능하므로 우리는 어떤 다른 필연적 존재로부터 오지 않는 존재, 즉 자기의 존재의 필연성을 자기 자신 안에 가진 존재자(ens per se necessarium)를 전제할 수밖에 없다. 이 존재자가 곧 신이다. 여기까지의 내용을 다시 체계화하면 다음과 같이 진술할 수 있을 것이다. (1) 무한량의 시간동안 사물이 있어 왔거나 유한량의 시간동안 사물이 있어 왔거나 둘 중의 하나이다. (2) 만일 무한량의 시간동안 사물이 있어 왔다면 계기(繼起)할 수 있는 현존하는 실재들(entities)의 각기 다른 전체량(총화)은 일찍이 어떤 때에 일어났었을 것이다. (3) 존재하는 것들만이 우연적인 것이라면 이제까지 그 어느 것도 존재하지 않았을 하나의 가능성이 있다. 그러므로, (4) 만일 무한량의 시간동안 사물이 있어 왔고 존재하고 있는 사물들만이 우연적인 것이라면 지금 이전에는 아무 것도 존재하지 않았을 것이다. <2, 3> (5) 만일 유한량의 시간동안 사물이 있어 왔고 존재하는 것들만이 우연적인 것이라면 지금 이전에는 아무 것도 존재하지 않았을 것이다. 그러므로, (6) 만일 존재하는 것들만이 우연적이라면 지금 이전에는 아무 것도 존재하지 않았을 것이다. <1, 4, 5> (7) 만일 지금 이전에는 아무 것도 존재하지 않았다면 아무것도 지금 존재하지 않을 것이다. <6, 7> 그러므로, (8) 만일 존재하는 것만이 우연적이라면 지금 아무 것도 존재하지 않을 것이다. <6, 7> (9) 지금 아무 것도 존재하지 않는다는 것은 거짓이다. 그러므로, (10) 존재하는 것들만이 우연적이라는 것이 거짓이라면 필연적인 존재자가 있는데 그가 곧 신이다. <8, 9>

네 번째 방법[76]은 가치의 여러 가지 정도로부터 절대 가치를 증명해 나간다. 즉 이 세계의 존재의 단계들로부터(ex gradibus qui in rebus inveniuntur) 출발한다. 이 세계의 모든 사물들은 존재의 대·소에 있어서 상이한 단계들을 형성하고 있다. 존재에 있어서 큰 단계는 작은 단계의 원인이 되며, 이리하여 우리는 가장 큰 존재(maxime ens)를 전제할 수밖에 없다. 이 존재자가 곧 신이다.

다섯째 방법[77]은 자연 속에 존재하는 합목적성으로부터 신적인 설계자를 증명해 나간다. 이렇게 해서 자연의 경륜이 결국 신의 존재를 가리키는 것으로 본다.

이후 우주론적 신학은 특히 라이프니쯔와 볼프에 의해서 다루어져왔다. 이 신학에 있어서는 어떤 경험의 대상이 존재하며 그 시도는 순수경험으로부터 최고 존재자의 실존이 확립된다는 것을 전제한다. 볼프는 모든 가능성의 근거를 포함하는 존재자의 실존이 단순히 그러한 존재자의 개념으로만 증명될 수 있겠는가 하는 의문을 품었다. 그러므로 그는 "어떤 것이 존재한다. 그런데 그것은 스스로 존재하거나 아니면 그의 실존의 근거로서의 원인을 갖든지 해야 한다. 제일 원인이 모든 존재자들의 존재자가 되어야 한다. 따라서 우주론적 신학은 존재론적 신학과 같이 추상적이다"[78]라고 말한다.

그러면, 이제 우주론적 신학에 대한 칸트의 비판을 들어보자.

> 내가 지금 논구하려고 하는 우주론적 증명은 절대적 필연성과 최고 실재성과의 연결을 확보한다. 그러나 앞의 존재론적 증명과 같이 최고 실재성에서 존재의 필연성을 추리하는 것이 아니라 오히려 이미 주어져 있는 어떤 존재자의 무제약적 필연성에서 그 무제한적 실재성을 추리한다. 따라서 우주론적 증명은 이성적인지 궤변인지는 모르지만 적어도 자연적인 추리법의 궤도에 올랐다. 이 추리법은 일반적인 오성뿐 아니라 사변

> 적인 오성에 대해서도 대단한 설득력을 지니고 있으며, 이 추리법이 처음으로 자연신학의 모든 증명에 대하여 분명히 기본적인 노선을 제시한 것이다. 그래서 사람들은 아무리 다양한 형태로 분식하고 은폐하려고 하더라도 언제나 이 노선을 따라 갔고 또 금후로도 따라 갈 것이다. 라이프니쯔 역시 '이것을 세계의 우연성에 의한' (a contigentia mundi) 증명이라고 부른 바 있다.[79]

이 증명은 만일 어떤 것이 존재한다면 어떤 절대적 존재자도 또한 존재해야만 한다는 것이다. 예컨대 "나 자신은 존재한다. 그러므로 필연적 존재자도 존재해야 한다"[80]와 같은 것이다. 이 논증의 소전제는 경험을 포함하고 대전제는 경험을 통한 추론을 포함한다. 이 추론은 인과법칙에 의거하는 바 우연적인 모든 것은 원인을 갖는다는 것이다. 만일 이 원인 역시 우연적이라면 이 원인은 또 다른 원인을 가져야 한다. 다른 것에 종속하는 사물의 연속은 절대적으로 필연적인 원인에서 종결되어야 한다. 그렇지 않을 경우 그것은 완전한 것이 될 수 없기 때문이다. 그런데 최상의 원인이 없는 결과의 연속인 무한소급(regressus in infinitum)은 불합리하다. 존재하는 모든 것은 우연적이든가 아니면 필연적이든가 둘중의 하나로만 존재할 수 있다.[81]

이렇게 본다면 이 증명 속에는 존재론적 증명이 논증의 핵심으로서 사실상 포함되어 있음을 명백하게 알 수 있다는 것이 칸트의 견해이다. 우주론적 증명은 존재론적 증명을 그 근저에 두고 있는 것이다. 존재론적 증명은 우주론적 증명을 비밀리에 침식하고 또 존재론적 증명은 우주론적 증명에 의해 전제되며,

우주론적 증명은 옛 논증이 새로운 모습으로 변장했을 뿐이라고 칸트는 주장한다. 이른바 우주론적 증명 내에 포함된 것은 단지 개념들을 통한 존재론적 증명 뿐이라는 것이다.[82] 우주론적 증명은 일차적 자료를 제외하고는 선험적 증명처럼 추상적이다. 왜냐하면 이 일차적 자료는 경험적이지만 그것 이외에는 순수 개념과 관계하기 때문이다. 우주론적 증명 속에는 선험적 증명이 전제되어 있다. 따라서 앞의 증명(선험적 증명)이 정확치 못한 것이라면 이 두 번째 증명(우주론적 증명) 역시 저절로 붕괴된다.[83] 칸트는 우주론적 증명을 논파하고 그 내부에 포함된 이성의 초월적인 측면을 다음과 같이 지적한다.

첫째, 우연자로부터 그 원인을 추론하는 선험적 원인이 포함되어 있으나 이 원칙은 감성계에만 의미가 있으며 감성계를 넘어서면 의미가 없는 것이다. 왜냐하면 단순히 지적인 개념은 원인에 대한 그와 같은 종합적 명제를 산출하지 못할 뿐만 아니라 인과율은 감성적 세계를 제외하고는 하등의 의의도 없는 것이며 사용할 수도 없는 것이기 때문이다. 그러나 우주론적 증명에 있어서는 인과율이 바로 감성계를 초월하기 위한 역할을 하고 있다. 둘째, 감성계에 있어서는 누적된 원인의 무한한 계열이 불가능하다는 이유에서 제일원인을 추론한 근거가 포함되어 있으나 경험에 있어서 이성 사용의 원리는 제일원리를 추론할 권리를 우리에게 부여하지 않는다. 셋째, 그곳에는 이 계열의 완결에 관한 이성의 자기만족이 있다. 그렇기 때문에 그것을 기다려서 비로소 필연성의 개념이 성립하는 모든 제약을 제거하여 버리고 이것을 개념의 완결이라 보는 것이다. 넷째, 모든 내적 모순 없이 결합된 실재성의 개념의 논리적 가능성과 선험적 가능성과의 혼동이 존재한다. 전자는 이러한 종합이 사용될 수 있는 원리를 필요로 하는 것이지만, 이것은 가능적 경험의 영역에만 관계할 수 있는 것이다.[84)]

많은 철학자들과 철학사가들은 우주론적 증명이 필연적으로 존재론적인 증명으로 빠져 들어가게 됨을 보여 주려는 칸트의 시도가 성공적이었다고 쉽게 간주했던 것 같다. 실제로 우주론적 증명은 언뜻 보기에 상당한 설득력을 가지고 있는 것처럼 보인다. 그러나 이 증명도 자세히 살펴보면 많은 약점을 포함하고 있다. 우선 그 최초의 원인과 신을 동일시할 수 있느냐 하는 문제가 생기는데 사실 최초의 원인과 창조주인 신은 과연 동일할까? 또한 모든 것의 원인이 반드시 하나일 필요가 있는 것인지도 의문이다. 대개 생물의 경우에는 위로 올라가면 갈수록 수가 줄어지고 마침내 하나의 조상으로부터 모든 후손이 생겨났다고 할 수 있지만 다른 존재들도 동일한 방법으로 생각할 것인지는 의문의 여지가 많다. 그럼에도 불구하고 우주론적 신학은 이신론(理神論)에 비해 한걸음 앞선 신학임에 틀림없는 것으로 보인다. 우주론적 신학은 유신론적인 신의 개념을 우리에게 가르쳐 준다. 왜냐하면 우주론적 신학 안에서 우리는 신을 최상의 지성, 오성과 자유를 통하여 만물의 창조자인 최고의 존재자로 알게 되기 때문이다. 그러나 이신론자는 신 개념에 있어서 단지 만물의 근원으로서 맹목적으로 행위하는 영원한 본성, 근원적 존재자, 또는 세계의 최상의 원인만을 이해한다. 이신론자는 감히 신이 자유를 통한 만물의 근거라고 주장하지 못한다.[85)] 즉 도덕적 신을 상정하지 못하는 것이다.

3. 자연신학(Physikotheologie)[86] 비판

자연신학적 증명(목적론적 논증, 또는 설계로부터의 논증)은 역사적으로는 플라톤의 대화, *Timaeus* 이후의 고대철학에 자주 보이고, 중세에는 토마스 아퀴나스의 '다섯째 방법'에 나타난다. 근대에 와서는 페일리(William Paley, 1743～1805)가 그의 저서인 『자연신학 : 혹은 자연현상에 나타난 신의 존재와 속성에 대한 증거』(*Natural Theology* ; *or Evidence* of *the Existence and Attributes* of *the Deity Collected from the Appearances of Nature*, 1802)에서 이 논증을 제기했으며, 오늘날에는 특히 보수적인 신학자들이 즐겨 다루고 있다.[87]

우주론적 증명의 '다섯째 방법'인 이 증명은 세계 속에 있는 사물들의 방향으로부터 (ex gubernatione rerum) 출발한다. 모든 사물들은 하나의 목적을 지향하고 있다. 그러므로 우리는 모든 사물들이 궁극적으로 지향하고 있는 최고의 목적을 전제할 수 밖에 없다. 이 최고의 목적, 즉 모든 사물들이 그것에 의하여 목적을 향하여 배열되는 이성적 존재가 곧 신이라는 것이다.

자연신학적 증명은 세 가지 논증 중에서 가장 인상적인 논증으로 인기가 높은 편이다. 왜냐하면 이 논증은 우리가 주변 세계의 그 놀라운 복잡함과 아름다움에 직면할 때 가끔 느끼는 매우 자연스러운 경외심을 반영하고 있기 때문이다. 우리를 둘러싸고 있는 세계는 법칙적이고, 질서가 있으며 매우 복잡한 구조를 가지고 있기 때문에 그것이 단지 하나의 커다란 우연의 일치 때문이라고, 즉 우연한 상황이 결합되어 이루어진 결과라고 말한다면 그것은 의식 없는 일일 것이다. 그럴 듯한 합리적 설명은 세계란 그것을 만들고 유지시키는 어떤 지적인 창조자의 의도적인 작품이라는 설명뿐이다. 17세기와 18세기에는 흔히 시계나 꼭두각시 같은 그 당시 가정에서 유행하던 기계적 물건을 실례로 들어 논증하였다. 만일 우리가 사막에서 시계 하나를 발견했다고 하면 우리는 당연히 그 시계가 어떤 시계공에 의해서 만들어졌다고 생각할 것이다. 시계의 부품들이 우연히 한데 모여져서 그렇게 되었을 가능성을 심각하게 고려하지는 않는다.

그러나 세계는 시계보다 더욱더 복잡하다. 우리는 여러 가지 비슷한 점을 들어서 원래 그것은 매우 뛰어나고 숙련된 창조자에 의해서 만들어졌다고 생각하지 않을 수 없다. 세계를 하나의 시계로 유비할 때 세계내의 여러 조각이 우연히 이런 질서 있는 체계로 될 수는 없는 것이다.[88] 우주론적 증명이 일반적으로 세계의 우연적 실존으로부터 최상의 완전한 존재자의 필연적 실존을 논의하는데 비해 자연신학적 증명은 현실세계의 특별한 구성으로부터 논의를 시작한다. 다시 말해서 자연세계의 미와 조화 속에서 발견되는 다양성과 질서, 그리고 자연물 속에서 관찰될 수 있는 합목적적 배열들로부터 논의하는 것이다.[89] 칸트는 자연신학적 증명에 대해 자신이 이해한 바를 『순수이성비판』 B. 650~651에서 다음과 같이 피력하고 있다. 그 내용을 풀어서 설명해 보면 아래와 같다.

현존하는 세계는 우리에게 다양성, 질서, 합목적성, 미 등의 무제한한 광경을 펼쳐준다. 사람들은 이것들을 공간의 무한성 중에서 추구할 수도 있을 것이고 혹은 공간의 무한한 분할 중에서 추구할 수도 있다. 그래서 우리의 미약한 오성이 그에 관해서 획득할 수 있는 지식에 있어서도 수없이 많은 기적에 대하여 어떠한 말로도 이를 형언할 수 없고, 어떠한 수(數)도 이를 측정할 힘이 없으며, 우리의 사상까지도 그 한계를 분간하지 못한다. 그러한 만큼 전체에 관한 우리의 판단은 무언 속으로 해소되고, 그렇기 때문에 경이(驚異)는 더욱 증대되지 않을 수 없게 된다. 우리는 어디서나 원인과 결과, 수단과 목적의 연쇄, 생성과 소멸의 규칙성을 발견한다. 그리고 어느 것도 그것이 있는 상태 속에 스스로 들어간 것이 아니기 때문에, 그것은 언제든지 그 원인으로서의 다른 사물을 지시하며 이 원인은 다시 바로 이와 동일한 질문을 필연적으로 계속한다. 따라서 이 무한한 우연적인 것 이외에 그 자체가 근원적이고 독립적으로 자존하여 이 우연적인 것을 지지하고, 또 그 발현의 원인으로서 우연적인 것의 존속을 보장하는 그 무엇을 인정하지 않으면, 모든 것 전체가 무의 심연으로 빠져 들어가지 않을 수 없다. 우리는 세계의 내용 전체를 모르며 또 가능한 모든 것과 비교해서 그것이 얼마나 큰 것인지 측정할 수도 없다. 그러나 우리는 인과성의 관점에서 가장 외적이고 가장 상위인 존재자를 요하는 이상, 우리가 이 존재자를 동시에 완전성의 정도에 있어서 가능한 모든 다른 것보다 위에 정립하는 것을 그 무엇도 방해하지 못할 것이다.[90)]

이와 같이 자연신학적 증명은 자연질서의 합목적성에서 출발하면서 목적을 설정하는 최고의 이성으로 귀결시킨다. 이 증명에 따르면 자연에 있어서는 최대의 지혜를 가지고 완성된 일정한 의도에 바탕을 둔 배치의 명백한 징표가 발견되기 때문에, 세계의 최고원인으로서 목적을 설정하는 예지자가 인정되어야 한다는 것이다. 이와 같은 예지자가 곧 신이다. 그러므로 세계는 신으로부터 나오며, 모든 실재성이 신에게 포함되는 한, 신은 가장 완전한 존재자이며, 또한 존재의 표징이기도 한 것이다.

따라서 칸트는 자연신학적인 논의에서의 주된 계기들을 다음과 같이 정리하였다.

첫째, 세계에서 우리는 합목적적인 질서의 분명한 표징들을 관찰한다. 즉 우리는 목적에 대한 수단들의 적합성에 관한 분명한 표징들을 볼 수 있다. 둘째, 목적에 대한 수단들의 이러한 적합성은 우연적인 것이며, 사물의 본성에 속하지 않는다. 그러므로 셋째, 적어도 이러한 적합성의 한 원인이 있어야 하며 이 하나의 원인은 예지적이며 자유로워야 한다. 넷째, 세계의 상이한 부분들 사이에 존재하는 상호관계들, 즉 예술 작품과도 같은 조화로운 체계를 산출하는 상호관계들은 하나의 유일한 원인이 실재한다는 우리의 추론을 정당화해준다.[91] 아울러 칸트에 의하면 자연적 목적들의 실존설명에는 네 가지 방법이 있다고 한다. (1) 인과적 메카니즘의 작용으로부터의 기회에 의해서 순수하게 일어나는 것들, (2) 맹목적 자연적 필연성의 원리로부터 결과하는 것들, (3) 생래의 원리나 본질적 수용능력과 같은 '생명' 또는 자기조직(self-organization)을 포함한 질료와 같은 것, (4) 자연적 목적들의 복잡한 배열을 예지적인 자연의 창조자의 현명한 의도에 돌리는 것 등이 그것이다. 칸트는 이들 네 개의 가설을 (1) 에피쿠로스주의 (2) 스피노자주의 (3) 물활론(hylozoism) (4) 유신론(theism)이라고 명명하였으며, 이들 네 개의 가설을 자연적 합목적성에 대해 설명할 수 있는 모든 것을 망라한 것으로 보았다. 즉 (1) 생명없는 질료 (2) 생명없는 신 (3) 살아있는 질료 (4) 살아있는 신[92] 등이 그것이다.

그러나 칸트는 이 네 가지의 가설을 객관적으로 결정할 수 있다고는 생각하지 않는다. 그의 견해로는 에피쿠로스주의와 스피노자주의는 자연 내의 합목적성을 설명하려는 시도를 그다지 많이 하지 않는 것으로 본다. 칸트는 이 두 가설을 '합목적성의 관념론(Idealism)'이라고 묘사하면서 자연의 합목적성은 실재적인 것을 의미하는 것이 아니라 관찰자의 정신 내의 환상일 뿐이라고 주장한다. 그러나 칸트는 이와는 대조적으로 물활론을 '합목적성의 실재론(Realism)'으로 보는 반면에 자연적 목적의 설명에 대해서는 부정확한 것으로 간주한다. 칸트는 자연의 합목적성을 설명하는 유신론에도 만족하는 것 같지 않으나 그래도 이 중에서 가장 유력한 것으로 본다. 따라서 그는 유신론이야말로 경험과학을 위해 고려할만한 발견술적(heuristic) 가치가 있는 것으로 보고 있다.[93] 그럼에도 불구하고 칸트는 질료 자체의 실존은 신에 대하여 우연적이라는 것을 논의하기 위하여 자연현상을 사용하도록 힘써야 할 것 등 많은 한계점을 지적하면서 자연신학적 증명에 대해서도 비판을 하고 있다. 이와 관련한 비판의 일단을 눈여겨보자.

> 이 추리(자연신학적 증명)에 따르면 그처럼 많은 자연적 조직의 합목적성과 적합성은 단지 형식의 우연성을 증명할 뿐 질료 즉 세계 내의 실체의 우연성을 증명하는 것이 아니라고 한다. 왜냐하면 질료의 우연성이 증명되고, 세계의 물(物)들이 그 실체에 있어서도 최고 지혜의 소산이 아니라면, 보편적인 법칙

에 따르는 그러한 질서와 조화에 부적당하다는 것을 증명할 수 있는 가능성이 그 이상으로 요구되기 때문이다. 그러나 이에는 인간적 기술과의 유추에 의한 것과는 전연 다른 증명 근거가 필요하게 될 것이다.… 질료 그 자체의 우연성을 증명하려면 우리는 일종의 선험적 논증의 입장을 취하지 않을 수 없게 되는데, 바로 그것이 이 증명에서 회피하려고 하는 것이다.[94]

만약 자연신학적 증명이 이성적이고 형이상학적인 논증(경멸적인 표현으로서)을 요구하지 않는다면, 자연신학적 증명은 정통적인 신을 닮은 신의 실존을 확립하는 것이 불가능할 것이다. 아마 경험적 신학자는 실재적 존재자의 개념 또는 존재론적으로 완전한 존재자의 개념은 정통적인 유태-기독교적(Judaeo-Christian) 신앙보다도 철학자들의 발견물이라고 주장할지도 모른다. 그러나 그러한 사람은 만물이 의존하고 있는 천지의 창조자, 가시적인 것과 불가시적인 것의 창조자인 신에 대해서 말하려면 더욱 곤란하게 될 것이다.

이와 같이 칸트는 목적성을 통하여 신의 존재를 증명하는 방식이 목적에 대한 수단의 적합성의 유추에 기반하고 있는 것으로 해석하고 있으며 실제로 그 증명은 18세기에 이런 식으로 행해졌다. 그러나 이 점에서 제기될 수 있는 숱한 반대에도 불구하고 칸트는 "그 증명은 기껏해야 자신이 다루는 재료들에 의해서 많은 제한을 받은 세계 건축가의 존재는 가정할 수 있으나 세계 창조자의 존재는 설명할 수 없다"[95]고 비판한다. 이러한 칸트의 주장은 매우 설득력이 있다고 생각된다.

고안(考案)이라는 관념은 우리를 고안자라는 관념에로는 인도하지만, 곧바로 그 고안자가 유한한 감성적 사물들의 창조자이기도 하다는 결론으로는 인도하지 않는다. 그리하여 칸트는 진정한 의미에서 신의 존재를 증명하기 위해서는 자연신학적 증명이 우주론적 증명의 도움을 받아야 한다고 생각한다. 그러나 이것도 칸트의 견해에 의하면 존재론적 논의에 빠진다. 이렇게 볼 때 자연신학적 증명조차도 비록 간접적이기는 하지만 선천적인 논의 혹은 존재론적인 증명에 의존하고 있다는 것이다. 다시 말해서 신의 존재는 어떠한 다른 고려와도 달리 존재론적인 논의를 사용하지 않고서는 증명될 수 없으며 이에 따라 오류일 수밖에 없다는 견해이다. 그래서 결국 세 종류의 증명은 모두 공통된 오류를 갖고 있는 셈이며 각각 그 자체로서도 자연적 오류를 갖고 있는 셈이다. 이와 관련하여 칸트는 자연신학적 증명을 다음과 같이 비판하고 있다.

> 그러므로 자연신학은 최상의 세계원인에 관한 하등의 특정한 개념도 제공하지 못하며, 따라서 종교의 기초가 되어야 할 신학의 원리로서 충분한 것이 되지 못한다. 절대적 존재로서의 진행은 경험적 진로를 통하여서는 전연 불가능하다. 그런데 자연신학적 증명에서는 사람들이 그런 진로를 취하였다. 그러면 이처럼 넓게 벌어진 틈을 뛰어 넘기 위해서는 어떠한 수단을 취할 것인가?[96)]

일상생활에서나 신학에서 사람들이 '신'에 대하여 말할 때 이미 그들은 '모든 실재를 소유한 존재자'라는 공공연한 존재론적 개념을 말하는 것이 되며, 그 이념을 보다 정확하게 그리고 보다 지적으로 표현하는 것임을 잘 알고 있었다. 그러나 칸트의 의문은 무엇이 이것을 정당화하느냐 하는 것이었다. 여기에는 두 가지 근거, 즉 자연현상의 성찰과 도덕적 삶이 있다고 칸트는 생각했다. 『판단력비판』 끝 부분에서 칸트는 목적론(Teleologie)으로부터 신학(Theologie)에로의 단계는 창조의 최종 목적의 이념, 즉 자연현상의 관조로부터가 아니라 도덕적 이념으로부터 도출될 수 있는 이념을 끌어들일 때에만 가능하다고 주장했다. 이것에 실패하게 되면 천지창조인 최상의 지성에 못 미치는 단 하나의 자연계의 건축자의 개념에도 도달할 수 없다는 것이다. 자연신학적 증명은 다른 논의들(존재론적, 우주론적 증명)에게 추가적인 비중을 제공하지만 그것 자체만으로는 신학자들에게 별로 도움이 되지 않은 것으로 보았다. 이 점과 관련하여 칸트는 다음과 같이 말하고 있다.

> 자연신학은 오해된 자연의 목적론이다. 그것은 준비 또는 입문으로서의 가치를 제외하고는 신학에 무용하다. 그것은 다른 진일보한 원리에 의해서 보충될 때에만 이 목적을 충족시키는데 도움이 될 뿐이다. 그러나 그 명칭이 암시하듯 만일 그것이 그 자체로만 취해 진다면 입문으로서도 적합하지 못하다.[97]

칸트에 따르면, 경험적으로 기초된 지각들로부터의 신 개념의 추상은 모순적 체계만을 산출할 뿐이다. 세계에 대한 우리의 경험은 너무 제한되어 있어서 그것을 매개로 해서는 최고의 실재를 추론할 수가 없다. 우리는 현세계가 모든 가능한 세계의 가장 완전한 것이라고 논의하기에 앞서, 또 세계의 창조자가 최고의 완전이라고 증명하기 이전에 먼저 세계의 총체성을 파악해야 한다. 자연신학자들은 이점을 분명히 이해하였다. 그래서 그들은 세계의 제일원인이 있다는 것을 믿고서 비약하여 선험적 신학에 빠져 실재적 존재자가 절대 필연적으로 존재해야 한다는 것을 증명해야 했다. 그런데 이런 것을 통하여 우리가 알 수 있는 것은 자연신학적 증명은 전적으로 선험신학에 의존하고 있다는 사실 뿐이다.[98] 그러나 세계 내의 모든 사물의 장엄, 질서, 연대적 결합 등에 경이한다고 하더라도 반드시 유일한 존재자가 그것을 산출했다는 결론을 내릴 수는 없지만 다수의 강력한 존재자는 있을 수 있다. 이 문제와 관련해서 칸트는 휴움의 견해를 염두에 두고 있는 듯하다. "집을 짓고, 선박을 건조하고, 도시를 세우고, 복지국가를 형성할 때 수많은 사람들이 거기에 관여한다. 세계를 설계하고 형성할 때도 여러 신들이 거기에 가담하지 말라는 법이 어디 있는가?"[99] 아낙사고라스(Anaxagoras, 500∼428 B.C)와 그 후 소크라테스(Socrates, 469∼399 B.C)는 유일신을 신앙했다. 에피쿠로스(Epicuros, 342∼271 B.C)는 아무것도 신앙하지 않거나 만일 신이 있다면 유일할 것이고, 세계와는 무관할 것이라고 믿었다. 다른 수많은 사람들은 다신을 신앙했으며 다양한 선악의 원리를 믿었다.[100]

어떤 사람은 무한한 오성으로부터 도출되는 최고조화의 질서를 보았으며 어떤 사람은 만물이 생성소멸하는 자연법칙에 따른다고 인식했다. 그러나 또 다른 이들은 예컨대 지진, 화산폭발, 태풍, 아주 훌륭하게 건립된 모든 것의 비참한 파괴 등 전적으로 모순되는 목적 등에 주목하기도 하였다.[101]

도덕신앙이란 최고선의 실현을 향하여 행위해야 하는 세계질서에 대한 도덕적 인간의 태도이다. 현명한 자연 창조자의 신뢰를 통하여 이성적 행위자는 이 최종 목적을 추구하며 이때금 세계의 과정이 도덕적 성향(disposition)을 파괴하려는 위협을 하여도 도덕적 절망을 피한다. 그러므로 자연신학적 증명은 도덕신앙과 매우 관련이 깊으며 그것과 순수하게 혼합되어 있다. 그러므로 자연신학적 증명이 여타의 설명에 비해 더욱 설득력을 지니고 있다는 점을 칸트는 다음과 같이 강조한다.

> 마치 우리가 자연적-목적론적 증명을 신학적 증명인 것처럼 확신하게 된다는 사실은 우리가 자연의 목적들을 최고의 오성을 입증하는 그만큼의 경험적 증명근거들이라고 보아, 이러한 자연의 목적이라는 이념들을 이용하는 데에 기인하는 것이 아니다. 오히려 이 추론에는 어떤 인간에게나 내재하고 있어서 그들 마음 속 깊이 감동시키는 도덕적 증명근거가 모르는 사이에 혼입되어 있는 것이다. 그리하여 이 도덕적 증명근거에 따라 우리는 자연의 목적에 있어서 그토록 불가해하게 기술적으로 자기를 계시하는 존재자에게 하나의 궁극목적도, 따라서 지혜도 귀속시키고, 그렇게 하여 이 자연적-목적론적 증명에 아직도 부착되어 있는 결함을 임의로 보완하는 것이다. 그러므로 사실은 도덕적 증명근거만이 확신을 가지게 해주며, 또한 누구나가 진심으로 동의를 느끼는 도덕적 관점에서만 확신을 가지게 해준다. 그러나 자연적-목적론적 증명근거는 세계를 고찰함에 있어서 심의(心意)를 목적에의 길로 인도하고, 또 그렇게 함으로써 하나의 오성적 세계창조자에게로 인도한다는 공적만은 가지고 있다. 왜냐하면 목적에 대한 도덕적 관계, 신학적 개념으로서의 그와 같은 입법자와 세계창시자라는 이념은 비록 이 개념이 순전한 부가물에 불과하다고 할지라도, 이 자연적-목적론적 근거에서 저절로 전개되는 것으로 보이기 때문이다.[102)]

결국 세 가지 신 존재 증명에 대한 칸트의 비판의 전반적 전

략은 이 세 가지 증명 모두가 존재론적 증명에 환원되는 이념에 기초하고 있다는 것을 밝히는 데 있었다. 즉 존재론적 증명은 인간 이성이 무시할 수 없는 가능한 유일의 증명근거를 포함한다[103]는 것이다. 이와 더불어 칸트는 "자연신학적 증명은 언제나 경의를 표시할만한 값어치를 갖고 있다. 그것은 오래전부터 있었고, 명료한 일반적인 인간이성에 적합한 증명이다"[104]고 평가한다. 자연신학적 증명에 대한 칸트의 경의는 그것의 특유한 가치를 무엇보다도 도덕과 도덕종교에 한층 접근한 것으로 보는 데에 있다. 즉 자연신학은 도덕신학의 발판이 되는 역할을 하고 있기 때문에 매우 중요할 뿐만 아니라 경의를 표할만한 것이라는 입장이다. 그렇다면 이제 칸트가 기존의 사변신학을 비판한 후 도덕신학 쪽으로 어떻게 이행하는지를 살펴보기로 하자.

제 3 장 | 도덕신학[105]의 기본 구조

칸트는 특히 사변 신학의 비판을 통하여 이론이성의 한계를 말하고 그것의 극복방안으로 실천이성의 요청이론[106]을 전개한다. 요청(Postulat)이란 윤리적인 사실을 이해하기 위한 이론적인 가정이다. 이 요청들은 현상의 세계를 초월해 있기 때문에 그것에 관해 우리들이 어떤 것을 알 수 있는 대상들이 아니라 이념들(Ideen)이다. 그러기에 요청의 대상들인 것이다. 이러한 한에 있어서 요청들이란 신앙(신념)의 문제들이다. 칸트는 요청이라는 개념의 인식론적 문제점을 잘 알고 있었기에 그는 『실천이성비판』의 머리말에서 "주관적이기는 하지만 참되고 무제약적인 이성의 필연성(Vernunftnotwendigkeit)에 대해 요청(Postulat)보다 더 좋은 표현을 발견해 낼 수가 없었다[107]고 말하였다. 이러한 어려움은 요청이 객관적인 것에 관한 이론적인 것이 아니라 주관적인 것에 대한 필연성만을 나타내고 있다는 데에 있다. 따라서 요청은 이론적 독단이 아니라 필연적으로 오직 실천적인 중요성을 가진 전제들로서 사변적(이론적) 인식을 확장시키지 않고 실천이성 일반의 이념에 객관적 실재성을 부여한다. 실천이성의 요청인 신(Gott) · 자유(Freiheit) 및 영혼불멸(Unsterblichkeit)의 이념은 물론 지각에 부여될 수 있는 대상이 아닌 도덕률의 이해에 의해서만 그 존재가 보장되는 비현상적인 대상들이다.

영혼불멸요청은 도덕률의 완전한 수행에 적합한 지속적인 삶이라는 실천적·필연적 조건에서 생기는 것이다. 자유는 감성계로부터 독립함으로써 생기고 또 가상계의 법칙에 따라서 자기 의지를 규정하는 능력, 즉 필연적인 전제에서 생기는 것이다. 신의 존재는 최고의 독립적인 선, 다시 말해서 가상계에서 최고선이 존재하기 위한 조건의 필연성에서 생기는 것이다.[108] 자유, 영혼불멸, 신의 존재에 관한 주장은 그 정립과 반정립이 대립하는 이율배반에 귀착되기 때문에, 순수이론이성은 그것들이 개연성을 가지고 있다는 것을 인정할 뿐, 인식이라는 점은 부인하였다. 그러나 순수실천이성은 가상계에 타당하는 도덕률을 통해서 실천적 견지에서 이율배반을 해소한 동시에 그러한 주장들을 확립한 것이다. 그래서 결국 순수이론이성이 개연적이라고 한 명제가 이제야 확연적이게 되었고, 순수실천이성과 순수이론이성이 서로 조화를 이루게 된 것이다. 이와 관련하여 칸트는 다음과 같이 말한다.

> 그런데 사변이성과 비교해서 단지 주관적인 승인의 근거가 실천적 관점에서는 있다. 그리고 이런 근거는 사변이성과 마찬가지로 순수하면서도 실천적인 이성에 관해서는 객관적으로 타당한 것이요, 이로 인해서 신과 영혼불멸의 이념에 자유의 개념을 매개로 하여 객관적인 실재성이 주어지고 그런 이념들을 가정하는 권리, 아니 주관적인 필연성이 주어진다. 그러나 그렇다고 해서 이성의 이론적 인식이 넓혀진 것은 아니다. 이

> 전에는 오직 문제시되었던 것에 불과했으나, 이제는 확실한 것으로 확정될 가능성이 주어졌을 뿐이다. 따라서 이성의 실천적 사용이 이성의 이론적 사용의 요소들과 조화롭게 된다. 그리고 이러한 요구는 사변의 임의적인 의도에서 오는 가언적인 요구가 아니라, 필연적으로 그 무엇을 가정하는 법칙적인 요구이다. 그 무엇(신의 존재와 영혼의 불멸)이 이미 있기 때문에, 비로소 사람은 그의 행동목적으로서 반드시 있어야 할 것(최고선)으로 생길 수 있는 것이다.[109]

한편, 영혼불멸과 신은 사변이성에서는 아무런 지지도 없이 초감성적인 이념으로 남아 있는데, 자유의 개념이 객관적 실재성을 실천이성에서 갖게 됨으로써 이 두 개념 역시 자유개념과 연결되어 비로소 비판적 형이상학 건설의 재료로 확립된다.

그러나 자유는 도덕률의 존재근거인데 대하여 신과 영혼불멸의 이념은 도덕률의 조건들이 아니라 오직 도덕률에 의해 결정된 의지의 필연적인 대상, 즉 최고선의 조건이다. 따라서 최고선은 칸트의 도덕형이상학을 끝맺는 하나의 요석[110]으로서 그것은 현실적 행위를 무한히 반복게 하여 완전성에로 다가오게 하는 실천이성의 최후의 대상이다. 또한 최고선은 형이상학을 보증하는 선천적인(a priori) 종합판단에 의한 명제이고 최고의 행복을 보증하는 가장 완전한 존재로서 순수한 실천이성의 분석론의 중심과제가 된다. 그렇지만 칸트는 신의 존재와 영혼의 불멸은 도덕적 논의에 의해서 그것도 다만 아주 불명료한 형태로서만 사실로서 대립될 수 있다고 여기는 것 같다.

그는 또한 보다 회의적인 입장에서 신의 존재, 자유, 영혼불멸은 심지어 도덕의식에 기초한 추론에 의해서는 사실로서 수립될 수 없고 도덕의식을 통해서 필연적으로 가정할 수밖에 없는바, 말하자면 그 내용에 있어서도 함축적일 수밖에 없다는 것을 암시하고 있다. 다시 말하자면 이성적 존재인 우리들은 도덕적으로 사고하지 않을 수 없으며 만일 우리가 우리의 도덕적 사고를 충분히 그리고 일사불란하게 전개한다면 신이 존재한다는 것을 추정하지 않을 수 없기는 하지만, 단 신의 존재 여부는 미해결의 문제라는 것이다.[111)]

만일 우리들이 사실상 칸트의 논증들을 순수한 논리적 구조로 환원시킬 수 있다면 이들 논증은 아마도 다음과 같이 진술될 수 있을 것이다.

(1) 인간은 오직 자유로울 경우에만 자신의 의무를 행할 수 있다.

(2) 인간은 오로지 영혼불멸의 경우에만 성스러움을 달성할 수 있다.

(3) 인간은 오로지 신이 존재할 경우에만 최고선을 촉진시킬 수 있다.

자유, 영혼불멸 및 신에 대한 신념은 비록 그것이 자신의 의미를 과학적 사실에 관한 언명으로부터 도출해 내지 않는다고 할지라도 결코 무의미하지 않다는 것이 칸트의 입장이다. 요청들은 이론적인 관점에서가 아니라 오직 실천적인 관점에서 우리의 인식을 증가시킨다는 것이다. 그럼에도 불구하고 이것이 무엇을 의미하는지는 곧바로 분명하게 드러날 수 있는 성질의 것이 아니다. 만약 우리가 자유로운 것처럼 행위하고, 신이 존재하는 것처럼 행위하는 것 등이 도덕적으로 유익하다는 의미에서 실용적인 것을 의미했다면, 그의 견해는 우리가 동의하건

하지 않건 간에 그것에 대한 이해가 문제되는 한 큰 어려움을 나타내지 않았을 것이다. 사실 그는 이보다 훨씬 더 많은 것을 의미했던 것 같다.

이제 세 가지 요청 이론을 각각 나누어 살펴보도록 하겠다.

1. 요청으로서의 자유

『순수이성비판』의 이율배반론은 합리적 우주론의 주제이지만, 심리학과 신학 곧 선험적 변증론의 전 영역에 영향을 미치는 것이다. 영혼과 신의 정립이 우주론의 대상이 됨으로써 소극적으로는 독단적 주장이 부정되며 적극적으로는 심리학적 이념으로서의 영혼의 불멸성과 신학적 이념으로서의 신을 세우는 가능성이 주어지게 된다. 이리하여 영혼 및 신에 관한 실천적 관심에 대하여 이론적 지주(支柱)가 성립하는 것이다.

그런데 영혼의 불멸성 및 신과 더불어 세워지는 또 하나의 이념은 자유이다. 우주론이 빠지게 되는 이율배반 중에서 가장 중요한 것은 필연이냐 자유냐 하는 제3이율배반이다. 이 이율배반에 의해서 선험적 자유가 우주론적 이념으로서 성립하게 된다. 칸트가 반복해서 말하고 있는 것처럼 자유는 실천의 요석(要石)이다. 우리가 자유에 관심을 가지는 것은 자유가 우주론에 속하기 때문이 아니라, 자유에 의거해서 실천이 성립하기 때문이다. 그런데 실제로 칸트가 제3이율배반의 해결에서 설명하고 있는 자유에 의한 원인성은 우주론에서가 아니라 인간에 있어서의 자유의지의 자유이다. 그것은 실천적 관심의 핵이 되는 자유이다. 이러한 자유에 대한 관심이 없다면 인간의 이성은 자유냐 필연이냐 하는 우주론적 난관을 생각하지 못할 것이며, 우주론은 인과적 필연성이라는 자연개념으로 만족할 것이다. 자유는 본래적으로 실천적 개념이다. 그럼에도 불구하고 칸트는 『순수이성비판』에서 자유를 우주론적 이념으로 정초하고 있다.

그렇다면 좀 더 구체적으로 살펴볼 때 제3이율배반은 어떠한 것인가? 각 정립은 독단주의 또는 합리론에 대한 관심을 표현하는 것이고, 각 반정립은 경험론에의 관심을 표현한다. 그것은 상호모순된 다음과 같은 명제로서 표현된다.

정립(Thesis) : 자연의 법칙에 따른 인과성(Kausalität nach Gesetzen der Natur)은 세계의 현상이 모두 거기에서 도출될 수 있는 유일한 인과성이 아니다. 세계의 현상을 설명하기 위해서는 또한 자유에 의한 인과성(Kausalität durch Freiheit)을 인정할 필요가 있다.[112)]

반정립(Antithesis) : 자유는 존재하지 않으며 세계에 있어서의 일체는 전적으로 자연법칙을 쫓아서 생기(生起)한다.[113)]

위 정립에 대하여 칸트는 다음과 같이 논증한다.

> 일상적인 자연원인만 있다고 가정하자. 그렇다면 생기하는 모든 것은 선행하는 사건이 원인이 되어 발생한다. 그리고 선행하는 사건은 또 다시 선행하는 사건에 의해 발생한다. 그리고 계속해서 이와 같은 과정을 거친다. 따라서 최초의 시작이 있을 수 없고, 완결된 계열도 있을 수 없다. 그러나 어떤 것도 선천적으로 (a priori) 충분히 결정된 원인 없이는 발생하지 않는다. 그래서 일상적인 자연원인만 있다는 주장은 자기 모순이

다. 그러기에 자연법칙을 좇아서 진행하는 현상의 계열을 스스로 시작하는 원인의 절대적 자발성, 즉 선험적 자유(transzendentale Freiheit)가 상정되지 않으면 안된다. 왜냐하면 이 선험적 자유가 없으면 자연의 진행과정에 있어서도 계기하는 현상의 인과적 계열이 완전을 기할 수 없기 때문이다.[114)]

이 증명으로 정립에서 주장된 자유에 의한 인과성은 사변이성이 자연법칙을 좇아서 생기하는 현상의 배진적 종합에 있어서 그 현상의 계열의 제1시초 혹은 불가결의 근거로서 요구하는 것이며, 그러한 현상의 계열을 스스로 시작하는 원인의 절대적 자발성으로서, 선험적 자유라는 것이 명확해진다. 그러므로 이 선험적 자유는 '절대적 자발성'[115)], '순수한 선험적 이념'[116)], '실천적 의미에 있어서의 자유'[117)] 등으로 표현되어 있다.

한편, 반정립의 경우 칸트는 다음과 같이 논증하고 있다. "자유원인과 자연원인이 모두 있다고 가정하자. 자유원인의 발생을 규제하는 법칙은 없을 것이다. 그래서 그것이 경험의 모든 통일을 불가능한 것으로 여기게 할 것이다. 자유원인은 가능한 경험의 대상이 아니고 공허한 사유물이다."[118)]

이를 종합적으로 살펴볼 때, 제3이율배반에서 정립의 절대적 자발성으로서의 선험적 자유는 이성을 만족시키며, 반정립에서의 인과필연성은 오성을 만족시킨다. 그러므로 자유와 필연은 상호 모순되는 양극대립이 아니라 양쪽이 다 참일 수 있으며 따라서 공존할 수 있다. 이러한 관점에서 칸트는 제3이율배반의 해결을 시도함으로써 선험적 자유의 이념을 발견한 것이다.

한편 칸트는 자유를 선험적 자유와 실천적 자유로 구분하고 있음을 알 수 있다.[119] 선험적 자유는 경험적 내용을 가질 수 없고 다만 현상의 설명근거로서 이성개념 속의 자유이며, 가상적 성격(intelligible character)의 원인성에 불과하다. 원인의 절대적 자발성이라는 선험적 자유의 개념은 오직 이성이 산출한 이념일 뿐이다. 그러나 이성의 원인성에 있어서도 또한 절대적 자발성이 전제되지 않을 수 없고 이성이 자발성인 한 이것은 실천적이기 때문에 경험적 확증이 가능하다. 감성적 충동과 독립하여 오직 이성이 지시하는 동인에 의해서 규정될 수 있는 자유의지와 관련되는 것은 원인으로서든 결과로서든 실천적이기 때문에 경험이 이것을 증명할 수 있다. 의지규정에 있어서 칸트는 경험적일 수 있는 실천적 자유의 근원성으로서의 이성의 원인성(eine Kausalität der Vernunft)에 의한 자유를 인정하고 있다. 이성의 원인성에 근거한 실천적 자유는 말하자면 이성의 자유다. 이와 같이 이성을 가지고 있는 인간이 곧 자유라는 관점에 서 있다. 그리고 이러한 이성의 자유를 가지고 있다는 것을 우리는 사실로써 경험할 수 있고, 실천을 통해서 이것을 증명할 수 있다고 칸트는 본다. 그러므로 우리는 칸트의 제3이율배반 해결에서 인과율과 자유가 대립하는 것이 아니라 조화를 이루고 있는 하나의 주관이 사색되고 있음을 볼 수 있다.[120]

제3의 이율배반에서의 정립의 주장을 인정하는 것은, 인간의 실천적 자유를 인정하기 위해서도 반드시 필요한 것이었다. 만일 인간의 행위가 전적으로 자연인과율에 의하여 결정된다고 한다면, 우리는 자기의 행위에 대하여 아무런 책임도 가지지 않을 것이며 도덕은 전적으로 그 의미를 상실하게 될 것이다.

만일 감성계에 있어서 모든 원인성이 다만 자연에 불과하다고 한다면, 모든 사태는 다른 사태, 즉 시간에 의해서 필연적 법칙에 따라 규정될 것이다. 따라서 현상은 그것이 결의를 규정하는 것인 한, 모든 행동을 현상의 자연적인 결과로서 필연적이게 할 수밖에 없는 것이므로, 선험적 자유는 없어짐과 동시에 모든 실천적 자유도 없어지게 될 것이다. 왜냐하면 실천적 자유는, 비록 어떤 일이 일어나지 않았다 할지라도 또한 그것이 일어났을 것이라는 것, 또 그래서 현상에 있어서 어떤 일의 원인이 의지를 결정하는 것이 아니고, 우리의 결의 속에 하나의 원인성이 있어서, 그것이 그 자연원인과는 독립하거나 혹은 자연원인의 강제력과 영향에 반해서까지 시간 질서에 있어서 경험적 법칙에 따라서 규정되어 있는 어떤 것을 가져오며, 그래서 사태의 계열을 전적으로 자기 자신에 의하여 개시하는 것을 전제로 하기 때문이다.[121] 즉, 칸트는 하나의 상태를 스스로 결의한다는 선험적 자유가 존재하지 않고 세계에 있어서 모든 사태가 자연인과율에 의하여 규정된다고 한다면, 자기의 행위를 자발적으로 결정한다는 실천적 자유도 인정할 수가 없다는 것으로 정립의 주장을 하는 것이다. 현상계의 자연에 관한 한 정립의 주장은 근거가 없으나, 그 근거를 얻는 것은 실천적 자유에 의해서이다. 특히 칸트는 '자유는 도덕적 법칙의 제약'이라 규정하고, 다시 아래와 같이 주석하고 있다.

> 자유는 도덕적 법칙의 존재근거(ratio essendi)요, 도덕적 법칙은 자유의 인식근거(ratio cognoscendi)이다. 사실 도덕적 법칙이 우리의 이성에 의하여 먼저 분명히 생각되어져 있지 않았다면,

우리는 결코 자유가 존재한다는 것을 가정할 권리가 있다고 생각하지 않을 것이다. 그러나 자유가 전혀 존재하지 않는다고 한다면, 도덕적 법칙은 우리에게 전혀 발견될 수 없을 것이라고 한다. 그러므로 자유는 도덕적 법칙의 존재근거이다.[122)]

칸트에 의하면 순수이성이 사람에게 주는 보편적인 법칙은 도덕률이다. 이 도덕법칙은 거부할 수 없는 이성의 사실(Faktum der Vernunft)[123)]로서 사람이 직접적으로 의식하는 것이다. 우리가 순수한 실천 법칙들을 의식할 수 있는 것은 우리가 이론적 원칙들을 의식하고 있는 것과 마찬가지이다. 이성이 우리에게 도덕률을 명시하며 도덕률은 우리에게 모든 경험적인 제약을 떠나도록 명령한다. 일체의 경험적인 제약을 떠나도록 명령하는 실천 법칙, 즉 도덕률의 의식을 통하여 비로소 사람은 자연법칙에서 자유라는 순수의지의 개념을 얻을 수 있게 되는 것이라고 칸트는 주장한다. 사람은 도덕률에서 출발하여 비로소 자유의 개념에 도달한다는 것이다. 순수이성의 의식이 순수한 이론적 원칙들에서 발생하듯 순수의지의 개념은 순수한 실천 법칙에서 비로소 발생하는 것이다. 그러므로 사람은 이성이 제시하는 무조건적 명령(정언명령, kategorischer Imperativ)으로서의 도덕률의 의식에서 자기가 무엇을 해야 한다(soll)고 의식하기 때문에 자기는 무엇을 할 수 있다(kann)[124)]고 판단하게 된다. 칸트는 이와 같은 방식으로 실천 법칙으로서 도덕률이 자유의 인식 근거임을 밝히고자 하였다. 자연현상의 이론적 인식을 통하여 우리가 할 수 있는 것은 기계적인 자연법칙 뿐인데 반하여, 도덕적인 실천 속에서 나타나는 실천이성의 정언명령을 통하여 사람은 자기한정의 무제약적 주체로서의 자유로운 자기를 확인하게 된다는 것이다.

이와 같이 칸트는 가상계에로의 인식의 확장이 실천이성에 의해서만 가능한 것임을 간파하면서 이론이성에 대한 실천이성의 우위를 주장하기에 이른다. 그리고 그는 자유에 의한 원인성으로서의 자아의 유일한 인식근거로서 도덕적 실천의 중요성을 강조하게 되었다. 따라서 칸트가 『순수이성비판』에서는 부정해 버린 형이상학을, 실천적 입장에서 새로이 수립하려는 것을 충분히 이해할 수 있게 된다. 그러나 문제는 칸트가 찾아낸 자유가 과연 물자체의 세계에 속한다고 말할 수 있는가 하는 것이다. 다시 말하면 이론이성에 있어서 폐쇄되어 있던 물자체의 세계를, 실천이성을 통하여 또 다시 회복하려 한 칸트의 사고방식이 과연 충분한 근거를 가지고 있는가 하는 점이다.

칸트가 이와 같이 생각한 것은, 아마 처음부터 현상계는 자연계뿐이며, 자연계 이외에는 물자체의 세계가 있을 뿐이라는 전제를 지니고 있었기 때문이라고 생각된다. 그는 자연계 속에 자유가 존재한다고 생각하지는 않았다. 따라서 도덕의 존재의 의식을 통해서 의지의 자유를 찾아 냈을 때, 거기에서 자연계와는 다른 또 하나의 새로운 세계를 찾아냈다는 것은 부정하지 못한다. 여기에서 칸트는 현상계와는 다른 세계, 즉 물자체의 세계가 우리에게 계시된다고 생각한 것이다. 확실히 실천적·도덕적 세계가 자연계와 다르다는 것은 말할 것도 없다. 그리고 이 도덕적 세계는 결코 자연계와 같이 감성적 직관의 대상이 되는 것이 아니기 때문에, 이것을 우리는 초감성적 세계라고 불러도 무방할 것이다. 그러나 이 세계가 물자체의 세계라

는 것이 여기에서 곧 도출되는 것은 아니라는 것을 말하지 않을 수 없다.[125)]

그러나 칸트는 실천적 자유는 절대로 부정할 수 없는 것이라고 생각하였기 때문에 선험적 자유를 생각한 것이며, 여기에 물자체의 세계가 가상계(Noumenon)의 세계로 정립되어지는 것이다.

> 이 능력(실천이성)과 더불어 이제야 비로소 선험적 자유도 확립된다. 또한 그것은 사변적 이성이 원인성의 개념을 사용함에 있어서 무제약자(das Unbedingte)를 인과적 종합의 계열 속에서 생각하려 하는 한, 불가피하게 빠지게 되는 이율배반으로부터 자기를 구제하기 위하여, 반드시 필요로 하는 그 절대적 의미에 있어서이다. 사변적 자유는 이 자유의 개념을 오직 개연적으로 생각하는 것이 불가능하지는 않는 것으로써, 그 객관적 실재성을 보증하지 않고 정립할 수가 있었을 뿐이었다.[126)]

이와 같이 칸트는 물자체의 세계를 적극적으로 주장하는데, 그것은 인간의 주체적 방향으로 생각되어진 것이었다. 이것은 칸트가 인간의 행위로부터 자유의 영역으로서의 물 자체의 존재를 생각하고 있는 데에도 명백하다고 말할 수 있을 것이다. 그리고 그것은 이미 논한 것처럼 인간의 실천적 자유에 관련해서 그러하였다. 이 인간의 실천적 자유라는 문제가 존재하지 않았다면, 아마 칸트는 물자체의 개념을 다만 한계 개념으로 생각하는 것으로 만족하고, 그 이상 적극적인 존재로 주장하지 않았을 것이다.

이와 같이 주체적인 방향으로 생각되었던 물자체는 인간의 도덕적 행위의 세계였다. 자유의 영역으로서의 물자체의 세계는 결코 객관적인 방향으로 생각되어진 물자체가 아니다. 칸트는 인간의 도덕적 행위가 모두 자연인과율에 의하여 규정되지 않는다는 확신이 있었기에 이와 같은 물자체의 존재를 주장하였던 것이다. 이 적극적인 물자체는 『실천이성비판』의 도덕률의 사실에서 확립된다. 그리고 『판단력 비판』에서는 더욱 심화되어, 자유의 영역과 현상계의 필연의 영역을 종합하는 의미의 것으로 되는 것이다. 칸트의 물자체의 개념은 이와 같이 「선험적 변증론」에서 크게 전회하여 전개되고 있는데, 그것은 이른바 주체의 근저에 있는 세계로서 그러하였다.127)

이렇듯 칸트는 제3이율배반의 해결에서 자유의 개념을 구출하고, 또 『실천이성비판』에서는 도덕률과 관계지어 자유를 요청한 후, 이 개념을 매개로 하여 이론철학에서 배척되었던 영혼의 이념, 신의 존재를 차례로 구제하려 하였던 것이다.

그런데 자유의 문제는 칸트의 도덕신학에서 다른 두 요청만큼 상술하지 않는 경향이 있다. 그러나 자유는 두 요청과 밀접한 관련이 있다. 칸트는 사실 자유의 요청을 세 요청 중에서 가장 근본적인 것으로 보고 이 자유 위에 다른 두 요청을 기초하고 있다고 볼 수 있다.

> 자유의 개념은 그것의 실재성이 실천이성의 의심할 나위 없는 법칙에 의해서 증명되는 한에서 순수한 이성일반의, 더 나아가 사변이성까지의 전 체계의 요석이다. 그리고 아무런 지지도 없이 한갓 이념으로 사변이성 중에 남았던 모든 다른 개념(신과 영혼불멸)은 이제야 자유의 개념에 연결되고 그 개념과

함께 또 그 개념을 통해서 안정성과 객관적 실재성을 얻게 된다. 다시 말하면 그 다른 개념들의 실재 가능성은 자유가 현실로 존재하기 때문에 증명되는 것이다. 이는 도덕률(moralisches Gesetz)이 자유의 이념을 알려주기 때문이다.[128]

또한 칸트는 자유개념의 중요성을 다음과 같이 말하기도 한다.

자유의 개념은 모든 경험론자들에 대해서는 그들을 넘어지게 하는 걸림돌(Stein des Anstoβes)이지만, 비판적인 도덕론자들에게는 그들이 가장 숭고한 실천원칙들에 도달하는 열쇠이다.[129]

물론 이와 같이 자유가 숭고한 실천원칙에 이르는 열쇠이기는 하지만, 칸트는 자유에 대한 설명은 거의 불가능한 것으로 보고 있다.

우리가 무엇을 설명하려 하는데 있어서, 가능한 경험에서 그것 [법칙]의 대상이 주어질 수 있는 법칙에 환원할 수 없으면 우리는 그 무엇을 설명할 수가 없다. 그런데 자유는 단순한 이념일 뿐이며, 그것의 객관적 실재성은 자연법칙에 의해서, 따라서 어떠한 가능적인 경험에 의해서도 보여줄 수 없다. 어떤 유추에 의해서 자유의 실례를 제시할 수 없기 때문에, 자유의 이념은 결코 이해될 수 없고 통찰될 수도 없다. 자유는 단지 의지를, 즉 단순한 욕망과는 구별되는 능력(즉 자신을 예지자로서 행위하도록 자기를 규정하는 능력, 따라서 자연적 본능에서 독립해서 이성의 법칙에 따라서 행위하도록 자기를 규정하는 능력)을 자각하고 있다고 믿는 존재자에 있어서 이성의 필연적인 전제일 뿐이다.[130]

그러나 우리들이 이미 실천이성의 사실이라고 해서 잘 알고 있는 자유는 주로 형이상학적인 의미의 자유, 즉 우리 인간들이 실제로 그 안에 살고 있는 공간과 시간의 세계를 꿰뚫고 있는 인과의 사슬에 부딪쳐, 자유로운 선택 능력이나 자유로운 인과성의 능력으로서의 자유다. 동시에 자유는 바로 당위와 함께 사실로서 주어져 있기 때문에 우리는 자유가 환상이 아니기 위해, 이 공간·시간적인 세계 안에는 자유에서 나온 인과관계, 즉 새로운 인과계열의 시작이 있어야만 한다는 사실과, 그리고 바로 여기에 자유의 요청이 성립한다는 것을 인정해 주지 않으면 안된다. 이런 것이야말로 칸트가 이미 『순수이성비판』에서 말한 것으로서 윤리적인 자유의 형이상학적인 지평을 이룩하는 자유의 이념인 것이다.

2. 요청으로서의 영혼불멸

칸트의 영혼불멸 요청이론은 도덕신학의 부분임에 틀림이 없다. 이러한 도덕신학의 일부를 논하는 영혼불멸 이론은 『순수이성비판』의 변증론에서 부정적(소극적)으로 논의되고 있으며, 『실천이성비판』에 있어서는 실천이성의 변증론 제4장에서 보다 적극적으로 논의되고 있다. 다시 말해서 칸트는 영혼의 문제를 『순수이성비판』의 변증론에서는 '오류추리'로 처리하여 그것을 부정하였으나 제2이율배반에서는 그 가능성을 시사하였으며, 『실천이성비판』의 변증론에서는 그것을 어디까지나 실천적 견지에서 적극적으로 소생(부활)시키고 있다. 그러나 그의 종교철학의 집대성이라 할 수 있는 『종교론』에 와서는 놀랍게도 영혼불멸에 대한 설명이 없을 뿐만 아니라 종말에 관한 사항도 전혀 다루고 있지 않다.

칸트가 변증론에서 천명하고자 하는 의도는 절대적인 무제약자에 대한 이성의 불가피한 추구에 의해 파생된 착각과 어떤 직관도 대응하지 않는 개념을 이성이 마찬가지로 불가피하게 사용함을 폭로하는 것이다. 그러나 그 천명된 내용은 때로는 약화되고, 때로는 다른 논증과 다른 강한 관심 때문에 밑으로 잠겨 버린다. 이러한 목적의 복합성은 변증론의 첫 번째 주요 부분에서도 아주 명백하게 나타나고 있다. 거기서는 순수이성의 오류추리를 다루고, 인간에 대한 데카르트의 설명에 근거를 둔 '이성적 심리학'을 공격한다. 데카르트의 이름이 자주 언급되지는 않지만 칸트가 마음속 깊이 데카르트를 염두에 두고 있음은 의심할 여지가 없다. 또 변증론에는 데카르트적인 "나는 생각한다. 그러므로 나는 존재한다(Cogito ergo sum)"에 대해 많은 언급이 있고 "나는 생각한다"는 명제의 중요성에 대해 광범위한 논구가 있다. 원래 칸트에 있어서 "나는 생각한다"는 것은, 모든 의식의 근저에 존재하는 것이었다. 이 "나는 생각한다"라는 선험적 통각이 모든 의식에 동반되지 않으면, 모든 의식은 나의 의식으로 될 수 없는 것이다. 그러므로 "나는 생각한다"라는 것은 결코 경험적 성격의 것이 아닌 선험적인 것이며 가장 확실한 것이라고 말할 수 있다. 그러나 이 경우의 <나>라는 것은 사유에 있어서 논리적인 판단 주체이지, 실체로서의 자아라고 생각하는 것은 결코 정당한 추리가 아닌 것이다. 왜냐하면, 실체란 카테고리의 하나인데 카테고리가 적용되기 위해서는 감성적 직관이 있어야만 하기 때문이다. 따라서 <나>가 실체일 수 있기 위해서는 <나>에 대한 감성적 직관이 없어서는 안된다. 그러나 "나는 생각한다"는 것은 결코 직관의 대상이 아니므로 이러한 것에 실체라는 카테고리를 적용한다는 것은 전적으로 오류라고 하지 않을 수 없다.

칸트는 선험적 오류추리에 있어서 추리를 다음과 같이 말하고 있다. "주어로 밖에 생각할 수 없는 것은 또 주어로 밖에는 실제로 존재하지 못하며, 따라서 그것은 실체(Substanz)이다. 그런데 사고하는 존재자(ein denkendes Wesen)를 사고하는 존재자로만 보는 한, 주어로 밖에는 사고될 수 없는 것이다. 그러므로 사고하는 것은 또 주어로서만, 즉 실체로서만 실제로 존재한다."[131)]

이 추리를 검토하여 보면, 대전제에서 논술되어 있는 존재체는 일반적으로 모든 관점에서 생각할 수 있는 존재체이며 따라서 직관에서 주어지는 대로 생각할 수 있는 존재체이다. 그런데 소전제에서 말하고 있는 존재체는 주어로서 다만 생각되는 작용과 의식의 통일에 대한 상관자로 고찰되는데, 그러나 동시에 그것은 객관으로서 생각되는 작용에 주어지기 위한 직관에 관해서는 고찰된 일이 없는 존재체에 불과하다. 따라서 이 추리의 단안은 "매개념 다양의 오류(Sophisma figurae dictionis)"라는 일종의 오류추리에서 나온 것이다.[132)]

물론 칸트 이전의 전통적인 심리학이 단순히 의식작용을 기술하는 것은 아니었다. 이 심리학은 영혼에 관한 형이상학을 이룩하고, 영혼을 실체라고 보고 있다. 데카르트는 이것을 사물(res)이라고 보고, 라이프니쯔는 활동하고 있는 단자(Monade)

라고 보았다. 이와 마찬가지로 볼프와 그 학파는 영혼의 실체성을 인정하고 이 실체를 속성으로부터 그 밑바탕에 있는 실재적인 존재에로 역진해 가는 추리를 통해서 증명해 냈다. 그리고 실체성과 나란히, 언제나 영혼이 파괴될 수 없음(Inkorruptibilitat)과 영혼의 비물질성 및 불멸성을 증명해 내려고 애썼다. 사람들은 이런 것들에서 인격의 참된 핵심을 보려고 하였다. 따라서 우리들은 본래 이런 인격을 형성하는 것은 인간 행위의 주체인 <나> (자아)라고 생각한다. 다만 영국 철학자들은 이에 의심을 품었는데, 로크에 있어서는 실체란 무엇인지를 내가 모르는 것이요, 휴움에 있어서는 영혼이란 지각들의 다발(묶음)에 지나지 않는다. 칸트에 있어서도 영혼이란 이미 형이상학적인 실체가 아니다. 그는 영혼의 실체성을 위한 증명을 일종의 오류추리(Paralogismus)라고 본다. 그리고 이 오류추리는 <나>가 이중적 의미로 이해되고 있기 때문에, 네 가지의 개념들에 바탕을 두고 있다는 것이다. 즉 ① 영혼은 실체이다. ② 영혼은 단순하다. ③ 영혼은 단일성이다. ④ 영혼은 가능한 대상들과 관계를 가진다[133]라는 네 개의 그릇된 추리를 들고 있다. 그러나 이러한 영혼 이념을 인간의 가상적 성격으로 연결시킬 경우 그것은 이념으로서의 영혼이 아니라, 물자체로서의 영혼개념과 연결된다. 이렇게 되고 보면 칸트의 선험적 주관은 실천이성의 근원성으로서의 물자체와 관계되어 객관성을 자각적으로 확보하는 윤리설로 발전하게 된다. 그러나 오류추리에 있어서 칸트의 논점은 모두 판단의 주어인 <Ich denke>의 Ich(자아)란 선험적 통각의 선험적 <Ich>이다. 따라서 하나의 논리적 일점을 의미하는 발견적 원리로서의 이념이지 실체적 영혼이 아니라는 것이다.

영혼은 단지 이념이다. 따라서 영혼-실체의 개념은 어떤 직관이나 지각도 대응하지 않는 개념이어서 인식을 줄 수 없는 것이 사실이다. 그러나 칸트에 따르면 그럼에도 불구하고 그 개념은 중요한 인식론적인 소임을 가질 수 있다. 영혼-실체의 경험은 '구성적(konstitutiv)'은 아니더라도, 즉 어떤 대상에 대한 것이든 우리의 인식을 구성하는데 도움을 줄 수 없더라도 중요한 '규제적(regulativ)' 또는 방법론적인 기능을 가질 수는 있을 것이다. 이성적 심리학이라는 것은 이설로서 우리의 자기인식에 어떤 보탬을 주는 것이 아니라 다만 이 영역에서 뛰어넘을 수 없는 한계를 설정하여 한편으로는 무심한 유물론의 품속에 안기거나 다른 한편으로는 우리의 실제생활에 아무런 근거도 없는 유심론 속에서 방황하는 일이 없도록 사변적인 이성을 훈련하는 것이다.[134] 이와 같이 데카르트적인 영혼은 실천적 사용에 필수적이고, 우리가 도덕률을 의식하는데도 중요하다.

이렇게 『순수이성비판』에서는 영혼이 오류추리로 처리되었으나 『실천이성비판』에서는 요청으로서 다시 부활한다. 그것은 특히 최상선과의 관련을 통하여 논의된다. 그러나 유의해야 할 점은 칸트가 새로운 형이상학으로서 도덕신학의 수립을 꾀하고 있긴 하나, 실제로 그의 저작 가운데에는 신 존재 신앙과 영혼불멸 신앙에 대한 서술이 불충분하거나 미약하다는 사실이다. 우드(A. Wood)는 "만일 신에 대한 도덕적 신앙의 서술이 칸트의 저작에서 희박하다면 영혼불멸에 대한 도덕적 신앙의 서술은 전무하다고 보아야 할 것이다"[135]라고 까지 말하고 있다. 뿐만 아니라 쾨르너(S. Körner)도 "칸트가 정언명법과 영혼불멸의 요청간의 관계를 확립시키려고 시도하는 논증은 거의 확신을 주지 못한다."[136]고 불만을 토로하고 있다. 이처럼 영혼불멸에 대한 칸트의 이론은 여러 가지 반대에 부딪혀 온 것이 사실인 것 같다. 그러나 이러한 반대가 아무리 그럴듯하다고 할지라도 칸트 자신은 이상적인 목표로서의 신성함을 도덕률이 명령한다는 생각에 특별한 강조를 두고 있다. 그의 견해에 의하면 이러한 도덕률의 명령을 부인하는 것은 도덕률의 평가절하를 의미하는 것이며, 인간성의 나약함에 맞추기 위하여 도덕의 기준을 낮추는 것을 의미할 뿐이다.[137]

실제로 칸트는 최고선의 첫째 요소인 덕에 대한 고려를 통하여 영혼불멸이라는 요청에 접근하고 있다. 실천이성은 우리로 하여금 행복을 결과하는 덕을 추구하도록 명령한다. 그런데 우리가 추구해야 할 덕은 의지나 감정의 도덕률과 완전한 일치를 의미하며 도덕률과의 완전한 일치는 신성함이다. 칸트는 이 점에 대해 "의지가 도덕률에 완전히 일치하는 것은 신성성(Heiligkeit)이다. 즉 감성계의 어떠한 이성적 존재자도 그의 생존의 어떤 시점에 있어서도 가질 수 없는 완전성이다"[138]라고 말한다. 그럼에도 불구하고 이러한 일치 즉 최고선은 인간존재에 과해진 실천이성의 필연적 과제이다. 또한 의지와 도덕률의 완전일치는 최상선으로서 우리의 이상이다. 그러나 이 양자의 일치는 불가능하다. 바로 이 사실이 실천이성의 제1이율배반이다. 이 이율배반은 해소되지 않으면 안되는 것으로 이를 해소하기 위해서는 무한한 시간이 요청된다. 더불어 무한시간을 확보하기 위해서는 영혼의 불멸성이 요구된다. 그러므로 실천이성의 제1이율배반의 대답으로 상정된 것이 이른바 영혼불멸 요청이다.[139] 만약 실천이성의 이율배반(Absurdum Practicum)을 해소하려 한다면 신의 존재와 영혼불멸은 요청되지 않을 수 없다. 그러나 신의 존재와 영혼불멸의 이념들은 최고선의 가능성에 대한 이론적 설명을 수립하지도 또 수립할 수도 없다. 왜냐하면 그것은 객관적 조건이 아니기 때문이다. 따라서 다만 요청될 뿐이다.[140] 그러므로 최고선이 실천이성에 의해 명령되고, 동시에 그것이 인간에 의해서는 획득될 수 없는 것이라면 최고선의 첫째 요소는 이상을 향한 무한한 전진의 형식으로 실현되는 것임에 틀림없을 것이다. 이 무한한 전진은 동일한 이성존재자의 무한히 계속하는 생존과 인격성을 전제하였을 때만 가능하다. 그러므로 최고선은 영혼불멸의 전제 아래서만 실천적으로 가능하다. 따라서 영혼의 불멸은 도덕률과 불가분적으로 결합된 것이요 순수실천이성의 요청인 것이다.[141]

그러나 이 이념은 도덕률과 불가분리적으로 결합되어 있기 때문에 그것을 부정하는 것은 결국 도덕률 자체를 부정하는 것이 된다. 그러므로 만일 영혼불멸이 부정된다면 "도덕률들은 공허한 환상이라고 보여질 수밖에 없을 것이다."[142]

이 영혼불멸의 이념은 도덕적인 법칙을 가능한 한 완전히 충족시키려는 이상적인 기간 즉 실천적으로 필요한 조건으로부터 생겨난다. 도덕적인 것은 그 전체적 뜻을 따르자면 완전성을 요구한다. 그러나 우리들이 살고 있는 이 세상에는 완전이란 것이 없다. 따라서 우리들은 하나의 다른 삶을 필요로 한다. 왜냐하면 이 다른 삶에서는 적어도 무한한 진보가 가능할 것이기 때문이다. 우리는 어떤 책무하에 있다. 아마도 현세에서는 누구를 막론하고 비도덕적인 충동과 욕망의 유혹의 손길에서 벗어날 수 없을 것이다. 그렇지만 우리 각자는 자기 자신을 신성하게 하기 위해서 분투노력해야 할 무조건적인 책무를 지고 있다. 그리하여 만약 인생이 현재의 육체적 죽음으로 종말을 가져온다면 우리는 대체로 성취 불가능한 것으로 알고 있는 무엇인가를 위하여 노력해야 할 무조건적 책무가 있는 것이다. 따라서 이러한 딜레머를 피하기 위하여 무엇인가가 요청되지 않으면 안되는데 그것이 바로 영혼불멸(Unsterblichkeit der Seele)인 것이다.

칸트는 유한적 존재인 인간은 유한한 시간 내에 완전한 신성성을 성취할 수 없다는 것을 의심없이 추론한다. 다만 그것을 가능케 하기 위해서는 신성성을 향한 무한 전진뿐이라는 것이다. 따라서 우리는 무한히 연장된 미래의 생존을 요청하지 않으면 안되는 것이다.[143] 그리고 영혼불멸 신앙을 주장하는 것은 영원한 타당성 안에 있는 나의 자아가 무목적적이고 질료적인 혼돈에 내던져질 것이 아니라 도덕적 중요성을 지니고서 나의 육체적 죽음과 소멸에도 불구하고, 도덕적 완성을 명백히 해야할 것을 의지하고 믿는 것이다. 칸트의 실천이성의 이율배반 논의가 정당화하고자 하는 목표점은 바로 이러한 믿음(신앙)인 것이다.[144]

결국 최고선, 신성성, 완전성은 신의 존재에 대한 같은 내용을 달리 표현한 말이다. 이런 것들은 우리에게는 이념으로서 의식의 문제와는 별개의 것이고, 다만 도덕률의 근거로 요청된다. 사실 순수이성의 이념은 지적인 것을 위한 무한한 요구인데 반하여, 실천이성에서의 이념은 행복을 추구하는 무한한 노력을 의미하는 것이다. 여기서 요청이라 함은 "이론적이기는 하지만, 그러나 선천적(a priori) 그리고 무제약적으로 타당한 실천적 법칙에 불가분적으로 부착되어 있는 한 이론적으로는 증명되지 않는 명제"[145]를 의미하는 것이다. 물론 사람들은 죽지 않는 생명체를 영혼이라 하지만 칸트는 사유하는 자아로서의 자아는 "내적 감각의 대상으로서의 영혼"[146]이라 한다. 즉 심리학이 경험적 객관에 관계하는 것이라면 영혼은 심리학적 대상을 초월한 죽지 않는 마음, 또는 계속성을 지닌 인격성을 말한다. 그리하여 칸트에 의하면 영혼의 외적 표현이 바로 실천이성으로 나타나는 것으로 간주되며, 실천이성은 영혼불멸을 요청의 대상으로 받아들이므로 실천이성 자신은 계속성을 갖게 된다. 따라서 칸트철학에서 증명되지 않음에도 불구하고 인정하지 않으면 안될 것이 바로 실천이성의 요청인 것이다. 사실 영혼은 인식의 대상이 아니라, 믿음의 대상이며 행위의 무한한 전진을 제시하는 목표이며, 도덕률의 신성성을 나타내는 본질이다. 이러한 영혼불멸이라는 이념은 바로 견고한 도덕적 의식을 낳게 하며 생을 현세에서 끝내지 않고 피안의 세계에까지 연결하려는 욕구의 표현이다. 이런 의미에서 영혼은 도덕률의 형이상학적인 근거이며 도덕률은 영혼불멸과 연결됨으로써 최상선의 단계로 나아가게 되는 것이다.

3. 요청으로서의 신의 존재

1) 필연적 존재자

칸트에 의하면 이율배반(Antinomie)은 이성의 총체성의 이념을 현상적 시·공에 적용함으로써 일어난다고 한다. 이율배반 제1, 2(수학적 이율배반)에서 칸트는 자연적 사건의 세계가 시간 및 공간의 내적 구성에 있어서 무한한 것인지 아니면 유한한 것인지를 묻고 있다.[147] 이율배반 제3, 4(역학적 이율배반)에서는 자연적 인과율을 인간의 자유 및 신에 관계지어 취급한다. 모든 자연적 사건은 인과적 필연법칙의 지배를 받는다. 인간 역시 자연적 성격의 탓으로 현상계의 일부이기 때문에 전적으로 자연법칙에 따라야 한다. 그러므로 인간이 자유롭게 판단할 수 있는가가 문제된다는 것이다.[148] 특히 제3, 4 이율배반을 해결하기 위하여 칸트는 현상적 실재와 예지적 실재의 구별에 의존한다. 만일 자연계가 유일한 세계라면 신과 인간의 자유의 여지는 발견될 수 없지만 예지계가 존재한다면 인간은 자유의 예지적 법칙과 자신을 동일시 할 수 있을 것이다. 그리고 신은 모든 현상적 외양의 궁극적 또는 예지적 근거가 될 것이다. 이제 제4 이율배반의 내용과 그 해결에 대하여 좀 더 살펴보기로 한다.

정립(Thesis) : 세계에는 부분으로든 원인으로든 절대적으로 필연적인 존재자인 그 무엇이 있다.[149]

반정립(Antithesis) : 세계 내에서든, 세계 밖에서든 절대적으로 필연적인 존재자는 실존하지 않는다.[150]

정립을 위한 논증 : 세계에는 연속적인 사건이 있다. 그 사건은 각각 어떤 선행하는 조건하에서 발생한다. 그렇게 조건지워진 어떤 것이든 절대적인 무제약자, 절대적으로 필연적인 어떤 것에 이르는 완결된 제약의 계열을 전제한다. 절대적으로 필연적인 존재자가 제약의 계열을 발생시키려면 그 존재는 사

건의 전체 계열로서든 그 계열의 부분으로서든 간에 감성적 세계에 속해 있어야 한다.[151)]

반정립을 위한 논증 : 필연적 존재자가 세계 내에 존재한다고 가정한다면, 두 가지 가능성이 있다. 즉 사건 계열의 시초가 필연적이든가 우연적 사건의 계열이 전체로서 필연적이든가이다. 그러나 첫 번째 가능성은 시간 속에 있는 모든 현상을 결정하는 역학적 법칙과 모순된다. 그리고 두 번째 가능성은 자기 모순이다. 왜냐하면 계열의 어떤 부분도 필연적인 것이 아니라면, 그 계열은 필연적일 수가 없기 때문이다. 절대적으로 필연적인 존재자가 세계의 밖에 있어, 사건의 계열을 발생시킨다고 가정할 경우 그 계열을 발생시키기 위해서는 그 존재자는 시간 속에 있어야 하고, 따라서 세계의 부분이어야 한다. 이것은 가정과 모순된다. 따라서 세계 안에서든 밖에서든 절대적으로 필연적인 존재자는 없다.[152)]

종래의 형이상학은 언제나 모든 존재는 의존적인 존재이고, 첫 번째의 무조건적인 존재자를 전제하고 있는 것이 특징이다. 이 첫 번째의 무조건적인 존재자(ein erstes unbedingtes Seiendes)를 그 자체로서 선한 것의 이데아(이념), 혹은 스스로는 움직이지 않으면서 남을 움직이는 첫 번째의 것(der erste unbewegte Beweger)이라고도 한다. 또한 그것을 순수 현실태(actus purus), 제일 에네르게이아(die erste Energeia), 자존적 존재자(das ens a Se) 실재적 존재자(ens realissimum), 가장 완전한 자(ens perfectissimum)라고도 한다. 그런데 칸트는 경험론이 결과를 보고 원인으로 거슬러 올라가는 이런 추론을 거부하고, 의식적으로 현상들의 울타리 안에서만 머물러 있다고 보고 이런 진부한 문제를 다시 받아들여 네 번째의 우주적인 이념의 공식이 밝히고 있는 것처럼 "현상에 있어서 변화하는 것의 현실적인 존재의 의존성의 절대적인 완전성"[153]이라는 제목으로 논의를 재개한다. 그는 경험론을 따르면서도 이 문제를 포기하지 않으려 했던 것이다. "이 완전성이라는 이념은 이성 안에 있고, 그 이념에 적합하게 경험적인 개념들을 연결 지을 수 있느냐 없느냐 하는 것은 별도의 문제다"[154] 라고 칸트는 말한다.

칸트에 따르면 단순한 경험론은 도덕과 종교로부터 힘과 영향을 약화시킨다는 것이다. 즉, 만약 세계와 구별되는 근원적인 존재자(Urwesen)가 없고, 또 세계에 시작 및 원초적인 창조자가 없을 뿐만 아니라 우리들의 의지가 자유롭지 못하고, 영혼이 물질처럼 분해 가능하며 소멸될 수 있는 것이라면, 도덕적인 이념들과 원칙들도 그 타당성을 잃고 말 것이라[155]는 생각이다. 칸트가 의도한 것은 장대한 윤리적 토대를 구축하는 것이었기 때문에 그는 다시 이성의 이념에로 되돌아 온 것이다.

제3 이율배반에서 논의된 예지적인 자유의 경우, 사물 자체로서의 주체는 아직도 조건들의 계열에 속하여 있고 오직 인과성 그 자체만이 예지적이었던 것과는 반대로 "필연적인 존재자는 완전히 현상계의 계열 밖에 (ens extramundanum) 있고, 오직 예지적으로만 생각될 수밖에 없다."[156] 이렇게 해서 무제약자는 현상계를 초월한다. 따라서 절대자는 종래의 형이상학이 믿고 있었던 것처럼 증명되어지지 않는다. 왜냐하면 증명이란 현상계 내에만 있기 때문이다. 그러나 또 증명을 할 수 없다는 것도 증명되지 않았고, 유물론과 무신론이 믿고 있는 것처럼 증명되어지지도 않는다. 왜냐하면 이것은 현상의 한계를 넘어

서는 일이기 때문이다.[157)]

칸트는 두 개의 모순되는 명제들 중에서 반정립은 현상계에 관계 짓고, 정립은 이성의 이념에 관계 지움으로써 이율배반을 해결했다고 생각하고 있다. 이리하여 두 명제들은 모두 타당하나 각자의 영역에서만 그렇다는 것이다. 칸트는 이런 것을 제시한 것이 순수이성의 변증론의 특별한 업적이라고 자부하고 있다.[158)] 칸트의 비판철학의 형이상학적 체계는 이 이율배반의 제기와 그 해소를 밝히는 것이라 생각되며, 사변적 이성의 모순된 사상을 해결하는 것이 바로 칸트의 형이상학의 내용이라고 할 수 있다. 결과적으로 칸트는 제3, 4 이율배반에 대해서는 제1, 2 이율배반과는 다른 해결을 시도한 셈이다. 즉 역학적 이율배반의 경우에는 정립과 반정립이 다 같이 오류가 아니고, 오히려 양자가 다 같이 참일 수 있다고 생각한 것이다. 칸트의 이러한 견해는 곧 인간 의지의 자유와 신의 존재를 정초하려는 도덕적 관심에 의한 것이었다고 볼 수 있다. 따라서 이러한 문제는 『순수이성비판』의 내부에서 다룰 수 있는 것이라기 보다는 『실천이성비판』 및 『종교론』과의 관련 속에서 중요한 의의를 가지게 되는 것이라고 하겠다.

2) 최고선과 신

종교에 관한 칸트의 철학사상은 도덕률에 대한 복종과 목적으로서의 최고선 채용 간의 관계에 기초하고 있다. 그러므로 어떠한 도덕적 행위자도 도덕률을 수행해야 하는 바의 목적으로서 생각되어지는 최고선은 칸트의 실천이성의 이율배반에 그리고 그의 종교사상 제반에 걸쳐 결정적인 중요성을 지닌다.[159] 칸트는 최고선을 그의 비판철학 연결에 있어서 가장 중요한 것으로 간주하고 있다. 그는 최고선의 이상을 추구하는 것을 심지어 모든 철학의 주된 목표로 생각했으며, 그 개념을 세계도덕이 창출해 낸 대표적인 것으로 여겼다. 즉 칸트는 최고선을 '순수실천이성 대상의 무제약적 전체'[160]로 보았던 것이다.

칸트의 최고선의 개념은 그의 윤리학에 있어서 이성적 목적론의 역할을 규정하며 그것을 모든 도덕적 노력을 위한 무제약적 목적 즉 인간행동을 위한 최종적 목적으로 규정하여 실천적으로 받아들임으로써 이성비판의 과제를 완성한다. "이성은 순수한 실천이성으로서 실천적으로 제약된 것에 대해서 무제약자를 구한다. 그러면서도 이성은 의지의 규정근거로서가 아니라, 비록 이 근거가(도덕률 중에서) 주어졌더라도, 순수한 실천이성의 대상의 무제약적 전체를 최고선(das höchste Gut)의 이름 아래서 구한다."[161]

이처럼 최고선은 모든 사람들이 개별적인 욕구에 의해서 얻어진 행복을 그의 구성요소로 갖고 있는 동시에, 이성적 도덕률이 요구하는 완전성을 갖고 있다. 이리하여 최고선이 비록 경험적 행복을 포괄하고 있지만, 행위의 최후의 목표로서 선험적인 것이다. 칸트는 최고선을 둘로 구분하는데, 그는 『실천이성비판』에서 다음과 같이 말하고 있다.

> "최고라는 개념은 이미 불분명하다. 이 점을 주의하지 않으면, 이 불분명으로 인하여 이미 쓸데없는 논쟁이 야기될 수 있

다. 최고인 것은 최상을 의미할 수 있거나 혹은 완전도 의미할 수 있다. 전자는 그 자신이 무제약적인 신앙 즉 어떤 제약에도 종속하지 않는 조건인 것이며, 후자는 같은 종류의, 더 큰 전체의 어떠한 부분도 아닌, 전체인 것이다."[162]

다시 말해서 최고선이란 전체로서의 완전한 선을 의미하고, 최상선이란 제약자로서 최고의 위치에 있는 것, 즉 아무 것에 의하여서도 제약을 받지 않을 것을 의미한다. 따라서 최상선이란 우리가 바랄만한 것으로 생각되는 모든 것의 최상조건이요, 우리의 행복추구의 최상조건이다. 그러나, 덕은 아직 이성적인 유한존재자의 욕망 능력의 대상인 바 전체적 완전선은 아니다. 왜냐하면 이러한 선이고자 할 때, 행복이 또한 요구되기 때문이다. 그러면서도 행복은 자기 자신을 목적으로 삼는 인격의 편파적인 관점에서뿐만 아니라 세계 안의 인격일반을 목적으로 하는 공평한 이성의 판단에서도 요구되기 때문이다.[163]

그러므로 최상선은 의지가 도덕률에 완전히 일치하는 것을 말한다. 즉 최상선의 조건은 우리의 덕성이 도덕률을 항상 무조건적으로 지킬 수 있는 정도로 수련된 상태이다. 그러나 최상선은 완전한 선이 아니다. 사실 칸트가 말하는 완전선은 행복을 구성 요소로 하는 최상선이다. 그러므로 최고선은 덕과 행복과의 일치이며 이 경우에 행복이 도덕성에 정비례한다. 다시 말하면 최고선은 의지가 도덕-률에 일치하여 그 결과로서 쾌락을 얻은 상태이다. 원래 행복이란 "이성적 존재자의 전 존재에 끊임없이 따라다니는 쾌적한 삶이라는 의식이다."[164] 실제로 행복은 자기 애착의 만족을 추구하는 사람에게나 세계 안의 인격 일반을 목적으로 삼는 공평한 이성적 판단에게나 똑같이 요구되는 것이다. 그러므로 행복은 자기 만족을 구하는 원리이기도 하지만 사람이면 누구나 요구하는 것이기 때문에, 물질적 충족에서 오는 행복보다는 정신적 충족 즉 도덕률을 지킴으로써 따라오는 행복을 최고선의 구성요소로 삼는 것은, 칸트의 도덕형이상학의 체계 속에 일관되어 있는 내용이다.

칸트에 있어서 무제약적인 이념은 원리들 아래서 통일을 확보하는 직책을 가진 이성에 의해서 형성된 이념이다. 무제약적인 것으로서의 최고선은 체계적인 목적의 통합인 바, 순수실천이성의 전적인 대상이다. 그러나 보다 중요한 사실은 무제약적인 것의 이념인 이 최고선의 이념은 조건들의 전체를 가능케 하는 유일한 것이다. 칸트는 최고선에 관한 이러한 사실을 최종목적이라고 표현하며, 그것의 가능성에 대한 다른 어떤 조건도 필요로 하지 않는 목적으로 본다.

이와 같이 최고선은 도덕률에 의해서 규정된 제일 목적, 즉 원초적 목적이며 여타의 모든 것을 파생시키는 목적이다. 그런데 최고선은 단지 집합적 의미의 목적들의 통일이 아니라, 우리가 법칙에 복종할 때 수용하는 모든 개별적 목적에 선행하는 이념이며, 순수실천이성의 모든 대상들을 위한 목적론적 조건으로 생각되어지는 것이다.[165] 도덕률에 복종하는 도덕적 행위자에 의해서 세워진 모든 목적이 거기에서 파생되는 순수실천이성의 무제약적 대상으로 상정된다. 그러므로 도덕률에 복종하는 어떤 행위의 목적을 채용함에 있어 유한적인 이성적 행위자는 그가 이미 목적으로서의 최고선을 채용하였다는 것을 합리적으로 전제하고 있는 목적을 표상한다. 이와 같이 유한적 이성적 존재자는 도덕률에 복종하는 어떤 목적의 채용의 조건으로서 이러한 최종 목적을 전력을 다해 추구한다. 그러나 모든 유한적 이성적 의지와 행동은 합목적적이며, 또 목적의 표상을 요구하기 때문에, 최고선을 추구하는 행위자의 수행은 역시 도덕률에 일치하는 의지와 행동을 위한 조건인 것이다. 이러한 두 번째의 수행이 실천이성의 이율배반 논의의 두 번째 전제를 형성한다. 그런데 칸트가 최고선의 이론을 전개하는 까닭은 인간이성이 그의 종국적 목표로서 순수실천이성의 대상을 무제약적 전체로 요구한다는 점 때문이다. 이성은 언제나 무제약적인 것을 추구하고 또 언제나 전체의 이념하에 그의 규칙을 통합하려 한다.

이와 같이 칸트의 신에 대한 적극적 논의는 최고선의 개념에서 시작된다. 이 최고선은 도덕적인 정직뿐만 아니라 행복도 포함한다. 그러므로 덕과 행복은 최고선의 두 구성요소이다. 에피쿠로스학파가 행복 추구 때문에 도덕성을 약화시키는 과오를 저지른 반면, 스토아학파는 그 역의 과오를 저질렀다. 따라서 최고선은 우리의 최상목표인 바, 우리는 최고선을 증진시키기 위해 노력해야 하고 또 그것이 가능하도록 하지 않으면 안된다는 것이 칸트의 입장이다. 그런데 칸트에 있어서는 자연자체와는 구별된 덕 및 행복의 조화의 원리가 요청된다는 것이다. 따라서 최고선은 도덕적 성격에 일치하는 최상존재를 가정했을 때만 가능한데 그 존재가 곧 신이라는 것이다.[166] 한편 칸트에 있어서 도덕적 선과 자연적 선, 덕과 행복은 별개의 선이며 또한 그들은 성질에 있어서도 다르다. 칸트의 용어를 따라서 실버(John R. Silber)는 이러한 차이를 적절히 묘사하여 '선의 이종성(異種性)'[167]이라고 부른다.

칸트는 원리상의 본질적 차이를 극복하려는 스토아학파와 에피쿠로스학파의 시도를 비판한다. 스토아학파는 덕이란 전적인 최고선이며 행복은 단지 주체의 상태에 속한 것으로서의 소유의식일 뿐이라고 주장하며, 에피쿠로스학파는 행복이야말로 전적으로 최고선이며 덕은 단지 준칙의 형상일 뿐이라고 말한다.[168] 칸트의 윤리에서처럼 스토아학파에 있어서도 도덕의 원리는 단지 행복의 추구만을 위해 마련되는 것이 아니다. 오히려 행복은 사람에 따라서 덕 의식이 되는 것으로 규정되기 때문에 스토아학파도 행복을 무제약적 선으로 여겨 선의 존재는 곧 덕을 의식하는 것과 동일시된다. 따라서 최상의 도덕원리를 자기 자신의 행복을 추구하는 원리와 동일시한다. 이와 같은 방식으로 에피쿠로스학파도 덕을 단순히 행복을 성취하는데 필수적인 행동으로 규정함으로써 이 두 원리를 동일시했다. 그런데 칸트는 『제2비판서』의 분석론에서 도덕의 원리와 행복의 원리를 동일시하지 않고 서로 모순되는 것으로 파악하고 있다. "자기행복의 원리가 의지의 규정근거로 된다면 도덕적 원리와는 정반대가 된다."[169] 그러므로 덕과 행복은 동일시될 수도 없고 고대학파들이 주장했던 것처럼 한쪽이 존재한다고 해서 다른 한쪽이 필연적으로 수반된다는 결론을 내릴 수도 없다.

칸트에 의하면 덕과 행복 간에는 필연적인 연관이 있다고 한다. 이 연관은 분석적인 것이 아니고 종합적이다. 왜냐하면 스토아학파가 주장한 것처럼 행복이란 단지 자기 자신의 덕 의식이 아니기 때문이며, 그렇다고 해서 에피쿠로스학파가 주장하는 것처럼 덕이란 단지 자기 자신의 최대행복에 대한 부단한 추구가 아니기 때문이다. 필연적이고 종합적인 것은 덕스럽게 되는 것이고 행복할 만한 가치인 것이다. 덕과 행복은 종합적이고 필연적이기 때문에 그것은 인과관계이어야만 한다. 만일 그 연관이 인과관계라면 오직 두 가지의 대안이 있을 뿐이다. 하나는 행복의 조망이란 덕스런 행동의 궁극적 동기라는 점과 다른 하나는 행동의 덕스러움은 적의한 행복의 양의 산출을 인과적으로 결정하지 않으면 안된다는 점이다. 이러한 사상은 칸트의 도덕신학을 향하고 있다.[170] 칸트 윤리학에 있어서 극단적인 스토아적 요소가 그의 도덕철학과 양립할 수 없다는 것이 인식되어 폐기되었는데 그의 후기 저작, 특히 『종교론』에 있어서 만큼은 아주 현저하다.[171]

칸트가 서술하는 최고선(summum bonum)의 상태는 좋은 삶을 영위하는 일반 목적뿐 아니라 덕에 부합되는 행복 즉 특수(개별) 목적을 달성한 경우를 의미한다. 씰버는 최고선의 개념이야말로 칸트 윤리학에서 중핵적 영역임을 주장하면서 무엇보다도 그것에 대한 이해를 강조하였다.[172] 따라서 최고선의 증진은 곧 우리의 도덕적 노력을 정진해야 하는 것으로 이해할 수 있다. 선행자에게는 보상이 악행자에게는 벌이 주어져야 한다는 것이 대부분의 도덕설의 주장이다.[173]

최고선의 두 구성요소는 도덕적 선(나 자신과 타인의 덕의 성향)과 자연적 선(나 자신과 타인이 행복할 만한 값어치에 해당하는 행복)이다. 그러므로 최고선은 이 두 구성요소의 완전하고도 총체적인 성취로 성립된다. “심정이 도덕률에 완전히 일치함은 최고선의 최상조건이다."[174] 이것은 곧 모든 도덕적 진보의 최종목표로서, 소위 칸트가 일컫는 '의지의 신성성'을 성립시키는 것이다. 그러나 이 신성성은 신적 의지의 신성성과 혼동해서는 안된다. 신적 의지의 신성성은 객관적인 실천에 의한 의지의 절대적이고 필연적인 결정을 이룩한다. 칸트는 유한적, 이성적 존재의 무제약적 도덕적 완성인 '신성성'을 신자(神子)의 이상 혹은 신을 기쁘게 하는 인간성의 이상으로 묘사한다. 그러한 이상의 성질을 칸트는 그의 『종교론』에서 다음과 같이 서술하고 있다.

> 신의 마음에 합당한 인간은 본성적으로 우리가 느끼는 것과 동일한 욕구, 동일한 고통, 동일한 자연적 경향성을 가지고 있고 또한 우리가 똑같이 위법에의 유혹에 사로잡혀 있는 한에서, 인간적이라고 생각할 수 있을 것이다. 그러나 그가 스스로 투쟁하여 얻은 것이 아니라 선천적으로 타고난 불변하는 의지의 순수성으로 인하여 절대적으로 어떠한 위법에도 빠질 수 없다면 초자연적이라고 생각될 수 있을 것이다.[175]

칸트에 의하면 실천적으로 실현할 최고선에 있어서는 덕과 행복은 필연적으로 결합된 것으로서 행복이 반드시 덕의 준칙에 대한 동인이 되어야 하거나 그렇지 않으면 덕의 준칙이 반드시 행복을 낳는 작용인이거나 둘 중의 어느 것이다. 그런데 의지 규정근거를 자기의 행복을 찾는 요구 가운데 두는 준칙은 전혀 도덕적이 아니요, 아무런 덕도 수립할 수 없기 때문에 전자는 불가능하며 또한 후자 역시 불가능한 것으로 본다. 세계에서의 모든 실천적인 인과결합은 의지 결정의 결과로서 의지의 도덕적인 심정에 의존하지 않고 자연 법칙의 지식과 그 지식을 목적에 사용하는 물리적 능력에 의존함으로써 결과적으로 도덕률의 가장 엄밀한 준수가 현세에서의 행복과 덕의 필연적인 종합, 즉 최고선을 얻기에 충분한 결합을 기대할 수 없다.[176] 만일 최고선이 달성되려면 의지의 신성성이 성취되지 않으면 안된다. 그러나 감성계에 살고 있는 유한적인 이성적 존재자인 인간은 완전한 도덕적 완성을 성취할 수 없음을 자인한다.[177] 그런데 만약 완전한 도덕적 완성이 성취될 수 없다면, 전체로서의 최고선 역시 달성될 수가 없는 것이다. 그럼에도 불구하고 인간 각자에게는 무조건 도덕률을 준수할 의무가 있다. 이러한 도덕적 책무와 이성적 실행과의 갈등이 곧 실천이성의 이율배반을 불러 일으키고 만다.

결국 최고선의 요구는 두 가지, 즉 완전한 도덕적 완성의 불가능성에서 실천적 제1 이율배반이 생기며, 행복 향유의 불가능성에서 실천적 제2 이율배반이 비롯된다.[178] "만약 최고선이 실천규칙에 의해서 불가능하다면 최고선을 촉진하기를 명령하는 도덕률 역시 반드시 가공적(架空的)이요, 헛된 공상적 목적에 기초해 있으며, 그러므로 그 자신이 거짓된 것이다."[179]라고 칸트는 말한다. 그리하여 현상계와 가상계의 조화의 방안으로서 도덕률과의 관련하에서 자유를 요청하고, 실천이성의 제1 이율배반의 해소로서의 순수실천이성의 요청이 곧 영혼불멸이요, 실천이성의 제2 이율배반의 해소방안으로서의 순수실천이성의 요청이 곧 신의 존재인 것이다.

4. 근본악과 신

1) 선과 악의 기원 문제

칸트는 종교의 문제를 도덕의 문제로 생각하여 그의 탐구의 방향을 주로 인간성에 관한 선·악의 문제로 돌린다. 칸트는 선과 악의 개념을 두 가지 측면에서 본다. 그 하나는 악한 측면에서 인간성을 고찰한다. 칸트에 의하면 이 세계가 악한 상황에 놓여 있다는 탄식은 역사만큼이나 오래된 것이다. 아니 역사가 시작되기 이전의 시 예술만큼 오래된 것이며, 모든 시가들 중에 가장 오래된 것, 즉 제사종교의 시가들만큼이나 오래된 것이다. 이들 옛 시가들은 어느 것이나 세계를 선한 상태에서 시작하는 것으로 묘사하고 있다. 즉 이 세상에 황금시대로부터라든가 낙원에서의 삶으로부터 또는 천상의 신들과 함께 하는 보다 더 행복한 공동체 안에서의 삶으로부터 시작한다고 묘사하고 있다. 그러나 옛 시가들이 이야기하고 있는 이 같은 행복은 마치 꿈처럼 곧 사라지고 악의 상태로 타락하여 점점 더 사악한 상태를 향하여 가속적으로 전락해 가는 것이다. 그 결과 인간은 이제(이 이제란 역사만큼이나 오래된 것이다) 말세에 살고 있으며 세상의 종말과 몰락이 바로 눈 앞에 닥친 것으로 나타난다. 동인도의 몇몇 지역에서는 세계의 심판자요 세계 파괴자인 루드라(Rudra)가 지배적인 신으로 숭배되고 있다. 그것은 세계 유지자인 비쉬누(Vishnu)가 세계 창조자인 브라마(Brahma)로부터 물려 받은 그의 직무에 지쳐서 이미 수백 년 전부터 그의 임무를 포기한 데 연유한다.[180]

위의 사상보다는 더 최근의 것이면서 훨씬 적게 전파된 것으로 정반대의 영웅적인 사상이 있는데, 그것은 철학자들 가운데에서만 볼 수 있으며, 주로 교육학자들 사이에서 발견되는 것이다. 이러한 사상에 의하면 이 세상은 정반대의 방향, 즉 악한 상태에서 선한 상태에로 끊임없이 진행되고 있다고 하며, 적어도 그런 방향으로 나가려는 소질이 인간 본성 안에서 발견될 수 있다고 한다. 그러나 선 또는 악이 문제되는 경우, 그들은 이 같은 사상을 결코 경험으로부터 얻어낸 것이 아니다. 왜냐하면 모든 시대의 역사는 그러한 사상에 대하여 강력한 반증을 제시하고 있기 때문이다. 그러한 사상은 아마도 세네카(Lucius A. Seneca, c. 5∼65)로부터 루소(Jean J. Rousseau, 1712∼1778)에 이르는 도덕가들이 인간이 타고난 선의 소질을 꾸준히 배양하도록 격려하기 위하여 인간 안에서 선에의 자연적 기초를 기대할 수 있는 것처럼 세워 놓은 낙관적인 가설에 불과한 것이다.[181]

그러나 위에서 말한 바와 같은 두 가지 경험은 모두 잘못된 것인지도 모른다. 그러므로 적어도 그 중간의 경우 즉 인간은 누구나를 막론하고 선하지도 악하지도 않거나 또는 그 양자이기도 하면서 부분적으로 선하고, 부분적으로 악하다고 보는 것이 옳지 않을까 하고 물을 수도 있다. 그러나 한 인간이 악하다고 불리우는 것은 그가 악한 행위를 하기 때문이 아니고 그의 행위들이 그의 마음 속에 있는 악한 법칙들(böse Maximen)을 추론할 수 있게 하는 성질의 것이기 때문이다. 우리는 경험을 통하여 악한 행위들을 알아볼 수 있다. 그뿐 아니라(적어도 자기 자신에 대해서는) 그러한 행위들에 있어서 의식적으로 법칙을 위반하고 있음도 알아낼 수 있다. 그러나 준칙들은 관찰될 수가 없다. 자기 자신 안에 있는 준칙들조차도 항상 확실한 것은 아니다. 그러므로 어떤 행위자가 악한 인간이라고 하는 것은 경험에 근거해서는 확실히 판단할 수 없다. 결국 어떤 사람을 악하다고 부르려면 그가 유의적으로 행한 행위로부터 선험적으로 그 행위들의 근거에 놓여 있는 준칙을 추론해 낼 수 있어야 한다. 그리고 더 나아가서 이 준칙으로부터 행위의 주관 안에서 도덕적으로 악한 모든 특수한 준칙들의 보편적인 근거를 추론해 낼 수 있어야 한다.[182] 따라서 인간이 본성적으로 선하든가 혹은 악하다고 말할 때, 그 말이 의미하는 것은 인간 안에 선한 준칙 또는 악한 준칙을 채용하는 최초의 근거가 내재한다는 것이다. 그리고 이 근거는 모든 인간에게 보편적으로 주어져 있는 것이므로 이것을 통하여 인간은 그의 종족 전체의 본성을 나타낸다는 것이다.[183]

만사의 원초적 근거가 신성한 것이라면 도대체 악이 어디로부터 세상에 들어오게 된 것일까? 마니교의 주장(Manichaeism)을 따를 것인가? 신성한 신으로부터 악을 도출할 것인가?[184] 이성은 신의 도덕적 완전에 대항하여 많은 사람들로 하여금 배반하게 하고 절망에 빠지도록 아주 강력하게 인도하는 경향이 있다. 라이프니쯔는 그의 *Theodicy*(신정론)에서 이러한 이의(異議)를 약화시키기 위해, 아니면 그것들을 완전히 끝내기 위해 노력을 기울였다. 그럼 이의의 내용은 무엇인가?

첫 번째 이의는 신의 신성성에 관한 것이다. 만약 신이 신성하고 악을 증오한다면 모든 이성적 존재자들에게 혐오의 대상이 되며 모든 지성적 혐오의 근거인 악이 도대체 어디서 오는 것인가? 두 번째 이의는 신의 자애에 관한 것이다. 만약 신이 자애하고 인간이 행복하기를 의지한다면, 모든 사람에게 혐오의 대상이 되며, 물리적 혐오의 근거인 이 모든 악이 어디서 오는 것인가? 세 번째 이의는 신의 공정성에 관한 것이다. 신이 공정하다면, 이 세계 내에서의 불공평한 선악의 할당은 어디로부터 유래하는 것인가?[185] 이 문제는 전통적 유신론도 해결하지 못하였으며 무신론도 해결하지 못한 것이다. 그리스도교의 전통적 신관이 세계 도처에서 일어나는 고난과 신을 하나의 공통분모로 설명할 수 없는 상황 속에서 오늘날 악과 신정의 문제는 그리스도교 신학의 한 중심적 문제로 제기되고 있다. 본래 신정(Theodizee)이란 신의 의인 내지 칭의(Rechtfertigung)를 뜻하며 라이프니쯔로부터 유래하는 개념이다. 한 마디로 말하면 이 개념이 제기하는 문제는 이 세계의 악의 현실 앞에서 신은 과연 어떻게 의로운 분이라고 부를 수 있겠는가의 문제이다. "만일 신이 의롭다면 악은 어디로부터 오는 것인가?" 이 세계의 악의 현실을 볼 때 선한 신은 전능하지 못하든지, 전능한 신이 선하지 못한 것이 아닌가? 신은 왜 악과 고난을 허용하는가? 신정론의 이 질문은 그리스도교 신학이 이 세계의 현실을 떠난 추상적 사변이 되지 않게 하는 중요한 질문이 되기도 한다. 이 질문은 이미 성서 안에서 제기되고 있다. 그것은 고난을 당하는 인간이 왜? 라고 질문하는 형식으로 제기되고 있다.

> 야훼여, 어찌하여 멀리 계십니까? 이토록 곤경에 빠졌는데 모르는 체 하십니까? 악한 자들이 활보하며 미약한 자를 박해

합니다….

악한 자 우쭐대며 하는 말 '벌은 무슨 벌이냐? 하나님이 어디 있느냐?' 이것이 그의 생각 전부입니다(시편 10:1~4).

나의 반석이신 하나님께 아뢰옵니다. '어찌하여 나를 잊으셨사옵니까?' … 네 하나님이 어찌 되었느냐고 날마다 원수들이 빈정대는 소리가 뼈 속을 저며 들어옵니다(시편 42:9~10).

구약 성서의 욥기는 신정의 문제를 중심 테마로 삼고 있다. 그러나 성서에 있어서 이 문제가 가장 드라마틱하게 나타난 곳은 예수의 십자가의 사건에 있다고 볼 수 있다. 십자가에 달린 예수를 바라보면서 "하하, 너는 성전을 헐고 사흘 만에 다시 짓는다더니 십자가에서 내려와 네 목숨이나 건져 보아라"(막 15:29)는 유태인들의 조롱도 이 문제와 관련되어 있다. "나의 하나님, 나의 하나님, 어찌하여 나를 버리셨나이까?"(막 15:34)라는 예수의 부르짖음은 신정의 문제에 대한 가장 드라마틱한 표현인 동시에 성서와 인류의 역사에 있어서 제기되고 있는 신정에 대한 모든 질문들의 요약이라고 볼 수 있다. 신정의 문제를 한층 더 아이러니컬하게 만드는 것은 비참하고 무기력하게 죽어가는 예수를 지켜보고 서 있던 백인대장의 "이 사람이야말로 정말 하나님의 아들이었구나!"(막 15:39)라는 말이다. 이러한 일련의 장면들은 신정의 미묘한 문제성을 보여주고 있다.[186)]

그런데 성서에서 사용되고 있는 악의 근원에 대한 표상 방식, 즉 악의 근원을 인류에 있어서의 악의 시작으로 묘사하는 성서의 표상방식은 이상에서 전개된 견해와 일치된다. 하나의 설화 안에서는 악의 근원을 그의 본성상(시간조건을 고려함이 없이) 최초의 것으로 생각되어야 할 것이 성서에서는 시간상 최초의 것으로 나타난다. 성서에 의하면 악은 근저에 놓여져 있는 악에의 성향으로부터 시작되는 것이 아니다. 만일 악이 그렇게 시작되는 것이라면 악은 자유로부터 나오는 것이 아니라 죄(이 죄는 신의 명령으로서의 도덕법칙의 위반을 의미한다)로부터 나오는 것이 될 것이다. 그러나 악의 모든 성향에 앞서는 인간의 상태는 무죄(Unschuld)라고 성서는 말한다. 성서의 이 설화에서 도덕법칙은, 순수하지 못하고 본능적인 경향성에 의해서 유혹받는 존재, 즉 인간에게 있어서 마땅히 그래야 하듯이 금지(Verbot)로서 미리 주어져 있다.(창세기 2:16～17)[187]

우리가 매일 똑같이 그렇게 하고 있다는 것, 즉 "아담 안에서 모든 인간이 죄를 지었고" 또 아직도 죄를 짓고 있다는 것은 이상과 같은 설화에서 분명해 진다. 단지 우리에게 있어서는 이미 법칙 위반의 생득적인 성향이 전제되지만 최초의 인간에게는 그와 같은 성향이 전제되지 않고 시간상으로 무죄가 전제된다는 것, 따라서 법칙위반이 우리의 본성의 사악성에서 나오는 것으로 표상되는 것과는 달리, 이 최초의 인간의 법칙위반은 타락(Sündenfall)이라고 칭해지는 것이다.[188]

칸트는 구약성서 창세기에 나오는 아담의 타락에 의한 원죄의 신화가 그 자신의 근본악 사상을 잘 표현하고 있음을 지적하고 있다. 원죄 신화에 대한 칸트의 철학적 해석에 의하면 인류의 원조인 아담의 원죄는 감성적인 본능의 충동을 신의 명령보다 우위에 두는 준칙 선택의 행위에서 비롯된 것이다. 원죄 설화에 의하면 아담의 타락은 본래 그 자신 속에서 우러나온 것이 아니라 뱀이라고 하는 외적 존재의 유혹에 의해서 일어나고 있다. 칸트는 이 점으로부터 암시를 얻고서 대담한 철학적 해석을 시도한다. 원죄 설화는 악의 발생이 인간의 본래적 선의 타락에서 온 것이 아니라 그와는 상관없이 밖에서 들어온 것이므로 인간의 자연적 본성으로서의 선에의 소질은 그대로 남아 있음을 표현하고 있으며, 아직도 선에로의 전향의 가능성이 남아 있다는 사실을 호소하는 것이다.[189)]

칸트는 『철학적 신학 강의』에서 악의 기원을 인간의 미계발(Rohheit) 즉 그의 성향을 훈련함에 있어 인간의 도덕적 발달의 불완전성에 돌린다. 그러나 그러한 설명은 대답되어지지 않은 채 그대로 남아 있다. 결과적으로 칸트는 그의 『종교론』에서 견해를 바꾸어 악을 인간의 자유선택 능력 안에 있는 원초적인 심성에 돌린다.[190)] 이 지상 세계에는 진보(progress)만 있을 뿐이다. 따라서 현세에서 선과 행복은 소유될 수 있는 것이 아니라 완전성과 만족을 향한 도정일 뿐이다. 이와 같이 세상에서의 악이란 선을 향한 종자의 발육에 있어서의 불완전성으로 간주될 수 있다. 악은 특별한 종자를 갖지 않는다. 왜냐하면 그것은 단지 부정(negation)이요, 선이라는 것의 제한을 성립시키는 일면 요건이기 때문이다. 그러나 선은 종자가 있다고 본다. 왜냐하면 그것은 독립적이기 때문이다. 신이 인간에게 부여한 선에의 기질은 선이 그의 외모를 그려내기 전에 인간 자신에 의해서 가꾸어져야 한다. 그러나 동시에 인간은 동물성에 속한 많은 본능을 갖고 있으며, 또 계속해서 인간이기를 원한다면 그 본능들을 가져야 하기 때문에 그 본능들의 힘은 그를 속일 것이며 그렇게 되면 그는 자신을 본능에게 넘겨주게 될 것이다. 바로 여기에서부터 악은 야기되는 것이다. 아니, 오히려 그의 이성을 사용하기 시작하자마자 그는 어리석음에 떨어지고 만다. 따라서 특별한 악의 종자는 생각할 수 없는 것이다. 악의 기원은 선을 향한 우리의 이성의 첫 전개이다. 그러므로 악은 불가피한 것이다.[191)]

칸트는 원죄가 존재한다는 이념을 수용할 수 없었다. 왜냐하면 원죄는 정의상 생래적이기 때문이다. 원죄는 일종의 저주이며 따라서 악의 길을 따르는 선택과는 무관한 것이다. 칸트는 원죄의 이념에 상응하는 도덕적 동치를 찾아보려고 노력하였다. 그리하여 그가 발견한 것이 곧 그의 용어대로 '근본악'(das radikale Böse)이라는 것이다.

칸트는 근본악과 관련하여 다음과 같이 설명한다.

> 인간이(가장 선한 인간이라도) 악한 것은 다만 그가 동기를 그의 준칙 안에 채용할 때 동기들의 도덕적 질서를 전도시키는 것에 의해서 뿐인 것이다. 즉 도덕률을 자애(自愛)와 나란히 그의 준칙 안에 채용함에 의해서만 악한 것이다. 그러므로 그는 도덕률과 자애의 법칙이 동등하게 양립할 수 있는 것이 아니라 오히려 - 도덕률이 자애 만족의 최고 조건을 유일한 동기로서 선택 의지의 보편적 준칙 안에 채용되어야 함에도 불구하고 - 하나가 최고의 조건으로서의 다른 하나에 종속되어야 함을 깨닫게 될 때, 그는 도덕률, 자애 및 그의 경향성들을 도덕률의 수행의 조건으로 삼는다.[192)]

이러한 전도에의 성향이 인간의 본성 안에 놓여져 있다면, 인간 안에는 악에의 자연적 성향이 존재한다고 볼 수 있다. 그리고 이 성향 자체는 결국 자유로운 선택의지 안에서 구해지지 않으면 안되며, 또한 그에 대해 책임을 물을 수 있는 것이므로

> 도덕적으로 악한 것이다. 이 악은 모두 준칙들의 근거를 부패시키는 것이기 때문에 근본적인(radikal) 것이다. 또한 그것은 자연적 성향으로서 인간의 능력으로는 근절시킬 수 없는 것이다… 그럼에도 불구하고 악에의 성향은 자유롭게 행위하는 존재로서의 인간 안에서 발견되는 것이므로 그의 극복은 가능한 것이다[193]

칸트는 의사, 법률가, 신학자의 예를 들어 원죄를 여러 가지로 유추한다. 의사는 이 원죄를 유전병으로 해석하여 원죄를 촌충 같은 것이라고 생각할 것이다. 법률가는 원죄를 범죄에 의해 지은 죄를 이어 받은 법률적 귀결인 부채라고 생각할 것이다. 마지막으로 신학자는 원죄를 우리가 두 가지 이유 즉, 최초의 인간이 타락에 참가하였다는 것, 우리가 우리의 조상으로부터 부여된 선에 대한 불신 상태를 기뻐하고, 조상의 행위에 참가하였다는 것 등으로 해석할 것이다. 그렇지만 칸트는 이와 같은 해석을 거부하였다. 칸트에 의하면 원죄는 유전적인 죄가 아니다. 우리는 아담의 죄를 자연적 혈통, 사법적 계승, 또는 신에 대한 반항을 통하여 우리에게 영향을 미친 것으로 여길 수 없다. 아담은 우리 각자를 대표할 뿐이다. 그러므로 칸트는 원죄로부터의 회복의 가능성을 부인하지 않는다. 그러데 그러한 회복은 점진적 개혁의 형식보다는 요한복음에 나오는 신생 또는 새로운 창조에 상응하는 회심 혹은 변화, 즉 심정의 개혁의 형식을 띤다. 그런데 그러한 회심은 사변적 설명이 불가능하다[194]는 것이다.

2) 인간의 본성과 근본악

칸트는 인간의 본성 중에 세 가지의 요소가 있다고 한다. 동물성(Tierheit), 이성적인 인간성(Menschheit), 이성적이면서 동시에 책임능력자로서 인격성(Persönlichkeit)이 그것이다. 동물성은 행동과 감성적인 욕망에서 행동하는 측면이며, 이것은 물리적이며 기계적인 자애(自愛)를 가진 것이며, 자기본능의 소질, 생식본능의 소질, 타인과 협력하는 소질 등을 의미한다. 이성적인 인간성에 있어서는 타인과의 관계에 있어서 자애를 전제로 하되 평등성을 요구하는 경향성이 나타나며, 동시에 타인보다 우월하겠다는 욕망을 가진다. 그런가 하면 인격성의 소질은 도덕법칙을 자기의 행위의 격률로 받아들이는 인간을 뜻한다. 인격성의 소질은 도덕적 법칙에 대한 존경의 수용성이다. 다시 말하면 인격성의 소질은 도덕률에 대한 존경심을 가지고 그것을 행위에 있어서 주관적인 의지규정의 근거로 받아들이는 것이다. 따라서 칸트는 악에의 경향성을 3단계로 구분한다.[195] 이 단계 중 최저 단계는 채택된 준칙의 준수에 있어서의 인간의지의 연약성(die Gebrechlichkeit ; Fragilitas)이다. 인간은 선을 의도하지만 유혹에 휘말리곤 한다. 여기서 칸트는 사도 바울의 말을 인용한다. "내가 원하는 바 선은 행하지 못한다"(롬 7:15). 이 단계에서는 행위자의 악한 준칙, 즉 동기의 도덕적 명령을 전도(顚倒)하는 그의 정책이 평이하게 자신을 제시하지 못한다. 행위자의 준칙에 대한 결여는 그가 책임져야 할 악한 준칙의 적극적인 채용을 요구한다.

악의 제2단계는 인간의지의 불순성(die Unlauterkeit ; Impuritas), 즉 성향의 동기와 의무의 동기의 혼란 및 자기기만, 사실은 그렇지 않은데도 법칙에 의해서 의지가 동기 유발되었다는 신념이다. 이 단계에서도 악한 준칙의 채택이 마치 도덕적 이성에 의해서 선한 준칙처럼 동기 유발된 것이다.

악의 최고단계인 제3단계는 악랄성(die Bösartigkeit ; Pravitas) 또는 부패성(die Verderbtheit ; Corruptio)이다. 의무동기의 의식적 무시 그리고 도덕적 명령의 전도의 고의적인 채택을 하는 이 단계에서 악은 그의 성격을 가장 명확하게 드러내며, 칸트가 인간본성에 있는 근본악을 문제 삼는 경우가 바로 이 경우이다.

실버(John R. Silber)는 하르트만(Klaus Hartmann)이 제시한 다음과 같은 도표를 그의 논문에 게재함으로써 독자들의 이해를 돕고 있다.[196]

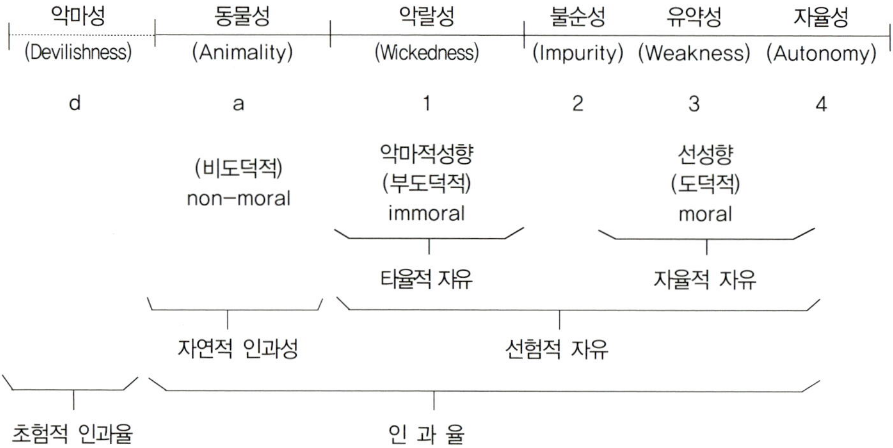

이상에서 밝혀지는 바와 같이 『종교론』에 등장하는 윤리적인 자유의 주체는 인간 일반에게 보편적인, 그리고 인간의 힘으로는 근절 불가능한 본성적인 악에의 성향 때문에, 악의 세력에서 독립한 예지적 자유의 가능성이 의심스럽게 된 타락한 도덕적 인격의 심각한 이율배반은 악의 극복이 원칙적으로 불가능한 것임에도 불구하고 악에로의 성향에 대해서 그의 행위의 모든 순간에 책임을 져야 한다는 것이다. 다시 말하면 『종교론』의 도덕적 주체는 근본적으로 타락한, 그러나 그럼에도 불구하고 자기의 본래적인 선한 소질(Anlage)에 대한 무조건적인 책임을 의식하는 이율배반적인 역설의 주체인 것이다.[197]

이러한 부류의 성향을 가정하는 것은 인간을 두 개의 대립되는 본성을 지닌 존재로, 즉 마니교(Manichaeism)적인 인간 본성관을 가정하는 것이다. 그런데 인간은 단순히 도덕적 이성을 결여한 동물적 존재도 아니고, 도덕률에 복종하기보다는 그것을 방해하려는 동기를 지닌 악마적 존재도 아니다.[198] 인간은 유한하지만 합리적이며 도덕적 존재로서 그의 도덕적 책무를 알고 도덕적 명령을 복종하기도 하고 거역하기도 하는 존재이다.

근본악은 인간의 도덕적 경향, 즉 유한한 합리적 존재로서의 인간의 도덕적 능력 안에서 찾아지는 것이 아니라 그것이 정말 존재하는 것이라면 그의 자유선택 능력, 다시 말해서 그의 의지(Willkür)를 통한 그의 능력의 사용에서 찾아져야 한다.[199]

주관적 근거는 항상 그 스스로 자유의 행위가 되지 않으면 안된다. 왜냐하면 그렇지 않다면 도덕법칙에 관한 인간의 선택의지의 사용 또는 오용에 대하여 그에게 책임을 돌릴 수가 없으며 그 안에 있는 선 또는 악을 도덕적이라고 부를 수도 없기 때문이다. 따라서 악의 근거는 경향성(Neigung)에 의하여 선택의지를 규정하는 대상들 안에 있는 것이 아니며 또한 자연적 충동 안에 있는 것도 아니다. 그것은 다만 선택의지가 자기의 자유 사용을 위하여 스스로 설정하는 규칙, 즉 준칙 안에 있는 것이다. 이와 같은 이유 때문에 우리는 이 성향을 악에의 자연적 성향이라고 부를 수 있는 것이다. 그리고 이 성향은 항상 스스로 책임을 짊어져야 하는 것이므로, 그 성향 자체를 인간 본성 안에 있는 근본적이며 생득적인 악이라고 부를 수 있다.[200] 가령 가장 친밀한 우정 안에도 은밀한 허위가 있을 수 있기에 가장 가까운 친구들 사이에서도 서로 마음을 주는데 있어서 신뢰의 정도를 제한하는 것이 교제에 있어서의 영리의 원칙으로 여겨진다는 것, 또한 사람들에게는 그가 신세진 사람을 미워하는 성향을 생각할 수 있으므로 자선을 하는 사람은 이것을 각오하고 있지 않으면 안된다는 것, 그리고 진정한 호의를 가지고 있다 하더라도 우리의 가장 친한 친구들의 불행이 우리에게 전혀 싫지는 않다고 하는 일면을 인정하게 된다는 것과 다른 많은 외면적 덕 속에 악덕들 - 숨겨지지 않은 악덕들은 말할 것도 없고 - 이 숨겨져 있다는 것 등에 관한 탄식에 귀를 기울일 필요가 있는 것이다.[201]

그러나 만일 사람이 도덕법칙(그가 자기 자신 안에 가지고 있는)에 유의함이 없이 감성의 동기들을 선택의지의 규정을 위해 그 자체만으로 충분한 것으로서 그의 준칙 안에 채용한다면 그 사람은 도덕적으로 악한 것이다. 사람은 자연스러운 방식으로 이 두 가지를 그의 준칙 안에 채용하는 것이며, 또한 이 둘

중의 어느 것이라도 그것만으로 의지규정에 충분한 것으로 생각할 것이기 때문에 준칙의 차이가 단지 동기의 차이, 즉 동기를 부여하는 것이 법칙인가 감성인가에 있다면 사람은 도덕적으로 선하며 동시에 악하다. 그런데 이것은 모순된 것이다. 인간이 선한가 또는 악한가의 차이는 그가 준칙 안에 채용하는 동기들의 차이에 있는 것이 아니라(동기의 실질적 내용에 있는 것이 아니라) 오히려 그가 이 둘 중의 어느 것을 다른 것의 조건으로 종속시키는 종속관계(준칙의 형식)에 있는 것이다. 따라서 인간이(가장 선한 인간이라도) 악한 것은 다만 그가 동기를 그의 준칙 안에 채용할 때 동기들의 도덕적 질서를 전도시키는 것에 의해서 뿐인 것이다. 즉 도덕법칙을 자애와 나란히 그의 준칙 안에 채용함에 의해서만 악한 것이다.

근본악 개념은 욕정(Leidenschaft ; Passion) 개념과 아주 흡사하다. 칸트가 말하는 'Leidenschaft'는 주관의 준칙을 전제로 한 욕망의 형식이다. 'Leidenschaft'는 악에의 경향성이 성향의 가능성의 근거라는 점에서 곧 성향이다. 더 나아가 'Leidenschaft'는 주관의 이성에 의해서 길들여질 수 있는 욕망이다. 'Leidenschaft'와 '악에의 경향성', 이 둘은 이성 자체에 정반대되는 고의적이고 심지어 합리적이기까지 한 선택이다. 인간이 악에의 경향성을 보여 주는 것은 칸트가 말하는 제3단계의 도덕적 이성에 상반되는 '심정의 악랄성'이다.[202]

칸트에 의하면 인간에게 있어서 악에의 성향은 보편적인 본성일 뿐 아니라 생래적인 본성이다. 근본악의 심각성은 그것이 모든 준칙의 근거를 타락시키기 때문에 근본적이고 생득적인 악으로서, 인간의 힘으로는 근절될 수 없는 것이라는 점에 있다. 악의 근절은 선한 준칙에 의해서만 가능한 것인데, 모든 준칙의 최고의 주관적 근거(der oberste subjektive Grund aller Maximen)가 타락하여 있기 때문이다. 더 나아가서, 칸트에 의하면 준칙의 최고의 주관적 근거로서의 인간의 본성이 어떤 원인에 의하여 타락하는 것인지, 즉 어떻게 해서 악이 인간의 본성을 타락시키는 것인지 그 원인을 파악할 수 없기 때문에 근본악의 문제는 이성의 한계 안에서는 해결될 수 없는 신비인 것이다. 다시 말하면 칸트에게 있어서 근본악은 인간의 이성으로서는 이해 불가능하고 해결 불가능한 도덕적 한계 상황인 것이다.[203)]

그러나 어떤 사람이 바로 직전의 자유로운 행위에 이르기까지 아직 대단히 악하였다 하더라도, 과거에 좀 더 선했어야 하는 것이 그의 의무일 뿐 아니라 미래에 더욱 선해져야 하는 것도 또한 그의 의무인 것이다. 마치 그가 선에의 자연적 소질을 부여받았으면서도 무죄의 상태로부터 악에로 넘어간 것처럼, 그는 그 자신을 한층 더 선하게 만들 수 있어야 한다. 만일 그렇게 하지 못할 때, 인간은 그의 행위의 순간에 책임을 질 능력이 있으며, 또한 문책을 받게 되는 것이다. 그러므로 우리는 이 행위에 대해서 시간적 근원을 물어서는 안되고 단지 이성적 근원을 물어야 한다. 왜냐하면 그의 이성적 근원에 의하여 성향, 즉 우리의 준칙 안에 법칙의 위반을 채용하는 보편적 주관적 근원을 규정할 수 있고, 또한 가능한 한도에서 그를 해명할 수 있기 때문이다.[204)]

우리의 영혼 속에는 우리가 그것을 충분히 파악한다면 최고의 경탄을 가지고 그를 바라보지 않을 수 없는, 그리고 그 경탄이 올바른 것일 때에는 동시에 영혼을 고양시키는 어떤 것이 존재한다. 그리고 그것은 즉 우리 안에 존재하는 근원적 도덕적 소질 일반인 것이다. 우리는 약속이나 위협이 없을 때에도 이성이 명령하는 법칙을 위반하게 될 때, 즉 실제로는 생을 증진시키는 욕망들을 탐닉하게 될 때, 우리 자신을 존재할 가치도 없는 것으로 여긴다. 도대체 우리에게 있는 그 무엇이 우리로 하여금 이렇게 하도록 하는 것일까?

의무의 이념 안에 소재하는 의무의 신성성에 관하여 배우기는 하였으나 아직 법칙으로부터 비로소 발생하는 자유의 개념의 탐구에까지 올라가지 못한 보통 능력을 가진 사람은 누구나 이 질문의 심각성을 마음 속 깊이 느끼지 않을 수 없는 것이다. 더욱이 신적인 근원을 알리는 이 소질의 불가사의성이 마음에 작용하여 감동을 일으키며 의무에 대한 존경이 그에게 요구하는 희생을 감당할 수 있도록 마음을 강화시키는 것이다. 도덕적인 운명의 숭고성에 대한 감정을 자주 자극하는 일은 윤리적인 심성을 일깨우기 위한 수단으로서 특별히 장려할 만하다. 왜냐하면 이 감정은 인간의 심정 속에 있는 선에의 소질을 그 순수한 그대로 회복하게 해주기 때문이다. 즉 이 감정은 우리의 선택의지의 준칙 안에서 동기를 전도시키는 생래적인 성향들을 저지시키고, 그에 따라 채용해야 할 최고조건인 법칙에 대한 무조건적 존경을 통하여 동기들 사이의 올바른 도덕적 질서를 회복할 수 있게 하여준다.[205)]

도덕적으로 선한 인간이 되기 위해서는 단지 인간 안에 내재하는 선의 종자가 장애 없이 잘 발전하도록 하는 것만으로는 충분치 않다. 우리 내부에 있는 선과 대립하여 작용하는 악의 원인을 정복하지 않으면 안된다. 옛 도덕가들 중에서도 특히 스토아주의자들은 덕(Tugend)이라고 하는 그들의 암호(Losungs-wort)를 통하여 이 사실을 우리에게 알려 주었다. 그런데 스토아주의에서 말하는 덕은(희랍어에 있어서 뿐만 아니라 라틴어에 있어서도) 용기와 용맹을 지시하는 것이며, 따라서 적의 존재를 전제하고 있는 것이다. 이같은 점을 고려할 때 덕이라는 이름은 고귀한 이름이며, 그 이름은 그것이 흔히 허세적으로 오용되고 조소의 대상이 되고 있다는 사실에 의해서 손상될 수 있는 것이 아니다. 왜냐하면 용기를 명령하는 것은 이미 절반은 용기를 불어 넣는 것이기 때문이다. 이에 반하여 자기 자신을 전적으로 불신하고 밖에서 오는 도움을 기다리는 게으르고 무기력한 사고방식(도덕과 종교에 있어서)은 인간의 모든 힘을 이완시킬 뿐 아니라 그 같은 도움을 받을 만한 가치마저도 상실하게 만드는 것이다.[206)]

인간에게 있어서 구원이란 순수한 도덕적인 근본원리를 가장 성실하게 채용하는 것에 의해서 밖에는 전혀 불가능하며, 도덕적 근본원리의 채용을 방해하는 것은 흔히 비난받아 왔던 감성이 아니라 자기 자신에게 책임이 있는 일종의 도착 또는 이 악의 또 하나의 다른 호칭인 기만인 것이다. 그런데 모든 인간에게 있는 이 부패성(Verderbtheit)은 완전히 순수함을 지닌 도덕적 선의 이념을 통해서만 극복될 수가 있다.[207)] 이를 위해서 도덕적 선의 이념은 또한 다음과 같은 의식을 수반하지 않으면 안된다. 즉 이 이념이 우리의 근원적 소재(Anlage)에 속한다는 것과 사람은 그것을 순수하지 못한 혼합으로부터 벗어나도록 하고 그를 우리의 심정 속에 깊이 받아들이는 일에 전력을 기울이는 노력을 필요로 한다는 것을 의식하지 않으면 안된다. 이와 같이 노력할 때 그 이념이 점차적으로 마음에 미치는 영향을 통하여 우리는 우리가 두려워 하던 악의 세력이 그 개념에 대해서 아무 것도 할 수 없다는 것을 확신하게 된다. 또한 이 같은 신뢰의 결핍을 미신적으로 아무런 개심도 전제함이 없는 속죄에 의해서 보충하거나 또는 광신적으로 소위 내면적 자각(innere Erleuchtung)을 통하여 보충함으로써 활동에 기초하는 선(善)에서 점점 멀어지는 일이 없도록 하기 위해서는 선의 이념에게 선한 행위라는 징표 이외의 어떤 다른 징표도 부여하여서는 안된다는 것을 확신하게 되는 것이다. 더 나아가서, 지금 우리가 하고 있는 것과 같은 시도, 즉 이성이 가르치는 가장 거룩한 것과 조화되는 의미를 성서 안에서 찾아 내고자 하는 시도는 단지 허락받은 것으로서 뿐만 아니라 또한 의무로서 여겨져야 한다.[208)]

많은 피조물 가운데 인간만은 그의 완전성과 그의 성격을 착하게 하기 위하여 노력할 수 있는 존재인 것이다. 그래서 신은 인간에게 재능과 능력을 부여하였다. 그러나 그것들을 어떻게 사용하는가 하는 것은 인간의 자유의지의 문제이다. 신은 인간을 자유롭게 창조했으나 또한 동물적 본능도 부여하였다. 인간은 그의 재능과 의지의 선함의 함양을 통하여 계발할 책임이 있다. 많은 능력이 주어졌지만 이 능력의 적용은 인간에게 달려있다. 인간은 무의지적인 천사의 무리 위에 자신을 올려놓기도 하고 또한 자신을 강등시켜 비이성적인 동물 이하로 전락시키기도 한다. 자신의 함양을 위해서는 그의 개화되지 않은 상태에서 벗어나야 하고 본능으로부터 해방되어야 한다.[209)]

신은 선을 향한 진보(progress)에 의해서 악이 제거되기를 바란다. 선을 향한 수단(도구)은 이성의 작용이다. 이 수단은 자기 자신의 미계발 상태에서 자신을 끌어내기 위한 자신의 노력이다. 만일 인간이 자신을 철저히 계발하려 한다면, 악에의 극복은 가능할 것이다. 인간이 선에 대한 책무를 알고 있으면서도 악을 행한다면 그는 형벌을 받을 수밖에 없다. 왜냐하면 그는 그의 본능을 극복하려면 극복할 수 있었기 때문이다.[210]

3) 근본악 극복의 한계와 신의 은총

도덕적 장애의 근거인 근본악에의 경향성은 근절할 수 없기 때문에 사람은 그것과 직접 투쟁하도록 강요받는다. 이러한 장애물은 의무의 동기보다 성향의 동기를 선호하는 경향성에 의해서 성립되기 때문에 현세에서의 인간의 감성의 점진적 개혁과 도덕적 재건을 위한 끈질긴 노력에 의해서만 이루어진다.[211] 칸트에 의하면 근본악은 결국 도덕적 완전성의 추구에 관한 것을 우리에게 말하여 준다.

> 그 명제가 의미하는 바는 타고난 선에의 도덕적 소질을 실천적으로 훈련시키는데 있어서 우리는 자연적으로 무죄 상태에서 출발하는 것이 아니라 오히려 그의 준칙을 근원적인 도덕적 소질에 거역하여 채택하는 선택의지의 사악성을 전제하는 데서 출발하여야 한다. 그리고 악에의 이 성향은 근절시킬 수 없는 것이므로 그에 대하여 부단히 대결하지 않으면 안된다는 것을 의미한다.[212]

이렇게 '근본악'은 우리의 도덕적 완전성의 추구와 직결된다.

그런데 악에의 경향성에 대한 부단한 반작용은 악으로부터 선에로의 계속적인 진보의 형식, 즉 감성의 점진적 개혁의 형식을 취한다.[213] 이러한 진보의 과정에서 인간은 훈련과 각자의 성향을 제한함으로써 덕을 함양하게 된다. 이러한 훈련은 악에의 경향성에 대적하는 필연적인 반작용은 아니지만 이성에 의해서 타산적으로 작용한다.

근본악은 도덕적 완전성 추구의 조건이며, 이러한 추구과정에서 우리는 자연적 무죄에서 출발할 수 없고, 법칙에 상반되는 준칙을 채용함에 있어서 의지의 사악성을 가정하고서 시작해야 한다는 것을 우리에게 말하여 준다.[214] 일단 우리가 근본악을 인정하면, 우리는 또한 이것이 우리의 도덕적 완전성 추구를 위한 조건을 규정함도 인정해야 하며, 우리가 상실한 무죄 상태를 향수의 정으로 동경하거나 우리가 그것을 피할 수 없는 것으로 생각하여 절망적으로 머물러 있어도 안 된다는 것이다.

우리는 이 악에 대한 책임을 감수해야 하며, 우리 자신을 보다 선한 존재로 만드는 과업으로 여기지 않으면 안 된다. 이와 관련하여 칸트는 이렇게 말한다. "그러나 우리의 영혼 속에는 우리가 그것을 충분히 파악한다면 최고의 경탄을 가지고 그를 바라보지 않을 수 없는 어떤 것이 존재한다. 그것은 곧 우리 안에 존재하는 근원적 도덕적 소질 일반인 것이다."[215]

우리는 우리를 개선하고 악에 대립하는 도덕률의 요구를 우리의 마음 속에서 발견한다. 이 요구는 우리가 악을 극복할 수 있을 만큼 선을 고양하는 능력을 갖지 않으면 우리의 마음 속에는 존재할 수 없다. 그렇게 하기 위해서는 우리의 격률의 완전한 전환이 필요하다. 생래적인 죄의 상태에 있어서는 우리에게는 감성적인 격률이 도덕률의 동기를 지배한다. 그러므로 악에의 이 패배 상태로부터 탈출하려고 생각한다면 우리는 심정의 개혁에 의해 다시금 도덕률을 감성의 동기 위에 놓아야 한다. 그러므로 우리의 도덕적 개선은 외부로부터 도덕을 점차 개혁해 감으로써 밝혀지는 사고방식의 변화와 함께 시작된다. 그리스도교는 이것을 가르치고 있다. 그리스도교가 가르치는 바에 따르면 각자가 보다 좋은 인간이 되기 위해서는 충분한 효과를 발휘하도록 실천하여야 한다. 그가 선을 추구하는 근원적 소질, 즉 그의 생래적인 재능을 정당하게 사용하였을 경우에만, 그가 자기 힘으로는 불가능한 것, 즉 그의 격률과 도덕률과의 완전한 일치에 도달하는 것을 위해 그에 대해 보다 높은 협력이 부여되는 것을 기대하여도 좋은 것이다. 그리스도교는 예전부터 존재한 유일한 도덕 종교이다. 그리스도교를 제외한 다른 종교는 은총종교, 단순한 제사종교이다. 왜냐하면 그들 종교가 설교하는 바에 의하면, 인간은 보다 좋은 도덕적 품행에 의해 좋은 인간이 되는 것이 아니라 오히려 단순한 제사행위에 의해 보다 좋은 인간이 되는 것을 기대하기 때문이다.

그런데 획득 가능성에 대한 최종 목표의 회의와 불확실성은 자기 자신을 한계에 부딪치게 한다. 그리고 그는 그의 도덕적 관심을 공허한 환상으로 여겨 그것을 포기하도록 유혹을 받는다. 실패와 고통에 직면하여 그의 도덕적 목표가 실천적 가능성이 있다는 조그마한 증거도 찾을 수 없는 상황에서 도덕적 인간은 도덕적 절망에 빠질 커다란 위험에 처하게 된다. 칸트는 그러한 상황에 처한 인간의 변증적 난국을 『제3비판서』에서 다음과 같이 서술하고 있다.

> 그 사람 자신은 성실하고 온화하고 친절할지라도, 그의 주위에는 언제나 기만과 폭력과 질투가 횡행할 것이다. 그리고 그는 자기 이외에 또 성실한 사람을 발견하겠지만, 이들도 행복을 누릴 자격이 충분히 있음에도 불구하고, 그런 것에는 유의하지 않을 자연에 의하여, 지상의 다른 동물들과 같이 궁핍, 질병, 불시의 죽음이라는 온갖 재액에 부딪히게 될 것이며, 또 앞으로도 언제나 이 상태가 계속되어 마침내 넓은 묘혈이 그들을 모두 삼켜 버리고, 스스로 조화의 궁극 목적이라고 믿을 수 있었던 그들은 그들이 처음에 나왔던 물질이라는 목적없는 혼돈의 나락 속으로 던져져 버리게 될 것이다. 그러므로 이러한 선의의 사람들은 자기가 도덕적 법칙을 준수하면서 염두에 두었던, 그리고 염두에 두어야만 했던 목적을 불가능한 것으로 포기하지 않을 수 없을 것이다.[216]

도덕적 인간이 일단 절망에 빠지게 되고, 그의 도덕적 목적을 불가능한 것으로 여겨 그것을 포기할 때 그는 자신을 '몽상가' 혹은 '악당'으로 생각하기 쉽다. 어느 경우이든 간에 만일 내가 도덕의 최종 목적의 실천적 가능성을 부인한다면 나는 나 자신 진정한 본성과 영원한 도덕적 원리들을 부인해야 할 것이다. 즉 나는 합리적 인간 존재가 되는 것을 그쳐야만 할 것이다.[217]

실천이성의 제2이율배반은 도덕적 절망의 태도와 구체적으로 일치한다. 여기에서는 도덕적 행위자가 도덕적 목적 추구 과정에서 고통, 실패, 욕구불만 등의 경험으로 인하여 도덕적으로 선한 세계를 확립할 계획을 희망없는 것으로 여겨 그것을 포기하는 방향으로 나아가게 된다. 그러나 그러한 절망은 시기상조이다. 그의 절망은 언제나 세계에 관한 주제 넘은 판단이다. 그의 선한 세계에 관한 희망은 고통과 실패를 이유로 논박

할 것이 아니라 다만 근거없는 것으로 생각해야 한다. 그의 절망은 적극적으로 정당화되지도 않고, 왜 그가 절망해서는 안되는가에 대한 이유도 없다. 이 세계의 불확실성과 지식의 한계성은 오히려 인간으로 하여금 희망과 절망 사이를 구름다리화 한다.[218] 실로, 선한 인간은 신의 은총 안에서 신앙을 견지하지 않으면 안된다. 왜냐하면 이런 방식으로만 도덕적 완전의 실천 가능성을 상정할 수 있고, 실천적 이율배반(absurdum practicum)의 도덕적 절망을 피할 수 있기 때문이다.[219]

결국 인간의 의(義)의 충당은 신의 은총에 의한 인간의 이득이다. 칸트는 이것을 일컬어 은총이라고 한다.[220] 따라서 인간이 의(義)를 자기 자신의 노력으로서가 아닌 신의 은총으로 상정할 수 있는 것은 신앙을 통해서 뿐이다.[221]

인간은 순수한 도덕적 심성과 불가분하게 결합되어 있는 최고선의 이념을 스스로 실현시킬 수 없음에도 불구하고 그것을 향하여 노력하는 의무를 자기 안에서 발견한다. 그리고 여기서 인간은 이 목적이 그를 통해서만 가능할 수 있는 도덕적 세계 지배자의 협력, 또는 배려에 관한 신앙을 갖게 된다.[222] 칸트는 『종교론』 전부를 통하여 선한 심성을 지닌 인간은 신의 은총에다 그의 신뢰를 두고, 또 이 은총은 전적으로 영원한 정의와 일치하는 것으로 보아, 인간이 도덕적 수용성을 소유할 때에만 은총을 받을 수 있다고 주장한다.[223]

『종교론』의 근본악 사상은 이성적 인격 존재의 자유의지를 극히 의심스러운 것으로 만든다. 칸트는 인간을 경험적 제약성에서 독립한 예지적 자유의 주체로 부각시키는 『실천이성비판』과 『도덕 형이상학 원론』에서의 낙관적 인간 이해의 입장을 버리고 『종교론』에서는 근본악의 영향 밑에 있는 인간 존재의 어두운 비참성을 강조하는 비관적인 인간 이해의 방향으로 그의 입장을 바꾸었다. 칸트의 이 같은 방향 전환은 그 당시의 계몽주의의 낙관적 인간 긍정의 시대사조에 역행하는 것이었다. 그러므로 그의 동시대인들, 특히 괴에테(J.W. von Goethe, 1749~1832)는 칸트의 방향 전환을 못마땅하게 여기며, 칸트가 부당하게도 그의 철학의 외투를 근본악이라는 오점으로 망쳐 놓았다고 힐난하였다. 쉴러(Johann C. F. von Schiller, 1759~1805)도 근본악이라고 하는 칸트의 가정은 화가 치밀게 하는 것이라고 논평하였다. 그러나 칸트의 근본악은 야스퍼스(Karl Jaspers, 1883~1969)가 지적하고 있는 바와 같이 계몽주의자들의 심미적 인간주의(ästhetischer Humanismus)의 사고방식이 보통 지나쳐 버리는 심연을 들여다 볼 수 있게 하는 칸트 사상의 심오한 깊이를 나타내는 것이라고 하였다. 따라서 칸트는 그의 근본악 사상을 통하여 계몽주의 시대의 소박한 낙관적 이성주의를 극복한 것이라고 보아야 할 것이다.[224)]

근본악의 개념을 매개로 한 『종교론』의 신존재 논증은 최고선의 개념을 매개로 한 『실천이성비판』의 신존재 논증보다 훨씬 더 자연스러워 보인다. 『실천이성비판』에서는 순전히 도덕률과의 관련에서 인간의 무제약적 선의지가 확립된다. 도덕의 무제약적 권위는 이성의 선천적 자율성(apriorische Autonomie)과의 관련에서 확립된다. 인간의 선의지는 도덕률의 존재근거(Seinsgrund ; ratio essendi)이고 도덕률은 선의지의 인식근거(Erkenntnisgrund ; ratio cognoscendi)이기 때문이다. 그러므로 『실천이성비판』에서는 도덕률의 가능 근거를 이해하기 위하여 신의 존재에까지 소급할 필요가 없다. 도덕률은 예지적 존재로서의 이성적인 순수의지, 즉 실천이성 자체 안에 필연성으로 내포되어 있는 것이다. 『실천이성비판』에서의 신의 요청은 주로 순수실천이성의 필연적인 대상으로 상정된 최고선의 실현 가능성의 문제와 관련되어 있다. 그런데 이와 같이 최고선의 개념을 매개로 한 신 존재 논증은 매우 인위적이고 부자연스러운 인상을 면하기가 어렵다.[225)]

이에 반하여 『종교론』의 근본악 사상은 유한한 도덕적 인격과 신의 존재 사이의 필연적인 관계를 보다 더 직접적이고 설득력 있는 방식으로 연결시켜 준다. 또한 근본악에 의한 신 존재 논증은 최고선을 매개로 한 증명이 빠뜨리고 있는 실존적인 정열과 신을 요청하는 신앙 주체의 다이나믹한 존재 구조의 심층을 파헤쳐 보여 주는 점에서도 중대한 의의를 가진다.[226)]

칸트의 근본악 사상은 그 이후의 실존 철학자들에 의하여 보다 더 보편적인 의미를 가지는 것으로 해석된 인간 이해의 선험적 모델로서 중대한 의의를 가지게 되었다. 또한 칸트의 근본악 사상은 원죄에 의한 타락이라는 그리스도교의 특수한 교리 내용에 대하여 일반적이며 실존적인 해석의 가능성을 제시함으로써 역사적 종교로서의 그리스도교 신앙의 특수성 속에 담겨져 있는 인류 공통의 보편적인 진리를 조명하는 데도 크게 공헌하였다고 보아야 할 것이다.[227)]

칸트의 근본악 사상은 계몽주의의 관점에서는 용서할 수 없는 죄였으며, 칸트는 그 때문에 심한 공격을 받았다. 그러나 얼마 후 사정은 아주 달라져, 그의 추종자들은 심지어 칸트의 근본악을 심화하기까지 했다. 그리하여 이 사상은 실존주의의 최초의 원천인 곧 철학자 셸링(F. E. J. Schelling, 1775~1854)의 후기 사상에 이르기까지 일관된다. 여기에서 우리는 칸트가 계몽주의로부터 아주 근본적으로 벗어나 있음을 발견한다. 칸트는 이 사상을 그의 『종교론』에서 상세히 밝히고, 하나의 전체적인 종교 철학으로까지 전개해 갔다. 이것은 하나의 조직 신학의 기초를 이루었다고 볼 수 있다. 이 조직 신학은 오늘날까지도 미국에서 이루어지고 있는 신학사상의 대부분의 바탕을 이루고 있다. 왜냐하면 칸트의 사상은 리츨(A. Ritschl, 1822 ~ 1889)과 그의 학파에 의해서 더욱 발전되었고 라우센부쉬(Walter Rauschenbusch, 1861~1918)와 사회복음 운동에 의해서 미국 신학으로 이식되었기 때문이다. 이 운동은 제2차 세계대전 전까지, 즉 라인홀드 니버(Reinhold Niebuhr, 1892~1971)가 공격할 때까지는 아주 강력한 사상이었다.[228]

그러나 『종교론』에서의 칸트의 신 존재 논증은 칸트의 신 존재 논증의 모든 방식들이 공통으로 가지는 대전제, 즉 인간은 본성적으로 도덕적 존재라고 보는 인간 본질의 도덕적 규정을 기반으로 하고 있다. 그러므로 칸트의 논증은 도덕성만을 종교에 이르는 유일한 통로로 절대화하고 있다는 한계를 갖게 된다. 따라서 칸트의 이성 신앙은 도덕적 존재방식에로 자기 자신을 결단한 사람들에게만 타당하며 주관적 필연성을 가질 수 있는 것이다. 더 나아가서 칸트의 도덕적 신 존재 논증은 도덕적인 삶에로 자기를 결단하고 도덕적인 삶을 자기의 존재의 본질이며 운명이라고 믿고 있는 사람들 중에서도, 그리스도교적 유신론의 전통 속에 정신적으로 익숙해져 있고, 그리스도교 전통의 타당성을 시인하는 사람들에게만 설득력을 가질 수 있는 것으로 보이게 된다. 더구나 칸트의 근본악의 사상은 특히 그리스도교 신앙과 너무나도 직접적으로 관련되어 있으며, 칸트는 근본악의 사실을 거의 자명한 것으로 전제하고 있는데, 그리스도교 신앙의 맥락을 떠나서도 근본악의 사상이 자명한 것으로 받아들여질 수 있는지는 의문이다.[229)]

이상에서 고찰한 바와 같이 칸트에게 있어서 도덕적인 인격은 그 자신 안에 있는 선의 이념을 믿고 그 실현을 향하여 투쟁해 나아가는 과정에서 필연적으로 인간의 마음을 꿰뚫어 보며 인간의 결함을 그의 내면적 의도에 비추어서 은혜롭게 심판하는 신의 의식에 도달하게 된다. 인간은 신을 직접 인식할 수는 없다. 그러나 의무(Pflicht)이기 때문에 가능할 수 있어야 한다고 하는 이성의 정언적 명령(kategorischer Imperativ) 앞에서 투쟁을 계속하지 않을 수 없는 도덕적 인간은 이성적인 방식으로 신의 자비와 의를 기대하게 되는 것이다.

5. 신의 속성과 인과성

1) 신의 속성

신의 속성에 대하여 논한다는 것은 신앙이나 실천과는 관계없는 하나의 사변처럼 보일는지 모르나 그에 대한 고찰은 불가피하다. 왜냐하면 우리가 신을 신앙하는 이상 우리는 신이 누구인가를 생각할 수밖에 없기 때문이다. 설교는 신에 대한 진술이며, 신이 어떤 분인가를 말하는 것이다. 또한 신학의 모든 분야에서는 신에 관한 내용, 즉 그의 속성을 말할 수밖에 없다.

성서신학은 성서에 증언되어 있는 신이 누구인가를 말하며, 실천신학도 그의 실천적 전제로서 신이 누구인가를 말할 수밖에 없다. 그러므로 신의 속성에 대한 고찰은 단순히 신학을 위해서 뿐만 아니라 신앙을 위해서도 불가피하다.[230]

토마스주의자들은 술어(predicates)를 유비적으로 신에게 적용시킬 수 있다고 주장한다. 그렇지만 칸트는 속성의 유비를 강하게 거절하고 오직 비율(proportion)의 유비에만 의존한다. "우리는 유비를 완전한 관계의 유사성이 되도록 하던가, 아니면 간단히 말해서 수학자들이 이해하는 비율로 가정해야만 한다"[231]라고 칸트는 말한다. 신과 피조물의 관계는 순수범주 또는 존재론적 술어와 관련해서만 상정될 수 있다. 왜냐하면 그렇지 않을 경우 관계 그 자체는 비율의 유비에 의해서 단정지어져야 할 것이며, 우리가 신에게 적용하기를 원하는 술어들에 대한 우리의 이해력을 상상할지도 모르기 때문이다. 다행히도 인과관계(또는 근거와 결과)는 관계의 범주에 속한다.

칸트가 『철학적 신학강의』와 『도덕형이상학 서론』*(Prolegomena)*에서 유비적 술어를 논하고 있긴 하지만 너무 간략해서 명료하지 않으나 한 가지 분명한 사실은 칸트가 유비론을 보다 극단적인 불가지론의 방향으로 나아가려고 의도했다는 점이다. 칸트가 속성의 유비론을 거부한 것은 우리가 신의 자애(慈愛), 지혜, 오성 등을 단정할 때, 신에게는 실제로 인간의 성질을 닮은 어떤 속성이 있다고 주장할 아무런 권한도 없다는 것을 의미한다. 마치 인간의 행복이나 시계의 구조가 인간의 사랑이나 기술에 의해서 이루어지듯이 기껏해야 우리는 신에게는 인간의 행복과 우주질서를 일으키는 우리가 모르는 어떤 것이 있다고 말할 수 있을 뿐이다.[232] 신의 창조자로서의 성격은 추리 가능하나 신의 속성은 추리가 불가능하다. 우리는 이 세계의 작은 부분을 알 뿐이요, 이 세계를 모든 가능한 세계들과는 더구나 비교할 수가 없기 때문에 우리는 정연한 질서, 합목적성, 광대 등으로부터는 하나의 현명하고 인자하며 힘센 창조자를 추리할 수가 있다. 그러나 그 창조자의 전지, 전능, 자애 등을 추리할 수는 없다. 단지 우리는 이 불가피한 결함을 허용된 가설에 의해서 보충할 권리가 있을 뿐이다.[233]

개연성은 세계의 사물에 대한 인식에 있어서 여지를 마련한다. 왜냐하면 내가 갖는 어떤 개연적 지식은 내 인식이 확인하는 다른 어떤 것과 동종이어야 하기 때문이다. 그러나 이 세계에 전혀 속하지 않은 것의 경우에는 어떠한 동종성이나 개연성을 적용시킬 수가 없다. 그러므로 나는 신이 존재한다는 개연성을 말할 수 없다. 그러한 표현은 개연적 지식에 적합지 않다. 따라서 신과 세계 간의 어떠한 유비도 생각할 수 없는 것이다.[234]

유비문제에 있어서 칸트는 휴움의 『자연종교에 관한 대화』(*Dialogues*)에서 제시된 이신론과 신인동형론 간의 딜레머에 크게 영향받은 것 같으며 또 이 딜레머를 피하기 위해 노력한 것으로 보인다.[235] 이 점에 관해서 칸트는 『제3비판서』에서 명백하게 서술하고 있다.

> 그런데 만일 한갓된 표상방식이 이미 인식이라고 불리워져도 좋다면, 우리의 신에 관한 일체의 인식은 단지 상징적이다. 그리고 그러한 신에 관한 인식을 오성, 의지 등의 특생들, 즉

> 오로지 현세의 존재자들에 있어서만 그 객관적 실재성을 입증할 수 있는 특성들과 함께 도식적이라고 생각하는 사람은 신인동형론(의인관)에 설 것이나, 이는 마치 그가 일체의 직관적 요소를 배제하는 경우에는 이신론에 떨어지는 것과 마찬가지이다. 그리고 이러한 이신론에 의해서는 실천적 견지에 있어서조차도 인식되는 것이라고는 아무 것도 없다.[236)]

오직 '살아계신' 신만이 우리에게 도덕적 영향을 미칠 수 있다. 따라서 도덕적 관점에서 합리적 신학은 비판적으로 탐구되어야 한다는 점도 중요하다. 신의 우주론적 속성까지도 그것들이 실재적 존재(ens realissimum)에 적용될 수 있기 전에 경험적 한계를 청산하지 않으면 안된다. 만일 우리가 신의 속성을 불완전한 성질과 신인동형론적으로 혼동한다면, 경험적인 존재를 상정하게 되며, 우리의 도덕적 희망은 여러 가지 측면에서 왜곡될 것이라고 칸트는 우려한다. 예컨대 만일 우리가 도덕률을 변덕스러운 폭군이 그의 노예들에게 명하는 것과 같은 식으로 신의 임의적인 명령으로 생각하여 미신적으로 표상한다면, 이성의 자율에 기초하고 있는 도덕을 침식하는 셈이 될 것이다. 그러므로 신을 감각적이고 유한적인 대상과 혼동하는 부주의하고 독단적인 신학은 이론적 추정의 과실일 뿐만 아니라, 부패한 영향을 우리의 도덕적 성격에 미치는 결과가 된다.[237)]

신인동형론은 통속적 신인동형론(vulgar anthropomorphism)과 교묘한 신인동형론(subtle anthropomorphism)으로 분류된다. 전자는 신이 인간의 형상으로 사유되는 것이고, 후자는 인간의 속성이 신에 기인하는 것으로 사유되는 것이다. 특히 후자는 우리의 순수한 신 인식에 있어 위험한 장애요소가 된다. 왜냐하면 전자는 너무 명백하게 오류가 드러나므로 그것에 수긍할 수 없기 때문이다. 그러므로 우리는 전적으로 후자의 신인동형론을 배격해야 한다.[238] 신의 개념은 분명히 신인동형론적이다. 칸트는 신인동형론은 신학에 적합지 않고 『판단력비판』의 '귀신론'(Demonology), 즉 초기 그리스인들 사이에서 발견되는 신들이나 신령론에 적합하다고 주장한다.[239] 도덕신앙에 적합한 신의 개념은 존재론적인 완전성뿐만 아니라 인격적인 존재자의 완전성을 내포하고 있어야 한다.

칸트가 근본적인 신의 개념으로 삼는 것은 신의 도덕적 속성이다.[240] 칸트는 이러한 신의 개념을 '신인동형론적'이라고 묘사하지만 그것은 어디까지나 조건부로 그렇게 한다.[241] 신을 인간과 흡사한 것으로 표상함으로써 신 이념의 도덕적 순수성을 위태롭게 하는 '신인동형론'을 칸트는 자주 비판한다.[242] 칸트는 '상징적 신인동형론'과 '독단적 신인동형론'을 구별할 때 특히 이 점에 관하여 태도를 분명히 한다. '독단적 신인동형론'은 신이 유한적 존재자에게서 발견되는 특징들을 실제로 소유하고 있다고 주장하는 반면, '상징적 신인동형론'은 신의 무제한적 완전성의 유비적 속성에다가 자신을 한정시켜 언어에만 관심을 가질 뿐 대상 그 자체에 대해서는 관심을 갖지 않는다.[243]

피조물의 여러 가지 속성을 신에게 부여하되 단지 그러한 속성들은 신에게 있어서는 최고도로 높여져 있다. 가령 능력, 지식, 편재(遍在), 선성 등은 신의 경우엔 전능(omnipotence), 전지(omniscience), 무소부재(omnipresence), 완전선(perfect goodness) 등으로 불리운다. 그런데 오로지 무조건 신의 영역에 속하는 도덕적 속성이 셋 있다. 즉 신만이 신성한 자, 축복받은 자, 현명한 자라는 것이다. 따라서 이러한 개념의 순서를 좇아서 신은 신성한 입법자이면서 창조자, 인자한 통치자이면서 유지자, 그리고 정의로운 심판자이다. 이 세 속성은 신을 종교의 대상이 되도록 하는 일체를 포함하고, 이 속성에 일치해서 형이상학적 완전성이 이성중에 떠오른다.[244)]

도덕신학자는 신을 가장 완전한 존재자로 상정해야만 하는데, 그 까닭은 그렇게 하지 않을 경우 그의 도덕은 그것을 통하여 실재성을 확보할 수 없기 때문이다. 따라서 심정 가장 깊은 곳의 미동(smallest stirrings)과 모든 동기와 행동의 의도까지 알려면 ① 그것은 전지(무소부지)해야 하며, 단지 박식가지고는 불충분하다. ② 각자의 행동의 도덕성에 따라 전 자연을 치리하려면 신은 또한 전능(무소불능)해야 한다. ③ 신이 신성하고 공정하지 않을 경우 각자의 의무의 성취가 신을 기쁘게 할 희망이 없을 것이기 때문에 신은 역시 신성하고 공정해야 한다. 도덕신학자의 이러한 주장을 통해서 우리가 알 수 있는 것은, 도덕신학자는 도덕과 조화되는 이러한 개념을 정리함으로써 정확하고 결정적인 신 개념을 가질 수 있다는 점이다. 이처럼 도덕신학자는 도덕으로부터 신학을 도출한다. 그러나 단 사변적 증거가 아닌 실천적 증거로부터, 지식을 통해서가 아니라 신앙을 통해서 그러하다. 그러므로 현명한 세계통치자는 실천이성의 필연적 요청인 것이다.[245)]

그런데 이 도덕신학은 사변적 신학에 비하여 그것이 불가피하게 유일하고, 가장 완전한 이성적인 근본적 존재자라는 개념으로 우리를 유도하는 독특한 장점을 갖고 있으나, 사변적 신학은 객관적 이유에 의해서 그러한 근본적 존재자를 전연 지시하지 못한다. 하물며 이를 우리에게 확신시키는 것은 더구나 불가능하다. 왜냐하면 선험적 신학에서나 자연적 신학에서나, 이성이 우리를 인도하는 한도 내에서는 유일한 존재자를 상정할 하등의 유력한 근거를 발견하지 못하는 동시에 우리는 이 유일한 존재자를 모든 자연원인 앞에 내세우며, 자연원인의 모든 부분을 유일한 존재자에게 종속시킬 충분한 이유를 갖고 있기 때문이다.

그러나 만일 우리가 필연적 세계법칙의 하나인 도덕적 통일의 시점에서 오직 이 법칙에 대하여서만 적당한 효력, 따라서 우리에게 대하여 구속력을 부여할 수 있는 원인들을 숙고한다면 그 때에는 이 모든 법칙을 자체 내에 포함하는 유일한 최상의 의지가 있어야 할 것이다. 그렇지 않고서는 여러 가지 의지들 사이에 목적의 완전한 통일을 발견할 수 없기 때문이다. 그리고 이 최고 의지는 모든 자연과 세계에 있어서의 전능이 아닐 수 없으며, 가장 내면적인 심정과 그 도덕적 가치를 인식하기 때문에 전지가 아닐 수 없고. 이 의지는 세계의 최고와 최선을 요구하는 모든 욕망에 직접적으로 접근하기 때문에 편재하지 않을 수 없으며, 자연과 자유와의 이와 같은 합치가 어느 시대에나 없는 것은 아니기 때문에 이 의지는 영원한 것이 아닐 수 없다.[246] 따라서 도덕률이 순수한 실천이성의 대상인 최고선의 개념에 의해서, 최고존재자로서의 근원존재자라는 개념을 규정한다. 그러기에 신의 개념은 근원적으로 자연신학, 즉 사변이성에 속하는 개념이 아니라, 도덕에 속하는 개념일 것이다. 그리고 신 이외의 '이성개념'들에 관해서도 같은 말을 할 수가 있는 것이다.[247]

신 개념의 붕괴를 가져 온 주된 원인은 순수하고 확실한 도덕적 지식의 결핍에 있었다. 사람들은 보통 그들의 이익을 그들의 의무에 흡수시켰으나, 이러한 태도는 곧 그들의 행동으로부터 진정한 도덕적 가치를 제거시키는 꼴이 되었다. 그 밖에도 덕의 미와 장엄을 다만 감성에만 기초하였을 뿐 불변하는 규범과 모든 책무의 조건으로서 결정적이고, 확고하게 수립된 자유로운 합리성의 원리에 기초하지 않았다. 따라서 인간들은 세계를 위한 가장 완전한 도덕적 입법자를 요청할 도덕적 필요성에 대해서는 무지하였었다.[248] 도덕적 의무에 객관적 실재성을 부여하는 자는 신성, 자애, 정의의 도덕적 성능을 무제한 소유해야 한다. 이 세 가지 속성이 신의 전(全) 도덕적 개념을 구성한다. 이 세 가지 속성은 신 안에서 하나이지만 우리들이 그 속성들을 표상할 때는 상호 구별되어야 한다. 우리는 도덕적 현실을 통하여 신성한 입법자로서의 신, 정의로운 심판자로서의 신을 알게 된다. 우리의 관심이 맨 먼저 신의 자애로 쏠리는 것이 사실이긴 하지만 법의 신성을 그보다 먼저 생각하지 않으면 안된다. 그러므로 신의 세 가지 도덕적 속성의 서열은 첫째 신성, 둘째 자애, 셋째 정의 순이다.[249]

각 국가는 삼권을 내포하고 있다. 즉 이것은 삼중적 인격 안에 일반적으로 연합된 의지이다. 삼권이란 입법자의 인격 안에 있는 주권(Souveränität)과 통치자의 인격 안에 있는 법률에 따라 각 사람의 권리를 판정해 주는 판결권을 말한다. 국가를 유지하고 있는 삼권은 분립되어야 한다. 국가통치자가 동시에 입법자가 되면, 전제주의가 될 위험성이 있으므로 이를 막기 위해서 분립되어야 한다. 그 당시 프러사이에서처럼 이러한 입헌

군주제가 없는 경우에는 프리드리히 대왕이 입법자인 동시에 통치자일 수도 있다. 그래서 권력의 남용을 막으려면 대왕이 자신을 국가의 제일 공복으로 낮추어야만 하는 자기절제에 의존하는 수밖에 없다. 루터(Martin Luther, 1483~1546)와 비슷하게 칸트에게서도 개인의 국가에 대한 순종은 아주 철저한 것이어서, 전제주의로 잘못 나가는 국가권력에 대해서 원칙적으로 거의 저항하지 못할 정도였다.250)

질서가 잘 잡힌 한 국가의 정부를 생각해 보자. 이러한 국가의 경우 입법권, 행정권, 사법권이 각각 다른 사람들에게 있지만, 반면에 신의 경우에는 삼권이 모두 결합되어 있다. 한 국가에 있어서 입법자에게는 최고의 주권이 주어져 있다. 법률의 집행자는 입법자에게 종속되어야 한다. 왜냐하면 그도 역시 동일한 법에 따라서 행위하여야 하기 때문이다. 심판자는 가장 공정해야 하고 보상의 할당이 상받을만한 가치(공과)에 진정 일치하는지를 면밀히 검토해야 한다. 만일 우리가 이러한 상징으로부터 모든 인간의 표상을 분리시킨다면 우리가 획득할 수 있는 순수 개념은 분명히 신의 도덕적 완전을 이룩하는 일자일 것이다.

이러한 세 가지 신적 권능의 이념은 근본적으로 아주 오래된 것이며, 거의 모든 종교의 바탕에 놓여 있는 것으로 보인다. 인도(India)인은 브라흐마(Brahma), 비쉬누(Vishnu), 쉬바(Shiva)를, 페르시아인은 오르무즈드(Ormuzd), 미트라(Mithra), 아리만(Ahriman)을, 이집트인은 오시리스(Osiris), 이시스(Isis), 호루스(Horus)를, 그리고 고대 고오트(Goth)와 독일인은 오딘(Odin), 프레야(Freya), 토르(Thor)를 생각하였다. 각각의 경우에 이러한 신들은 하나의 신성(divinity)을 구성하는 세 능력있는 존재자들로 사유되었다. 첫 번째에게는 입법권이, 두 번째에게는 행정권이, 세 번째에게는 심판권이 주어졌었다. 이성은 우리를 신성한 입법자(Lawgiver)로서의 신에게 인도한다. 행복을 위한 우리의 성향은 신이 세계의 호의적인 통치자이기를 바란다. 그리고 우리의 양심은 신을 우리 눈에 비친 공정한 심판자로 표상한다. 우리는 바로 여기에서 신성한, 호의적인 그리고 공정한 신을 상정할 필요와 동기를 보게 된다.[251)]

신성성은 의지의 절대적이고 무제한적인 도덕적 완전이다. 신성한 존재자는 도덕에 배치되는 최소한의 성향에 의해서도 영향받아서는 안된다. 신성한 존재자가 도덕률에 배치되는 일을 의지한다는 것은 있을 수 없다. 신 이외에 어떤 존재자도 신성하지 않다는 것을 이해하여야 한다. 왜냐하면 모든 피조물은 항상 욕구를 가지고 있으며, 만일 그 욕구를 충족시키려면 도덕에 위배되는 성향을 갖기 마련이기 때문이다. 따라서 사람이 비록 유덕할 수 있다고 하더라도 그는 결코 신성할 수는 없다. 만일 누군가가 어떤 일이 도덕적으로 악하다는 것을 깨닫고 그것을 혐오한다면 그는 신성하다고 일컬어질 수는 있다. 그러나 이러한 신성성의 개념은 충분한 권위를 지니지 못한다. 어떠한 피조물이 아무리 완전하다고 할지라도 완전히 신성하다고 일컫지 않는 것이 좋을 것이다. 그리고 그는 결코 신처럼 신성하다고 생각되어질 수도 없다. 왜냐하면 신은 인격화된 도덕률 자체이기 때문이다.[252)]

자애(慈愛)란 타인의 복지에 대한 직접적 만족이다. 순수하고 완전한 자애는 '신 안에서만' 찾아볼 수 있다. 왜냐하면 모든 피조물은 타자를 행복하게 하는 성향을 제한하려는 욕구를 갖고 있기 때문이다. 그렇지만 신은 독립적인 자애 자체이다. 신은 어떠한 욕구도 갖고 있지 않기 때문에 어떠한 주관적 근거에 의해서도 제약을 받지 않는다.[253)]

신을 향한 우리의 태도는 존숭, 사랑, 외포에 의해서 특징지어질 수 있다. 존숭은 신성한 입법자에게, 사랑은 신의 자애로운 법칙에 대해서, 그리고 공정한 심판자로서의 신에게는 외포로서 특징지워진다.[254)] 이 가르침은 다음과 같은 것을 말하고 있는 것이다. 첫째로, 사람은 최고의 입법자 자신을 인간의 연약함에 대하여 자비로운, 따라서 관대한(관용적인) 자로 생각해서는 안된다. 또한 전제적이어서 단지 그의 무제한적 권리에 따라서 명령하는 자로 생각하거나 그의 법칙이 자의적이어서 우리의 윤리 개념과 전혀 아무런 관계도 없는 것으로 생각해서도 안된다. 오히려 그의 법칙은 인간의 거룩함에 관계된 법칙으로서 표상되어야 한다는 것이다. 둘째로, 인간은 신의 자비가 그의 피조물에 대한 무조건적 호의로 나타난다고 보아서는 안된다. 오히려 신의 자비는 무엇보다도 먼저 피조물이 그를 통하여 신의 마음에 합당한 도덕적 성질을 보여 주며, 그 다음에 그의 조건을 스스로 만족시킬 수 없는 인간의 무능성을 보충하여 준다는 사실을 믿어야 한다는 것이다. 셋째로, 신의 정의는 자비롭고 용서하는 것으로 생각되어서는 안된다. 또한 이 정의가 입법자의 거룩성의 성질 안에서 실현되는 것이라고 생각되어서도 안된다. 오히려 다만 인간이 이 거룩한 법칙과 일치하는 조건 하에서만 자비를 베푸는 것이라고 생각되어야 한다. 한마디로 말하자면 신은 삼중의 각각 다른 도덕적 성질 안에서 봉사받기를 원하는 것이다. 따라서 하나의 동일한 존재를 각각 다른 (자연적이 아니라 도덕적인) 인격성(Persönlichkeit)으로 칭하는 것은 부적당한 표현이 아니다. 이 신앙의 상징은 동시에 전적으로 순수한 도덕적 종교를 표현하는 것으로서, 이 구별이 없으면 순수한 도덕적 종교는 신을 인간적인 지배자로 생각하는 인간의 성향에 따라서 (인간의 최고통치자는 보통 그의 삼중의 성질을 그의 주권 안에서 분리시키지 않고, 종종 그것을 혼합하거나, 혼동하기 때문에) 신인동형론적인 부역신앙에 떨어질 위험에 빠지는 것이다.[255]

칸트에 의하면 그리스도교에서 가르치는 자비롭고 의로운 하느님, 그리고 성부, 성자, 성령으로 표상되는 그리스도교의 삼위일체 신은 모두가 이성신앙의 비밀을 구체적으로 전달하는 신앙상징들로서 사용될 수 있다는 것이다. 칸트에 의하면 계시종교의 의인적 삼위일체적 신관은 이성신앙이 불가피하게 상정하지 않을 수 없는 신의 세 가지 도덕적인 성품, 즉 신성한 도덕적 입법자, 자비로운 도덕의 부양자, 정의의 재판관으로서의 신의 삼중의 특성들을 구체화하여 생생하게 제시하여 주는 기능을 가진 것으로 해석할 수 있다. 이와 같이 그리스도교 신앙의 교리와 상징들이 이성신앙의 근본원리에 의하여 해석될 때, 비로소 그리스도교의 역사적 신앙은 그의 역사적 한계들로부터 해방되어 인류 전체에 대하여 보편적 설득력을 가지는 참된 종교신앙으로 고양됨으로써 지상에서 인간의 도덕적 완성을 가능케 하는 신국 건설에 이바지하게 될 수 있을 것이라고 칸트는 생각하였다. 따라서 칸트에 있어서 그리스도교의 많은 상징들을 이성신앙의 윤리적 해석학적 원리에 의하여 해석하는 것은 매우 중요한 철학적 과제이다. 그러므로 이와 같은 칸트의 입장에서 볼 때 단순히 명제적이고 일의적인 교회의 신앙고백은 교회신앙의 고전적 의례에 불과한 것이며, 그의 의미를 보편적인 이성에 호소하여 해석하지 않고 문구에 집착한다면 참된 종교적 심성을 개선하는 것보다는 오히려 그것을 부패시킨다.256)

칸트의 종교철학은 다시금 인간에게 부여될 수 있는 탄복할 만한 체험, 즉 도덕률의 체험문제와 결부된다. 이 체험은 세 개의 형태를 취하여 나타난다. 첫째로 이와 같은 체험을 낳게 하는 도덕률의 신성성, 즉 존엄성은 우리에게는 신성한 입법자가 되며, 하느님 즉 아버지가 된다. 둘째로, 우리가 도덕률을 내관하고, 혹은 외부로부터의 빛에 비추어서 우리로 하여금 도덕적 개선을 하게 하는 방법을 제시해 줄 수 있는 완전한 인간의 숭고한 이상으로 간주하는 경우, 우리는 그것을 자비스러운 구세주, 즉 하느님의 아들로서 체험한다. 셋째로, 그것이 악을 엄격하게 벌하는 공평한 심판자로서 우리 앞에 서는 경우에는 우리에게는 하느님, 즉 성령이 된다. 신적 삼위일체의 비의(秘義)는 신성, 은총, 정의라는 하느님, 즉 도덕적 성질인 것이다. 신은 세 인격 속에 있으나 일체(一體)를 이루고 있다. 그러므로 신의 모든 속성들은 서로 대립되거나 모순될 수 없다. 모든 속성들은 삼위일체인 신의 성격을 기술하고 있다. 그러므로 모든 속성들은 내적인 연계성을 가진다. 예를 들어 단일성과 편재성은 그 개념적 형식에 있어서 대립된다. 그러나 신의 속성으로서, 즉 내용적인 면에 있어서 그들은 대립되지 않는다. 오히려 그들은 한 신에 대한 설명에 불과하다. 그러나 우리는 신의 속성을 확정할 수 없다. 우리 인간의 표상과 개념의 형식을 사용하

는 어떠한 속성도 그를 파악할 능력이 없는 것이다.[257)]

2) 신의 인과성

칸트는 『철학적 신학 강의』에서 최고존재자의 이념을 다음과 같이 분류하고 있다. 첫째, 모든 결함을 배제하는 존재자(선험적 완전) ; 둘째, 모든 실재를 그 자체 속에 포함하고 있는 존재자(물리적 완전) ; 셋째, 지혜와 도덕을 지닌 최고선(실천적 완전)이 그것이다.[258)] 따라서 신의 인과성 혹은 세계와 신의 관계는 세 측면에서 고려될 수 있다는 것이 칸트의 기본 입장이다. 즉 신은 세계의 원인이며 세계는 그의 결과라는 결과관계(nexu effectivo), 그리고 신은 그의 세계 제작을 통하여 어떤 목적의 달성을 의지하였으므로 신의 의도를 통한 세계의 원인 즉 세계의 창조자라고 보는 최종관계(nexu finali), 그리고 신은 세계의 통치자라는 도덕관계(nexu morali) 등이 그것이다.[259)]

세계의 원인으로서의 신이라고 사유되어온 모든 개념은 다음과 같이 분류될 수 있다. ① 신은 세계 자체로서 표상된다. 이것이 이른바 고대의 범신론이고, 근세의 스피노자 철학(Spinozism)이었다. ② 신은 외적 존재(ens extramundanum)로 사유된다. 이것을 논함에 있어서는 신의 본성으로부터 신을 설명하려는 시도가 있어 왔는바, 이것이 소위 유출에 의한 창조(systema emanationis)이다.[260)] 그리고 신의 인과성은 그의 자유를 통하여 설명되어 왔는바, 신은 세계의 창조자로 표상된다는 것이다.[261)]

창조자는 자유행동의 원인이며, 창조자에 의해 일으켜진 원인으로서의 행동과 창조자의 결과는 행위이다.[262] 세계창조자로서의 신은 다음 둘 중의 하나로 사유된다. ① 다만 사물의 형상의 창조자 - 이 경우 신은 세계의 건축자(architect)로 여겨진다. ② 세계에 있는 질료의 창조자 - 이 경우 신은 세계의 창조자(Creator)로 여겨진다.[263] 전 세계는 많은 필연적 사물들로 구성되어 있다는 견해에 있어서의 혼동과 부조리는 마침내 인간의 이성으로 하여금 고대인들의 교리가 거의 포함하고 있지 않던 '무로부터의 창조'라는 전철을 밟게 하였다. 오늘날에 와서 질료는 신의 자유의지의 생산품으로 보여지고 있으며, 신은 세계의 건축자로 사유될 뿐만 아니라 세계의 조물주로도 사유되고 있다. 그러나 오랫동안 독립적인 질료의 개념은 철학자들의 두뇌 속에 지속되어 왔으며 심지어 정통주의 철학자들의 두뇌 속에서도 지속되어 왔다.

그러나 '무로부터의 창조'는 형이상학적 명제인 'ex nihilo nihil fit'에 모순되는 것으로 나타난다.[264] 창조 혹은 무로부터의 현현은 오직 실체에 관련된다. 실체들의 형상은 서로 다르기는 하지만 실체들의 구성물의 특별한 조절에서 비롯된다. 따라서 무로부터 산출된 모든 실체는 피조물이다. 실체의 형상은 물론 실체 자체가 신으로부터 비롯된다고 할지라도 우리는 여전히 하나의 실체가 다른 실체의 창조로서 사유될 수 있는지 의문시할 수 있다. 그런데 이에 대한 답변은 부정적이다. 왜냐하면 전체 세계의 부분으로서의 모든 실체는 서로에게 상호 영향을 미치기 때문이다.[265] 창조는 단지 실체에만 적용될 뿐이다. 따라서 세계의 창조가 오직 일회적으로 이루어졌다고 말한다면, 이해될 수 있는 것은 오직 실체의 창조뿐이다. 그러므로 이러한 실체는 항상 계속적이며 그들의 수는 증가하거나 감소하지 않는다. 신은 단번에 창조한 셈이다. 따라서 신이 지금까지도 세상을 창조하고 있다고 주장될 수 없다. 기존하는 질료가 다른 방법으로 구성되어 있다고 할 때, 어떤 새로운 실체는 생기하지 않으나 많은 새로운 형상들이 세계에 생기할 수 있다. 근본적으로 신 안에서는 유일한 행동이 사유될 수 있다. 왜냐하면 신 안에서는 어떠한 계기도 없기 때문이다. 그러나 이 유일한 행동은 그것이 관계하는 주체의 구성에 따라서 무한수의 관계와 표현들을 가질 가능성이 있고 또 실제로 가질 수도 있다. 따라서 때로는 우리가 신의 능력에 더욱 민감할 수 있는 반면, 때로는 그것이 우리에게 전혀 불가시적이다.[266] 신에 의해서 창조된 세계가 최상의 세계라는 것은 다음과 같은 이유로 명백하다는 것이 칸트의 견해이다. 신에 의해서 의지된 세계보다 더 좋은 세계가 가능하다면 신적 의지보다 더 훌륭한 의지가 가능해야 할 것이다. 왜냐하면 그것은 논의의 여지없이 그 의지가 보다 나은 의지일 것이기 때문이다. 그러나 보다 더 나은 의지를 표현할 수 있는 존재자도 있어야 한다. 그리고 이 존재자는 신보다 더 완전하고 더 훌륭해야 할 것이다. 그러나 이것은 모순이다. 왜냐하면 신은 무한실재(omnitudo realitatis)이기 때문이다.[267]

칸트는 바움가르텐(A. G. Baumgarten, 1714~1762)을 따라 이 세계가 가능한 세계 중 가장 훌륭한 세계라는 라이프니쯔의 이론을 수용한다. 그렇지만 칸트의 경우 이것은 도덕신앙의 요청이지 사변적 형이상학에 의해서 증명될 수 있는 것은 아니라는 견해이다.[268] 신은 세계의 도덕적 완전은 물론 물리적 완전을 위하여 세계를 창조하였다. 따라서 신의 세계 창조 동기가 마치 신이 피조물 그 자체의 가치와는 관계없이 피조물들이 행복하게 사는 것을 관찰하는 즐거움만을 만끽하는 것처럼, 피조물들의 행복만을 위해서라고 말해서는 안된다. 그와는 반대로 신의 무한한 오성은 도덕이 최상의 원리라는 외적인 최고선의 가능성을 알고 있었다. 그리고 신은 모든 가능한 세계에 가장 완전한 것을 수립하는 데에 필요한 모든 능력을 지니고 있어야 한다는 것을 의식하였다. 그러므로 조금도 부족함이 없는 충분한 근거로서 자기를 의식하는 그의 만족감은 유한한 최고선을 실현하려는 그의 의지를 결정하는 유일한 것이었다. 따라서 신은 자기의 명예를 위하여 세계를 창조하였다고 말하는 편이 나을 것이다. 왜냐하면 신이 명예롭게 될 수 있는 길은 그의 신성한 법률에 복종함으로써만 가능하기 때문이다. 그렇다면 신을 명예롭게 한다는 것은 무슨 의미인가? 그는 어떤 식으로 섬김을 받는가? 온갖 종류의 찬양을 그에게 돌림으로써 그의 호감을 불러일으키는 것은 결코 그를 섬기는 것이 되지 못한다. 그러한 찬양은 기껏해야 우리 자신을 준비시키고 또 우리의 마음을 선한 성향으로 끌어올리는 수단에 불과하다. 그 대신 신에게 드리는 예배는 단순하고 유일하게 신의 뜻을 따르고 그의 신성한 법과 명령을 준수하는 것이다. 이와 같이 도덕과 종교는 상호밀접한 관련성을 지닌다. 다만 도덕과 종교는 다음과 같은 사실로 구별된다. 도덕에 있어서는 도덕적 의무가 모든 이성적 존재자에게 속하는 원리, 즉 보편적인 목적 체계의 일원으로 행위함으로써 수행된다. 반면에 종교에 있어서는 이러한 도덕적 의무들이 최상의 신성 의지의 명령으로 여겨진다. 왜냐하면 근본적으로 도덕률은 최고 완전의 이념과 유일하게 일치하는 것들이기 때문이다.[269] 바움가르텐의 주장에 따르면 신이 세계를 창조한 것은 신의 명예, 좀 더 정확히 말해서 신의 영광을 위해서라는 것이다.

그러나 이 주장은 칸트의 주장과 매우 의미가 다르다. 바움가르텐의 경우는 자기 자신의 완전은 선천적 목적이며, 모든 이성적 활동의 동기라는 합리론자들의 이론적 각색에 불과하다. "명예란 보다 고차적인 완전의 인지이다. 보다 큰 명예가 영광이다. 그러므로 신의 영광은 신 자신의 최고의 완전에 대한 보다 큰 인식이다."[270] 칸트는 신이 세계 창조에 있어서 자신의 영광을 목표로 했다는 설을 부정하였지만 가장 선한 세계의 제작을 위한 신의 이성이 최고의 완전을 제작하려는 그 자신의 역량에 대한 이해였다는 바움가르텐의 주장에는 동의하였다. 따라서 가장 선한 세계 제작을 위한 신의 동기는 신 자신의 최고완전인 것이다. 신의 목적은 가장 선한 세계 자체인바, 그 세계의 최상의 선은 신의 도덕률에 복종함으로써 이성적 존재자들이 신에게 영예를 드리는 곳에 있다.[271]

칸트는 '창조'와 더불어 '섭리'를 설명하는 가운데 '편재'를 강조하고 있다. 칸트에 의하면 신의 편재는 국부적인 것이 아니라 실질적이다. 즉 신의 능력은 부단히 어디에서나 모든 사물에 작용한다. 이러한 방식으로 신은 실체의 상태를 다스릴 뿐만 아니라 실체 자체를 유지한다. 그러나 이렇게 표상할 때 광신주의에 빠지지 않도록 주의해야 한다. 신의 편재가 비록 우리 실존의 작용에 의해서 우리 각자의 내부에서 그 자신을 나타낸다고 할지라도, 이러한 편재는 우리들 중 그 누구에 의해서도 감지될 수 없으며 신이 어떠한 특별한 경우에 작용하고 있음을 우리의 힘으로 확신할 수도 없다. 어떠한 나의 실존의 작용경험도 불가능하다는 사실이야말로 아주 중요하다. 왜냐하면 이 사실을 앎으로써 우리는 모든 열광적인 광기와 망상으로부터의 우리 자신을 보호할 수 있을 것이기 때문이다.[272)]

신의 섭리는 단 하나의 행위이다. 그러나 우리는 그것을 섭리(Vorsehung), 관리(Gubernation),지시(Direktion)의 세 기능으로 분류하여 생각해 볼 수 있다. 신의 섭리는 세계의 과정이 진행되고 있는 것에 따른 법칙 제도에 있다. 신의 관리는 이들 법칙에 따른 세계의 과정의 유지이다. 신의 지시는 그의 명령에 따른 개별적 사건들의 절정이다. 그런데 신의 섭리가 자애적이라는 점에서 그것은 세계에 대한 신의 배려(Vorsorge)라고 불리운다.[273)]

전술한 신의 섭리 개념은 분명하게 그리고 전적으로 신인동형론적이다. 그러한 규정은 대단히 불완전하며, 경험을 통해서만 존재자 안에서 발견될 수 있다. 그러나 경험이란 단지 집합을 마련할 뿐이며 집합으로부터 유추된 법규들은 결코 보편적일 수가 없다. 신은 경험을 전혀 필요로 하지 않는다. 신은 친히 그가 배려하는 만사를 창조하였고 또 만사는 그를 통하여서만 가능하기 때문에 신은 만사를 선험적으로 알고 있다.[274)] '섭리'에 대한 상기의 설명 외에 '섭리'란 개개 인간의 결단을 통해서 도덕적으로 바람직한 형세를 증진하는 작용으로 보기도 한다. '섭리'란 사적 이기심으로 하여금 공중(公衆)의 이익에로 나아가게 하는 것, 천성적으로 비사교적인 인간들이 그들의 재능을 계발하여, 종국적으로는 전쟁의 공포를 피하기 위해서 하나의 세계 공동체가 되도록 강요하는 것이기도 하다.[275)]

신만이 유일한 세계통치자이다. 신은 군주처럼 통합하지만 폭군과 같이 하지는 않는다. 왜냐하면 신은 그의 명령이 사랑에서 우러나와 준수되기를 바랄 뿐 굴욕적인 공포에서 준수되기를 원하지 않기 때문이다. 신은 아버지처럼 우리에게 선한 것을 명령하시지 폭군처럼 단지 전횡해서 명령하지 않고 다만 우리가 그의 명령을 우리의 이성에 비추어 보도록 요구하며, 우리가 행복할 만한 값어치가 있도록 하기 위해서 또 그 행복에 참여하도록 하기 위해서 우리로 하여금 그 명령들을 준수할 것을 주장한다. 따라서 신의 의지는 자애이며 그의 목적은 가장 선한 것이다. 만일 신이 우리가 이유를 알 수 없는 어떤 것을 명령한다면, 그것은 우리의 지식의 한계성 때문이지 명령 그 자체의 본성에 기인하는 것은 아니다. 신은 다만 그의 세계 통치권을 수행할 뿐이다. 신은 만사를 단번에 관찰하신다. 그리고 이따금 그의 호의적인 목적을 수행하기 위하여 전혀 이해할 수 없는 수단을 사용하기도 한다. 신이 만사를 통치하시기 때문에, 우리는 자연에 있어서의 목적론적 연계성을 추정하는 것을 보장받는다. 통치는 목적을 전제하고 신의 정부는 가장 현명하고 가장 선한 것을 전제한다.[276)]

도덕적 세계 지배자의 이념은 우리의 실천이성에 부과된 문제이다. 우리에게 있어서 중요한 것은 신이 그 자신에 있어서 무엇인가를 아는데 있는 것이 아니라, 오히려 신이 도덕적 존재로서의 우리에게 있어서 무엇인가를 아는 것이다. 우리는 이러한 도덕적 관계를 위하여 신의 본성적 성격을 이 도덕적 관계 전체에서 그의 의지의 수행에 요구되는 완전성에 필요한 것으로 생각하고 수용하지 않으면 안된다. 그리고 이러한 관계가 없다면 신 자신에 관하여 아무 것도 승인할 수 없는 것이다.[277]

도덕원리에 일치하는 세계에 대한 신의 통치는 만일 신의 통치가 없다면 모든 도덕이 붕괴되고야 말 것이라는 가정이다. 만일 도덕이 욕구를 충족시켜 줄 것이라는 기대를 제공하지 못한다면, 도덕은 아무 것도 명령할 수 없다. 따라서 신의 의지가 이성적 도덕의 원리를 만들어서는 안된다는 사실은 필연적이다. 이런 방식으로는 우리가 세계에 대하여 신이 무엇을 의도하고 있는지 결코 확인할 수 없다. 이성과 사변으로는 신의 의지와 그것이 담고 있는 바를 전혀 알 수 없는 것이다.

이상 살펴본 바와 같이, 칸트가 논하고 있는 신의 인과성은 특히 바움가르텐의 이론에 크게 힘입고 있음을 알 수 있다.

제 4 장 | 도덕신앙과 도덕공동체

1. 도덕신앙의 배경 : 경건주의와 계몽주의

독일 경건주의는 요한 아른트(Johann Arndt, 1555∼1621)로부터 시작된 경건운동과 개혁운동에 뿌리를 두며, 30년 전쟁 후 다시 활기를 띠었던 신비주의적 영성주의에서 분파되어 지하로 들어간 물결에도 그 뿌리를 두고 있다. 또한 하나의 전반적인 유럽 경건운동인 17세기 앵글로색슨의 청교도주의, 네덜란드의 엄숙주의, 프랑스의 얀센주의(Jansenismus), 그리고 동구 유태인들에게서 나타나는 하시디즘(Chassidismus)에도 근거를 두고 있다.[278]

경건운동은, 개혁교회의 경우 1665년경부터 운데어아익(Theodor Undereyck, 1635∼1693)목사를 중심으로 독일의 뮐하임에서 시작하여 브레멘에서 절정을 이루었고, 루터교회의 경우는 1675년경부터 슈페너 목사를 중심으로 독일의 프랑크푸르트에서 꽃을 피웠다.[279] 그러나 경건주의는 일반적으로 루터교회 경건주의로 이해되었고, 그 창시자는 필립 야콥 슈페너(Philipp Jakob Spener, 1635∼1705)정도로만 알려져 있을 뿐이다. 개혁교회 경건주의가 루터교회 경건주의에 영향을 주었음에도 불구하고 그 명성이 사장된 이유는 개혁교회가 약세인 독일 교계와 학계의 일방성 때문이었다고 할 수 있다. 그런 맥락에서 본다면 개혁교회 경건주의의 창시자 테오도르 운데어아익의 경건운동도 재조명되어야 할 것이다.[280]

칸트의 가정은 루터교 경건주의(敬虔主義, Pietismus, Pietism)에 깊은 영향을 받고 있었다. 루터교 경건주의는 독일 개신교 중에서 17세기에 발생한 종교운동으로 생활을 경건하게 혁신함으로써 교회의 개혁을 이루려는 운동이었다. 경건주의는 내적 영성, 역동적인 기도 생활, 성경공부, 의인(義認, Justification by faith)등 마틴 루터(Martin Luther, 1483～1546)적 요소를 내포하고 있었기 때문에 주관주의와 개인주의를 부추기는 경향이 없지 않았다.[281] 경건주의와 합리주의는 계시나 성서의 권위 등 신학적 문제에 있어서는 정반대의 노선이었지만 스콜라적이고 형식적인 성질에서 탈피하지 못하고 있던 루터 정통파에 대해서는 양자 공히 매우 비판적이었다는 공통점이 있었다.[282] 칸트는 경건주의의 예배양식에 대하여는 거리를 두고 있었음에도 불구하고 흔들리지 않는 생활의 평온과 마음의 평온으로 스토아적 경향을 떠올리게 하는 경건주의의 바탕에 깔려있는 생활 태도를 견지하였다. 이러한 경건주의로부터의 영향은 제일차적으로 그의 부모, 특히 어머니로부터 비롯되었다. 칸트는 73세 때 린드블롬 주교에게 보낸 편지에서 자신의 부모에 대해 다음과 같이 기술하고 있다.

정직하시고 도덕적으로 예의 바르시며 도덕적 법규를 마치 법과 같이 생각하고 생활하신 노동자 집안 사람으로서 나의 부모님은 아무런 재산도(역시 마찬가지로 어떠한 빚도) 남기지 않았고, 단지 가정 교육만을 철저히 시켰습니다. 특히 도덕적인 면을 강조하셨는데, 그 교육은 어떠한 것보다 좋은 방법이었고, 내가 살아가면서 늘 기억할 때마다 감사하는 마음에 항상 황송할 뿐입니다.[283]

또 후일 칸트는 그의 친구에게 다음과 같이 자신의 모친을 회상하였다.

나는 나의 어머니를 결코 잊을 수 없다. 왜냐하면 어머니는 나에게 선의 첫 씨앗을 심어주셨고, 나의 마음으로 하여금 자연에 눈을 뜨게 해 주셨으며, 나의 사상을 일깨워주고 넓혀주셨으며, 더 나아가 그의 가르침은 나의 삶에 인내심과 자애심의 효과를 가져다주었기 때문이다.[284]

칸트의 어머니가 출석하던 교회의 목사 슐츠(Franz Albert Schultz, 1692-1763)는 어린 칸트의 비범한 재능을 간파하였다. 슐츠는 경건주의의 목사이면서 볼프(Wolff)학도로서 뛰어난 학자였다. 어린 칸트는 이 슐츠의 원조로 김나지움에 입학하게 된다. 이 학교에서 칸트는 라틴어, 고전문학, 시를 공부했던 것으로 보인다. 슐츠는 주정적 경건주의와 주지적 계몽주의를 결합해 보려고 노력한 학자였다. 칸트의 대학시절에 그의 마음을 사로잡은 학자는 크누첸(Martin Knutzen, 1713~1751)이었다. 크누첸 역시 볼프학도로서 뛰어난 학자였다. 크누첸은 경건주의와 볼프철학의 조화를 시도했었다. 그는 뉴우턴 물리학에도 정통했던 학자로 알려져 있다.

종교개혁 이후 150여 년의 세월은 교회의 새로운 모습을 요구했다. '30년 종교 전쟁(1618~1648)'의 참혹성, 정신적 혼란과 무거운 분위기는 새 바람을 갈망하고 있었고, 교회는 교권과 교리의 강조로 더는 참신함을 갖지 못한 채, 설득력을 잃어가고 있었다. 종교개혁 당시 개혁의 신선한 바람은 독일을 중심으로 전 유럽 대륙에서 영국을 향했지만 이제 영국 청교도주의(Puritanism)의 경건성은 역으로 유럽 대륙에 영향을 미쳤다. 먼저 제2의 청교도의 나라가 된 곳은 네덜란드였고, 개혁파 교회의 세력이 가장 강한 스위스가 이에 가장 빨리 가까워졌다. 그 이유는 신학적으로 이미 칼빈주의와 동질성을 가지고 있었기 때문이었다. 당시 개혁교회와 루터교회 간의 교리의 울타리는 높고 견고하였다. 그것은 특히 1618/19년 네덜란드에서 행해진 도르트 총회 이후 예정교리(예정론)가 개혁교회 교리의 중앙에 서게 된 때문이었다. 그리고 갈라진 대륙의 개신교, 즉 루터교회와 개혁교회를 연결시키는 가교는 곧 청교도주의였다. 물론 청교도주의의 입장은 칼빈주의에 있었다. 그럼에도 신도들의 실천적 경건을 강조하는 청교도주의의 참신한 호소는 교리에의 정통을 고집하는 두 교회에 경종을 울렸다.[285)]

칸트 고향의 경건한 신도들은 1670년 이후부터 공식예배와 더불어 개인의 경건 생활을 위해 슈페너 목사의 목사관에 모이기 시작하였다. 이 모임은 곧 콜레기움 피에타티스(Collegium Pietatis, 경건 모임)로 불려진 신도들의 모임으로서 어느덧 프랑크푸르트 안팎에 있는 많은 유사한 모임들의 모체가 되었다. 그렇지만 이 모임은 곧장 루터교회 정통주의자들의 공격을 받게 되었다. 왜냐하면 경건주의는 정통주의 신학의 객관주의에 대한 종교적 주관성의 반동이었다고 볼 수 있기 때문이다.

1675년 봄, 슈페너는 요한 아른트의 설교집의 새 판을 위한 서문에 자신의 '교회개혁 프로그램'을 실었다. 서문에 실린 슈페너의 교회개혁안은 같은 해에 『피아 데시데리아 또는 하느님이 기뻐하는 교회의 진정한 개혁을 향한 간절한 복음적 요망』(*Pia Desideria oder Herzliches Verlangen nach gottgefähliger Besserung der Wahren evangelischen Kirche*)이라는 제목의 별책으로 발간되었다. 슈페너의 글 *Pia Desideria*는 루터교회의 정통주의 신학에 근거를 두고 있긴 하나, 이 글은 경건주의의 모체를 이루는 것이 되었다. 슈페너가 내놓은 대부분의 개혁안들은 요한 아른트로부터 출발된 경건운동과 개혁운동에 근거하였다. 신앙의 내면화, 개인 신앙체험, 의인(義認) 단계에서 새로운 피조물로의 변화의 강조, 그리고 중생(重生)으로 인한 그 열매들로의 경향성은 벌써 오래 전부터 교회의 정통신학에서 이미 확립되어 있었다. 슈페너는 단지 그러한 점들을 계속 추진시키고 더 강조하였을 뿐이었다. 슈페너는 *Pia Desideria*에서 경건주의의 여섯 가지 목표를 제시하고 있다.[286)]

첫째, 일종의 종교회합인 소집단의 경건회에서 신도들이 경건한 마음으로 성경을 좀 더 명확하고 보다 깊이 연구할 것; 둘째, 평신도들이 이 경건회의 책임을 맡아 활동할 것; 셋째, 기독교의 본질이 교리 형성에 있다기보다 신앙의 경험이나 일상생활의 태도에 있음을 강조함으로써 교리의 중요성을 인정하면서도 그것보다 실제적 경험이나 실천을 강조할 것; 넷째, 신학적 논쟁을 사랑의 정신으로 해결할 것; 다섯째, 목사교육은 냉철한 논리나 정통신학의 교리뿐만 아니라 신도들을 보살피는 일과 같은 실제적 훈련을 포함할 것; 여섯째, 복음설교는 교리해설보다는 신도들을 훈육하고 그들에게 영감을 불어넣는 본래의 목적을 중시할 것 등이 그것들이었다. 이와 같이 경건주의는 성서 연구, 평신도 운동, 도덕의 부흥, 신학적 논쟁의 완화, 종교교육의 개혁, 복음설교의 쇄신을 강조하고 있다.

그런데 개신교 내에서 경건주의의 결정적 관점을 이룬 사람은 슈페너의 입장을 견지하고 있었던 프랑케(August Hermann Francke, 1663～1727)였다. 그는 정통주의에 맞서 자신의 탁월함을 실질적 증거를 통하여 보여 주었다. 프랑케의 활약은 경건주의에 있어서 할레 경건주의(der Hallische Pietismus)라는 역사적으로 가장 의미있는 성과를 가져왔다. 그는 거기에서 청소년 지도를 위해 부족한 자본에도 불구하고 1695년 빈민자 학교와 고아원을 설립하였다. 할레교육의 이상은 경건성과 덕성이었다. 경건훈련은 직접적으로 미래에 가질 직업과 긴밀한 관계를 맺고 있었다. 뿐만 아니라 프랑케는 실물교육을 자신의 학교에서 구현함으로써 할레 경건주의를 대폭 확산하였다.[287)]

경건주의적 개혁은 주로 세 가지 영역에서 이루어졌다. 신학, 교회. 윤리가 그것이다. 경건주의자에 있어서 신학은 무엇보다도 먼저 실천적 훈련이었다. 그들에 의하면 신학의 전제는 신앙이었으며 이것과 연관해서 성서주석이 강조되고 성서연구가 조직신학을 대신하였다. 경건주의에 있어서 교회는 단지 회중이 수동적으로 움직이고, 그저 설교나 듣기 위해서 모이는 집단이 아니였다. 교회의 담당자는 성직자뿐 아니라 평신도들이기도 하였다. 경건주의는 이러한 사상에 의해서 '만인사제'라는 루터의 교설을 받아들였던 것이다. 17세기가 끝날 무렵에는 30년 전쟁의 여파로 도덕이 완전히 붕괴 상태에 있었다. 사람들은 난잡해져서 교양이 없는 상태가 되어 있었지만, 정통주의적 교회는 이러한 곤궁한 상태를 개선하기 위해 아무런 노력도 기울이지 않았다. 이에 대해 경건주의자는 기독교적인 삶의 무거운 짐을 스스로 짊어지고 도덕을 재건해보려고 노력하였던 것이다. 경건주의자들은 사회의 윤리적 실천을 철저하게 도모했던 기독교인들이었다. 그들은 기독교의 존재의 의미와 가치는 실천윤리(Practical Ethics)에 있다고 확신하였던 것이다.[288] 이러한 움직임은 결코 새로운 것이 아니고 이미 종교개혁자이자 루터교 창시자인 마틴 루터가 강조하였던 것의 재발견 및 재실천이라 할 수 있을 것이다. 루터는 로마가톨릭의 공로주의를 배격하고 믿음으로 말미암은 의(義)를 확고히 하려는 점에서 "오직 믿음(sola fide)"을 외쳤던 것이지 윤리를 배격하거나 믿음과 윤리가 상충된 것으로 보지 않았다. 루터가 말하는 믿음이란 "그리스도인이 되게 하는 믿음"과 "그리스도인답게 살게 하는 윤리"를 그 안에 포함하고 있다고 보아야 옳을 것이다.[289] 이러한 루터의 종교개혁정신의 전통은 루터교 경건주의 창시자인 슈페너에게 계승되었고 루터교 경건주의에서 양육받은 칸트에게도 이어졌다고 볼 수 있다.

칸트는 합리주의가 중핵이었던 계몽기 후기의 철학자였다. 계몽주의는 18세기에 유럽의 영국, 프랑스, 독일에 등장한 사조로서 종교가 아닌 과학과 지식이 민중의 삶을 개선할 수 있다는 것을 신뢰하였다. 따라서 계몽시대에는 특히 종교에 대하여 비판적이고 회의적이었다.[290] 그러다보니 전통종교에 맞서 등장한 것이 자연종교 혹은 이신론(Deism)이었으며 이 시대의 주요 관심사는 원죄 교의와 신정론(Theodicy)이었다. 계몽철학이 혐오한 것은 원죄 교의였다는 점과 흄(David Hume)은 영국의 이신론자(Deist)였다는 것이 이 사실을 단적으로 말해준다.[291] 독일에서는 1720년대에 계몽주의가 본격적으로 자리를 잡아갔다. 처음에는 양자가 손을 잡고 정통주의에 대항하였기 때문에 경건주의와 보조를 같이 하는 듯하였다. 그러나 곧 계몽주의는 경건주의마저 개혁대상으로 삼았다. 이러한 상황에서 경건주의는 계몽주의와 결별한 후 수구세력으로 자세를 바꾸게 되었다. 따라서 경건주의는 계몽주의에 뿌리를 두고 시작된 자유주의 신학에 대해서도 보수적이고 방어적인 자세를 취하였다.[292] 이러한 와중에서 칸트는 계몽주의를 어떻게 이해하였고 경건주의와 계몽주의 사이에서 어떻게 그의 종교론을 전개하였는지 간략히 살펴보기로 하자. 칸트는 "계몽이란 무엇인가?"라는 소논문에서 계몽을 다음과 같이 정의한다.

> 계몽이란 인간이 미성숙(미성년)의 상태에서 벗어나는 것이다. 미성숙이란 타인의 지도 없이는 자신의 이성을 사용할 수 있는 능력이 없다는 뜻이다. 이 미성숙은 스스로에게 책임이 있는바 그 까닭은 이성의 부족이 아니라 타인의 지도 없이 이성을 사용하려는 결심과 용기의 부족으로 생겨나기 때문이다. 대담하게 생각하라. 자신의 이성을 스스로 사용할 용기를 가져라. 이것이 계몽의 표어이다.[293]

칸트는 계몽주의자이면서도 종교적 진리에 대해 부정적이었던 당대 계몽주의의 큰 흐름을 비판하면서 내재성과 함께 초월성을 그리고 유한성과 함께 무한성을 포괄할 수 있는 참된 계몽주의(die wahre Aufklärung)를 주창했다. 그는 자신의 초월적 비판철학을 이런 참된 계몽주의로 전개함으로써 반종교적 분위기가 팽배하던 시대에 믿음의 자리를 열어 놓으려 한 것이다.[294] 기독교에 대한 칸트의 입장도 근본적으로 이런 맥락에서 이해되어야 할 것이다.

칸트는 철학적 합리주의와 종교적 경건주의 사이에서 어떻게 처신했을까? 칸트는 양자의 와중에서 갈등을 많이 느꼈을 것으로 보이는데 틸리히의 견해대로라면 그렇지도 않았을 성 싶다.

> 계몽주의의 합리주의와 경건주의적 신비주의는 서로 모순된다는 생각이 널리 퍼져있지만 사실은 그렇지 않다. 고대 문화나 근대 문화에 있어서 합리주의는 신비주의의 자녀(child)라는 것이 증명된다. 합리주의는 모든 인간의 본질 속에 현존하는 내적 빛(inner light)의 신비주의적 경험에서 발전해 왔다. 이성의 진리는 우리의 깊은 내면에 있는 신적인 것의 현존에 관한 신비주의적 경험에서 생긴 것이다. 이것은 특히 퀘이커주의의 발전에서 명백하게 드러난다. 당초 퀘이커는 신비주의적 운동이었다. 그러나 제2 세대에 와서 퀘이커는 도덕적 합리주의에로 발전했다.[295]

아무튼 칸트는 계몽시대의 합리주의와 반종교적 분위기에서 놀랍게 처신을 하였다. 그것이 곧 칸트가 양자를 종합한 이성종교(이성 + 종교), 도덕종교(도덕 + 종교(신앙)), 순수이성신앙(순수이성 + 신앙)이 아니었을까.

2. 도덕신앙의 특성

1) 도덕신앙의 기본 성격

칸트는 『순수이성비판』의 "선험적 방법론" 제2장 제3절에서 순수이성의 기준으로서의 '의견'을 시작으로 '신앙'을 논하고 있다.

> 어떤 것을 참으로 여김(Fürwahrhalten)이라는 것은 우리의 오성에 속하는 사실로서 객관적인 근거에 기인하는 것이겠지만, 그러나 또 판단하는 자의 심성에 있는 주관적 원인도 필요한 것이다. 그 판단이 오직 이성을 가진 누구에게나 타당한 것이라면, 그 판단의 근거는 객관적으로 충분한 것이며, 그 때 어떤 것을 참으로 여기는 것을 확신(Überzeugung, Conviction)이라고 부른다. 그러나 이 의견이 단지 주관으로 특수한 성질에만 그 근거를 갖고 있다면 이것을 설득(Überredung, Persuasion)이라고 부른다.[296)]

어떤 것을 참으로 여김, 즉 주관적 타당성을 갖는 판단은 확신과의 관계에 있어서 다음과 같은 세 단계를 갖고 있다. 사견(Meinen, opining), 신앙(Glauben, believing), 지식(Wissen, knowing)이 그것이다. '사견'이라는 것은 주관적, 객관적으로 불충분하다는 의식을 동반한 판단이다. 판단이 다만 주관적으로만 충분하고 객관적으로 불충분하다고 생각되면 이것을 '신앙'이라고 부른다. 끝으로 주관적, 객관적으로 충분한 의견은 이를 '지식'이라고 부른다. 주관적 충분성은 확신(나 자신의)이고, 객관적 충분성은 (모든 사람의) 확실성(Gewissheit, Certainty)이

다.[297)]

이러한 칸트의 주장을 기초로 하여 '신앙'의 내용과 성격을 고찰해 보기로 하겠다. 칸트는 우선 신앙을 실용적 신앙(pragmatischer Glaube), 이설적 신앙(doktrinarer Glaube), 그리고 도덕적 신앙(moralischer Glaube)으로 구분함으로써, 도덕신앙의 특성을 부각시키고 있음을 볼 수 있다. '실용적 신앙'[298)]은 어떤 행위에 대한 수단의 현실적 사용에 근거를 두는 우연적인 신앙을 말하는 것으로 예컨대 의사가 환자를 앞에 놓고 진단하였지만 그 병이 무슨 병인지를 정확히 파악하지 못하였을 때 유사한 징후에 의하여 적절히 진단을 내리고 약을 사용하는 것과 같은 경우이다. 그런데 이 신앙은 관심의 정도에 따라 쉽게 좌우될 수 있는 성질을 지니고 있다는 데에 문제점이 있다. 그러나 비록 우리가 객체와의 관계에 있어서 전혀 아무것도 기도(企圖)할 수 없고, 그리고 의견이 단지 이론적이라 하더라도 어떤 기도를 파악하고 상상할 수 있는 경우는 흔히 있다. 그리고 이 기도에 있어서 사실의 확실성을 결정할 수 있는 수단이 있기만 하다면 우리는 충분한 이유를 갖고 있다고 생각한다. 그러므로 단지 이념적인 판단에도 실천적 판단과 유사한 점이 있는 것이다. 이러한 의견 역시 신앙으로 보아 칸트는 이것을 '이설적 신앙'[299)]이라고 한다. 예컨대 다른 유성에도 사람이 거주하고 있을 것이라는 견해같은 것이 '이설적 신앙'이라는 것이다. 따라서 신의 존재에 관한 교설 같은 것은 이설적 신앙에 속한다는 것을 승인해야 한다는 것이다. '도덕적 신앙'[300)]은 여타의 신앙과는 전연 다른 것이다. 왜냐하면 도덕적 신앙은 무슨 일을 하지 않으면 안된다는 것, 즉 어떠한 경우에도 도덕률에 따라 행동하지 않으면 안된다는 것이 필연적으로 요구되기 때문이다. 도덕적 신앙에 있어서는 목적이 확립되어 있는데 이 목적은 모든 목적 전체와의 관련을 갖고 실천적 타당성을 갖기 위하여 신과 내세가 있어야 한다는 것이다. 그리고 이 신앙은 아무 것에 의해서도 흔들릴 수 없는바, 만일 동요하게 되면 도덕적 원칙 그 자체가 붕괴될 것이고 또 그렇게 되면 도덕률을 포기해야만 하기 때문이다.

그런데 칸트가 말하는 도덕적 신앙이란 다름 아닌 이성 신앙이다. 칸트의 경우 '이성의 자기보존의 원리'는 모든 위험에 대항하는 하나의 보루이다. 순수이성신앙 없이 이성을 사용하는 것은 백과사전식 지식의 허세이거나 이성의 자살 중의 하나이다. 이성은 그 자신의 최종적인 가능성을 믿어 의심치 않으며 그러한 자기완성의 가능 조건으로서 불멸하는 영혼과 신의 존재를 요청한다. 그러나 이러한 이성의 요청은 단순한 희망이나 환상이 아니라 이성적 존재로서의 그 자신에 관한 인간의 동요되지 않는 신념에 근거하는 것이다. 칸트에게 있어서 이성 신앙 속에 내포된 확실성은 그 성질이 다르다고 하더라도 과학적 지식의 정확성 이상으로 강력한 것이다. 칸트가 그의 철학적 사색을 통하여 탐구한 확실성은 과학적 지식의 정확성을 능가하는 도덕적·종교적 확실성이었다고 말할 수 있다.[301)]

진리에 대한 믿음은 인식 없이는 성립될 수 없는 것이지만 또한 인식만으로도 되는 것이 아니며, 인식이라는 형식과 삶의 정열이라는 내용이 통일됨으로써 창조되는 것이다. 그런 까닭에 신앙은 삶의 실천적 요구가 인식에 내면적으로 반조된 삶의 정열 그 자체이다. 예컨대 "신이 존재한다"는 말은 명제를 나타내는 것이 아니라 도덕적 태도에 대한 내적 형식이다. 이 말은 사물이 존재하는 방법과는 관련이 별무하고 사물이 존재해야 하는 방법에 대한 숙고로부터 의미와 힘을 얻는다는 것을 의미한다. 다시 말하면 이 말은 의지와 직접적 관계가 있는 것이지 오성과 직접적 관계가 있는 것은 아님을 뜻한다.[302] 따라서 신앙은 일종의 확신인 바 이러한 확신에는 독단적 확신과 실천적 확신 두 종류가 있다. 전자는 선험적(a priori)개념에서 추구되어야 하고 필연적이어야 한다. 그러나 사변적 방법만으로는 신 존재에 대하여 확신할 수 없다. 그 이유는 이성의 사변적 관심은 기껏해야 우리로 하여금 그러한 존재자를 주관적으로 필요한 가설로서만 가정할 수 있기 때문이다. 이성은 신의 존재를 설명할만한 충분한 능력을 갖고 있지 못하다. 우리의 욕구는 우리로 하여금 그러한 증명을 희구하도록 하지만 사실상 우리의 이성은 그렇게 할 능력이 없다. 그렇지만 후자, 즉 실천적 확신은 건조한 사변이 감당하지 못하는, 보다 만족할만한 기대를 우리에게 제시한다. 만일 어떤 것이 주관적 근거에서 전제되었다면 그것은 단지 가설이지만, 만약 그것이 객관적 근거에서 전제되었다면 그것은 하나의 필연적 요청이다. 이 객관적 근거들은 수학처럼 이론적이거나 혹은 도덕처럼 실천적이거나 둘 중 하나이다. 도덕적 명령들은 자유롭고 이성적인 피조물로서의 우리의 존재의 본성에 근거하고 있기 때문에 수학적 전제 못지않게 증거와 확실성을 갖는다. 따라서 필연적 실천적 요청은 공리(公理)가 사변적 관심과 똑같듯이 실천적 관심과 같은 것이다.[303]

칸트는 흔히 그의 주석가들에 의해 이신론자(理神論者, Deist)

로 묘사되어 왔다. 이신론자는 추상적이고 형이상학적인 신의 개념만을 믿는 자로서 신과 인간의 인격적 관계를 결여한 자로 알려져 있다. 따라서 칸트의 도덕신앙에 나타난 신을 추상적이고 형이상학적 이념으로만 보는 것은 크게 잘못이라고 할 수 있을 것이다. 칸트는 자기 자신의 입장을 이신론(Deism)이 아니라 도덕적 유신론(Moral Theism)으로 자처한다.[304] 칸트의 경우 도덕적 신(神)신앙은 도덕적 인간의 신에 대한 신뢰(Zutrauen, Trust)이다. 칸트는 이 점을 그의 『윤리학 강의』중 '신에 대한 신뢰와 신앙의 개념'이라는 제하에서 분명히 논급하고 있다. 이것에 따르면 신앙이란 신이 우리의 능력에서 벗어난 사물의 결핍을 공급해줄 것이라고 신을 신뢰하는 것을 의미한다.[305] 만일 우리가 도덕적 신(神)신앙을 신에 대한 신뢰의 부류로 본다면 칸트가 제시하고 있는 도덕관과 도덕적 태도에 대한 몇 가지 사항이 보다 확실해진다. 우선, 우리가 신앙하는 신은 사변적 지식의 대상으로 제시되지 않고 인격적 관계로 제시된다는 점을 알 수가 있다. 칸트의 경우 신이 존재한다는 우리의 신앙은, 우리가 신뢰할 수 있는 존재자가 있다는 신앙이며, 능력과 지혜로써 정의롭고 자애롭게 이 세계를 통치하는 존재자가 있다는 신앙이다. 그러므로 신(神)신앙은 근본적으로 신에 대한 신뢰이며 우리가 믿는 신은 본질적으로 우리의 절대적 신뢰를 둘 수 있는 존재자이다. 다음으로, 이러한 관찰은 우리로 하여금 신의 속성이 칸트의 도덕신앙에 어떻게 도입되는가를 알려준다. 칸트는 우리를 도덕적 세계의 통치자, 즉 신 자체가 무엇인가 하는 문제보다는 도덕적 존재자인 우리를 위해 신은 무엇을 하는 존재자인가의 과제로 인도한다. 이 과제를 풀어가기 위해서 우리는 형이상학적 사변으로 돌아갈 것이 아니라 우리의 도덕적 신 신앙을 검토해야 하며, 이 신앙의 성격을 통하여 신앙의 대상이 우리를 위해 무엇인가를 발견해야 한다. 정확한 신학의 대상 개념으로 인도하는 유일한 논의는 도덕자체이다. 따라서 이론적 방법에 의해 종교가 확립된다고 할지라도, 근본적인 도덕의 이념으로부터 도출한 신의 개념과 실천적인 신 존재의 확신과는 다를 것이다. 칸트가 최고선의 가능성을 위해 요구되는 전지, 전능, 성결(Holiness) 등 신의 속성을 언급할 때, 이것은 만일 최고선이 가능하려면 이러한 속성들을 지닌 존재자가 존재해야 한다는 사변적 지식을 의미하지 않고, 의미할 수도 없다는 뜻이다. 오히려 이러한 속성들은 신을 우리의 신앙의 대상, 나아가 도덕적 신뢰로서 규정하는 것이다.[306] 만약 우리의 도덕적 신앙이 절대적이고 무제약적으로 신뢰를 두어야 할 존재자에 대한 신앙이어야 한다면, 이러한 신앙의 대상 개념은 신뢰에 적합한 존재자의 개념이어야 한다. 이러한 속성을 통해 우리는 신을, 인간을 위하는 생명의 주, 그리고 전 세계의 주로 숭앙하게 된다. 그렇다고 하더라도 칸트는 결코 도덕신앙을 인간이 기대하는 커다란 '장래의 보상'으로는 간주하지 않는다. 오히려 신의 선(善)함에 대한 신뢰는 신의 의지에 대한 경건한 복종으로 묘사된다. 칸트는 실천적 신앙(도덕신앙)을 다음과 같이 논한다.

> 실천적 신앙은 '만일 내가 암암리에 신을 신뢰하면 신은 내가 바라는 바를 해 주실 것이다'라는 말로써 성립되는 것이 아니라 '만일 내가 할 수 있는 일을 모두 하고 나 자신을 신의

장중(掌中)에 맡기면 그는 나의 연약함을 보완해 주시고 나의 약점을 보충해 주실 것이다'라는 말에서 성립된다.[307]

도덕신앙은 현재의 고통에 대한 미래의 행복 기대로 성립하는 것이 아님은 물론 현실 세계보다 더 나은 세계를 나에게 약속하는 데에 있는 것이 아니라, 고통과 도덕적 실패가 존재하는 현실 세계야말로 도덕적으로 선한 세계라는 것을 신뢰하는 용기에서 성립한다. 그러므로 도덕신앙은 현실 세계로부터 더 나은 세계로의 도피가 아니라 오히려 현실 세계를 선택하는 것이다. 따라서 신(神) 신뢰는 '미래의 보상'에 대한 즐거운 기대에 의한 것이 아니라 인종(忍從)과 결합된 겸양에 의해서 특징지워진다. 도덕신앙자는 신을 위대한 재무관으로 간주하지 않고 자신에게 닥쳐오는 모든 사건을 신의 지혜에 기인하는 것으로 간주하여 감사와 인종으로써 신을 대하는 자이다.[308] 도덕신앙의 견지는 도덕적 의지 자체에 내재하는 것이며 유한한 이성 존재자가 의지하고 행동하는 도덕감 혹은 도덕적 경향성의 일부로서 기능하는 것이다. 따라서 이러한 경지는 그에게 닥쳐오는 개별적 사건에 대한 그의 태도, 선한 세계를 흥기시키려는 그의 노력의 과정에서의 성공과 실패에 대한 응답을 향도한다. 신(神) 신뢰는 합리적 인간으로 하여금 도덕적 절망의 나락으로 떨어짐이 없이 도덕적 패배와 고통을 합리적으로 대응하게 한다. 도덕신앙은 고통을 교묘히 모면해 주거나 제거해주지 않고 그러한 난관에도 불구하고 희망과 용기 그리고 선한 세계를 합리적으로 추구하게 해 준다. 신(神) 신앙은 세계의 사태를 조망하고, 해석하고, 평가하고, 판단하는 방식의 세계관이다.

그런데 이것은 경험적 증거나 사변적 증명에 의해서는 정당화될 수 없고, 도덕적 인간이 그의 궁극적 목적을 합리적으로 추구하기 위해 가져야만 하는 세계관의 일부를 형성한다. 그리하여 도덕적 신(神) 신앙은 결국 신의 선함과 지혜에 대한 인격적 신뢰이며, 신의 의지에 대한 경건한 복종이며, 마침내는 그의 종국적 도덕의 목표가 전체로서 이 세상에서 획득될 것이라는 희망이다.[309] 이렇게 볼 때 도덕은 불가피하게 종교에 이른다. 왜냐하면 신의 매개를 통하지 않고서 이러한 조화가 이루어질 수 있는 어떠한 다른 방식도 우리는 발견할 수 없기 때문이다.

2) 교회신앙과 순수 종교신앙[310]

칸트는 종교의 역사를 거룩한 예배 중심의 교회신앙과 도덕적 순수 종교신앙의 계속적인 대립의 과정으로 본다. 그런데 사람들은 보통 거룩한 예배의 교회신앙을 계속 우선적인 것으로 취하는 경향이 있음에도 불구하고, 종국에 가서는 도덕적 종교신앙이 우월성을 확보할 수 있을 것으로 칸트는 예견하며 또 그렇게 되어야 할 것으로 본다.

칸트에 있어서 참된 종교는 우리가 신을 보편적 입법자로 숭배할 때 성립한다. 그렇다면 신을 숭배한다는 것은 무슨 의미인가? 그것은 도덕률에의 복종, 의무를 위한 행위를 의미한다. 칸트는 집단적이건, 개인적이건 예배나 기도로 표현되는 종교적 실천에는 큰 가치를 부여하지 않았다. 이러한 태도는 다음과 같이 자주 인용되는 칸트의 말에 집약되어 있다. "도덕적인 삶의 방식과는 별도로, 인간이 신을 기쁘게 하기 위하여 할 수 있다고 믿는 모든 것은 한갓 된 종교적 환상이며 신에 대한 거짓된 존경이다."[311]

몇몇 종교에서 볼 수 있는 금식, 성지순례, 고행 등은 명령된 바를 행하려는 인간의 준비를 나타낸다. 그러나 그것들은 단지 의례일 뿐 도덕적 성질을 결여하고 있다. 거기에는 참된 신앙은 없고 다만 의례만이 무성할 뿐이다. 신의 명령에 응하려는 열성 이외의 다른 목적을 지니지 않는 행위의 총체성은 '신에 대한 예배(Service of God)'라고 일컬어진다.[312] 진정한 예배는 성화된 기질이 일상적인 활동 가운데에서 실천으로 옮겨질 때 발견된다. 신의 신성한 법칙을 존경하고 그것을 그의 행위에 반영하는 자는 신을 두려워하는 자이며, 그것으로서 신은 섬겨지는 것이다. 따라서 우리는 특별한 행위에 의해서가 아니라 우리의 모든 활동으로 신을 섬겨야 하는 것이다. 그리고 우리의 예배는 부단히 계속되어야 하며 전 삶을 포괄해야 한다. 만일 우리가 신의 명령을 실행함으로써 기쁨을 누린다면 우리는 실천적으로 신을 사랑하는 셈이 된다. 왜냐하면 신의 명령(계명)들은 사랑할 만한 값어치가 있기 때문이다.

칸트에 의하면 종교는 두 가지 구성요소를 지닌다. 하나는 신에 대한 공경이고, 다른 하나는 신에 대한 사랑이다. 또 어떤 인격에 대한 공경을 나타내는 방식에도 두 가지가 있는데 하나는 공경하는 대상의 의지를 실천적으로 행하는 것이고, 다른 하나는 의식과 찬양, 또는 외적인 존경의 표시에 의한 아첨이다. 우리는 후자의 방식으로는 신을 공경할 수 없고, 전자의 방식 즉 우리의 행위를 통해서 실천적으로만 신을 공경할 수 있다.[313] 모든 의례는 근본적으로 도덕적인 것과 무관한 행위임에도 불구하고 단지 신을 위하여 행하여진다는 이유 때문에 그만큼 더 신의 마음에 드는 것으로 간주된다. 그러므로 교회신앙은 자연히 인간을 도덕적 공동체로 편성하는 과정에 있어서 순수한 종교신앙보다 우선하게 되며 성전(Temple)이 교회보다, 그리고 사제들이 목사보다 우선하게 된다. 그렇다면 소위 미신과 광신은 어떤가? 미신은 신을 존경하는 데 있어 거짓된 이념을 야기시켜 왔으며 광신은 신을 사랑함에 있어 거짓된 이념을 야기시켜 왔다. 초자연적인 것에 관하여 우리로 하여금 이성의 한계를 넘게 할 가능성이 있는 위와 같은 망상신앙(Wahnglaube)에는 세 가지 종류가 있다. 첫째로, 객관적인 경험 법칙에 따라서 생긴다고 하여 우리 자신도 상정할 수 없는 것을 경험에 의하여 인식할 수 있다고 주장하는 망상(기적 신앙) ; 둘째로, 우리가 스스로 이성에 의하여 이해할 수 없는 것이지만 그래도 우리의 도덕적 최선을 위하여 필요한 것으로 우리의 이성 개념 안에 상정하는 망상(비밀의 신앙) ; 셋째로, 단순한 자연적 수단의 사용이 우리의 도덕성에 대한 신의 영향을 초래할 수 있다는 망상(은총 수단의 신앙)이 그것이다.[314] 교회신앙이 그러한 망상에 사로잡히게 되면 (도덕과 무관한) 제사적 예배형식과 교회적 법령에 빠져 사이비 예배(Afterdienst)에 만족하게 된다. 선한 처신 이외의 행위로 인간이 신을 기쁘게 할 수 있다고 생각하는 것은 모두 순전한 종교적 망상이고 신에 대한 부차적인 봉사라는 것이 칸트의 생각이다.

윤리성이 상실되면, 신앙의 규칙과 종규(宗規)와 정관(定款), 법규(法規)가 교회의 봉사를 지배하게 되어 봉사는 성직제도 및 신급제도에 의하여 이루어지고 주물숭배(呪物崇拜)가 되고 만다. 칸트에 따르면 도덕과 도덕률은 완전히 이성적 의지의 결정과 동치(同値)이므로 이성에 배치되는 어떤 종교적 표현, 계시, 교리 등도 배제되어야 한다. 예컨대 원초적으로 개신교의 신앙에 포함되어 있는 사도 바울(St. Paul)의 은총에 의한 선택교리(예정론)는 폐기되거나 다른 방식으로 해석되지 않으면 안된다. 왜냐하면 이성은 이러한 교리와 자유 및 책임의 이념, 도덕의 가능성 등과 화해할 수 없기 때문이다. 도덕의 요구에 따른 신의 본질은 도덕률과 신의 완전한 합리성과 일치하는 그의 완전성, 즉 인격화된 도덕외의 다른 것이 아니다.

모든 이성 종교의 목적이 규정하는 바는 다름 아닌 인간의 도덕적 진보(Progress)이다. 순수한 종교신앙에 있어서는 신의 공경의 실질을 형성하는 것, 즉 도덕적 심성 안에서 일어나는 신의 명령으로서의 모든 의무를 준수하는 것이 가장 중요한 문제이다.[315] 그런데 실천 이성에 따른 이와 같은 보편적인 참된 종교신앙은 첫째로, 전능한 천지 창조자로서의 신, 도덕적으로는 신성한 입법자로서의 신에 대한 신앙이며, 둘째로는 인류의 유지자, 인류의 자비로운 통치자, 도덕적 부양자(Versorger)로서의 신에 대한 신앙이고, 셋째로는 신성한 법칙의 관리인(Verwalter), 즉 공정한 재판관으로서의 신에 대한 신앙이다.[316] 이러한 신앙은 본래적으로 어떠한 비밀도 내포하고 있지 않다. 왜냐하면 이러한 신앙은 단순히 인류에 대한 신의 도덕적 관계를 표상하고 있기 때문이다. 또한 이러한 신앙은 모든 인간의 이성에 나타나는 것이며 문명화된 대부분의 민족들의 종교 안에서 발견된다.[317] 그러나 이러한 신앙은 최고존재자에 대한 인간의 도덕적 관계를 방해하는 신인동형론(Anthropomorphismus)으로부터 탈피하여 어디까지나 신의 백성의 참된 도덕성에 초점을 맞추는 기독교의 신앙 교의에서 비로소 발견된다는 것이 칸트의 견해이다. 따라서 기독교의 역사적 계시 신앙을 이성적 도덕신앙의 빛으로 조명하고자 하는 칸트의 철학적 해석의 과제는 주로 인간과 신 사이의 도덕적 관계에 초점을 두면서 기독교의 신관에서 오해되기 쉬운 신인동형론을 제거하고 진정한 도덕성에 적합한 기독교 신앙의 본질을 밝히는 것이었다.[318] 그래서 칸트에 따르면 오직 하나의 진정한 종교가 존재할 뿐이라는 입장이다. 그러나 신앙에 있어서는 다양한 양태들이 존재할 수 있다. 더 나아가서 우리는 그들의 신앙 양식의 차이 때문에 서로 분리되어 있는 다수의 교회들 중에서도 하나의 동일한 참된 교회를 발견할 수 있다고 말할 수 있다. 그러므로 어떠한 (유태교적, 이슬람교적, 가톨릭교적, 루터교적) 신앙에 속한다고 말하는 것이, 어떠한 종교에 속한다고 말하는 것보다 적절한 것이다. 후자의 표현은 일반 대중에게 이야기할 때에는 어떠한 경우도 올바르게 사용될 수 없다. 왜냐하면 이 표현은 근대어가 이 표현에 대해 아무런 동의어도 제공하지 못하는 것처럼 그들에게는 너무나도 학문적이고 난해한 것이기 때문이다. 사람들은 흔히 종교라는 말의 의미를 자기가 익숙해 있는 자기 자신의 교회신앙으로 이해하는 것이다. 이에 반하여 종교는 내면적으로 숨어 있는 것이고 도덕적 심성에 관련되어 있는 것이다. 그럼에도 불구하고, 그들이 어떠어떠한 종교를 믿고 있다고 말하는 것은 대부분의 사람들의 경우에는 지나친 경의를 표명하는 것이 된다. 왜냐하면 그들은 종교라는 것을 알지도 못하고 원하지도 않기 때문이다. 그들이 종교라는 말에 대하여 이해하는 바는 법규적인 교회신앙 이외에 아무 것도 아니다. 따라서 많은 신조가 있지만 진정한 종교는 하나뿐이라고 칸트는 말한다.[319] 그러므로 순수 종교신앙은 어떤 대안이 아니라 '교회신앙'의 역이라고 본다. 그런데 칸트는 자신의 도덕종교가 기독교와 같다고 생각한다. 아니 오히려 자신의 도덕종교가 참된 기독교라고 생각한다. 그것만이 분파주의자들이 주장하는 광신주의, 미신, 그리고 내적 조명을 배제할 수 있다는 것이다.

수많은 공적(公的) 종교 가운데서 기독교가 도덕적이라는 칸트의 견해는 사람들로 하여금 칸트의 '순수 종교신앙'이 기독교와 도덕적 이성에 기초한 신앙 간의 타협 내지는 제휴라고 생각하게 하였다. 칸트가 이러한 주장을 하게 된 것은 기독교가 법령으로서가 아니라 도덕 종교로서 맨 처음의 교사(예수그리스도)의 입으로부터 표상되었기 때문이다. 계시된 종교까지도 포함한 모든 종교는 적어도 부분적으로는 자연적 종교의 어떤 원리들을 지니지 않을 수가 없다. 왜냐하면 계시는 단지 이성에 의해서만 종교의 개념에 부수시켜 생각될 수 있는 것인데, 그 이유는 종교의 개념 그 자체가 도덕적 입법자 밑에서의 의무로부터 도출되는 순수한 이성 개념이기 때문이다. 그러므로 우리는 계시된 종교조차도 한편으로는 자연적 종교로, 또 한편으로는 교학적 종교로 간주하면서, 무엇이 얼마만큼 다른 원천으로부터 그에게 귀속하는가를 음미하여 구별할 수가 있다는 것이다. 기독교 신앙은 단지 이성 개념에만 기초하는 것이 아니라, 사실(Fakta)에도 기초하고 있기 때문에 단지 기독교적 종교라고 부르지 않고, 기독교 신앙이라고 부르는데, 이 신앙이 바로 교회의 기초인 것이다. 그러므로 이와 같은 신앙에게 주어진 교회의 봉사는 양면적일 수밖에 없다. 그것은 한편에 있어서는 역사적 신앙에 기초하여 바쳐져야 하는 봉사이며, 또 한편으로는 실천적, 도덕적 이성신앙에 기초하여 교회에 당연히 귀속되지 않으면 안되는 봉사이기 때문이다. 이 양자 중 어느 것도 기독교 교회에 있어서 타자로부터 독자적으로 분리될 수 없는 것은 기독교 신앙이 종교신앙(Religionsglaube)이기 때문이며 전자가 후자로부터 분리될 수 없는 것은 그것이 교학적 신앙(gelehrter Glaube)이기 때문이다.[320] 기독교의 계시신앙에 있어서는 계시된 명제의 무조건적 신앙(unbedingter Glaube)을 앞세우고, 교학적 인식은 단지 후방에서 공격하는 적에 대한 방어벽으로서 뒤에 따라 오게 할 수만은 없다. 왜냐하면 그렇게 될 경우 기독교 신앙은 단순한 명령된 신앙(fides imperata)에 불과할 뿐 아니라, 또한 노예적 신앙(fides servilis)이기도 할 것이기 때문이다. 그러므로 기독교의 신앙은 적어도 역사적으로 자유로운 신앙으로서 가르쳐지지 않으면 안 된다. 즉 학식은 기독교 안에서 계시된 신앙교리로서 후위가 되어서는 안 되고 전위가 되어야 하는 것이다.[321]

칸트의 도덕 체계는 동시에 이성 종교의 체계로서 도덕률을 신의 명령이라 생각하는 것이 전제로 되어 있는데 여기에는 두 가지 방법이 가능하다. 하나는, 이성종교에서 출발하여 그것을 기독교의 교의에 결부시키는 일과 다른 하나는 기독교 교의에서 출발하여 그것을 이성 종교의 교조와 비교하는 일이다. 칸트에 있어서는 양자가 이따금 혼동되어 왔으나 주로 두 번째 길을 택하였다. 칸트는『종교론』 제2 판의 서문에서 역사적 체계로서의 계시를 도덕적 개념에 다만 단편적으로 결부시키고, 그렇게 하는 것이 순수한 이성 종교의 체계를 성립시키지 않는가의 여부를 살펴보려고 기도(企圖)하였던 것이다.[322] 칸트가 그의 『종교론』에서 행하고 있는 비순수 종교신앙에 대한 비판은 곧 유태교(Judaism)에 대한 것이다. 유태교는 제사적 종교이고, 부역신앙이며, 축복을 마련하는 역사신앙이라는 것이다.[323] 유태교에 대한 이러한 신랄한 비판에 대하여 유태인 철학자들은 꽤 많은 변호를 해 왔다. 코헨(Hermann Cohen, 1842~1918)이 그러하였고 패컨하임(Emil L. Fackenheim, 1916~?)이 그러하였다. 패컨하임은 칸트의 반유태주의(Anti-Semitism)를 두 가지 요인에서 찾고 있다. 즉 칸트는 유태교에 대하여 놀랍게도 무지하였다는 것과 스피노자와 같은 반유태교적인 철학자의 영향 때문이라는 것이다.[324]

3) 도덕신앙자의 목표와 삶

칸트의 『종교론』은 독립된 네 개의 논문이 결합되어 구성된 책이지만 유기적 통일을 가지고 있다고 해석할 수 있을 것이다. 제1권에서는 인간의 근본악(radikale Böse, radical evil)의 문제를 통하여 인간은 선을 지향할 수도 악을 지향할 수도 있는 존재라는 것, 따라서 도덕적 노력이 요청된다는 것을 시사하고 있으며, 제2권에서는 선의 원리의 인격화된 이념, 즉 화육(化肉) 혹은 도성인신(道成人身, Incarnation)사건을 통하여 신을 가장 기쁘게 할 수 있을 뿐만 아니라 가장 신의 마음에 드는 존재로서의 신의 아들 및 복음교사론을 전개함으로써 도덕적 이상의 인간상을 암시하고 있으며, 제3권에서는 도덕적 개인의 자아실현만이 아니라 그것과 더불어 신의 왕국으로서의 윤리적 공동체를 지상에 실현해야 한다는 목표를 제시하고 있고, 제4권에서는 기독교와 유태교를 직접 실례로 들어 비교함으로써 신께 대한 참 봉사와 거짓 봉사가 무엇인가를 예시하고 있다. 이러한 내용 구성으로 볼 때 이 저서를 통하여 칸트가 우리에게 전달하고자 하는 진정한 의도는 기존의 사변신학과 자연신학에 비하여 자신이 주창하는 도덕신학이 논리나 체계에 있어서 월등하다는 것을 말하려 하거나 신존재의 도덕적 논증을 종합적으로 정리하고 있다고 보기보다는 오히려 인간은 기필코 두렵고 떨리는 자세로 일생동안 도덕적 삶을 살아야 한다는 강한 메시지를 던지고 있는 것으로 판단된다. 칸트는 바람직한 도덕적 인간상을 소묘 내지 구상하는 가운데 성서의 말씀을 많이 원용하고 있는데 그 가운데서 가장 중요한 것은 예수의 산상수훈(Sermon on the Mount, 마태복음 5장~7장)이라고 생각된다. 또 산상수훈 중 가장 중시하는 성구는 "하늘에 계신 너희 아버지의 온전하심과 같이 너희도 온전하라"(마5:48)는 것이다. 여기 "온전"이라는 말씀에 준해서 칸트는 완전(Perfection), 성결(Holiness)을 도덕적 신앙인의 목표로 삼고 있는 것을 볼 수 있다.[325)]

칸트는 순수 종교신앙 혹은 도덕신앙의 수단은 기적, 은총, 망상, 부역등이 제외된 복음교사가 시작한 순수한 기독교 신앙으로 보았기 때문에 이에 수반하여 기독교의 경전인 성서의 말씀을 많이 원용하고 있다. 『종교론』에 원용된 성구는 85회쯤

되는데,[326] 구약은 거의 인용되지 않고(겨우 3∼4회) 주로 신약으로서 신약 중 가장 많이 인용되고 있는 곳은 복음서(35회)와 바울서신(20회)이다. 구약을 거의 인용하지 않은 이유는 칸트의 반유태교적 성향 및 유태교로부터 기독교를 구별하려는 의지로 보이며, 복음서의 많은 인용(특히 마태복음 18회, 요한복음 17회)은 기독교의 토대가 복음교사의 생애와 가르침에 기인하는 것으로 보았기 때문일 것이고, 또 바울서신 중 유독 로마서를 많이 언급(11회)한 것은 칸트가 영향 받았던 종교가 루터교, 그 가운데서도 루터교 전통을 계승하고 있던 슈페너가 창시한 독일 루터 경건주의였기 때문이었을 것으로 생각된다. 종교개혁자 루터는 로마서 전공학자였고, 로마서 1:16∼17에 기초한 의인(義認, Justification by Faith)교리를 종교개혁의 중심사상으로 삼았을 정도로 로마서를 중시하였다.

양의치(量義治)도 본 연구자의 견해와 궤를 같이하고 있는 것으로 보인다.

> 칸트의 『종교론』에는 신약성서로부터의 인용이 실로 많다. 칸트가 성서로부터 인용한 말씀은 압도적으로 산상수훈이다. 칸트는 산상수훈이야말로 도덕적 신앙을 교시하고 있는 것으로 보고 있다. 특히 마태복음 7장 21절, "나더러 주여 주여하는 자마다 천국에 다 들어갈 것이 아니라 아버지의 뜻대로 행하는 자라야 들어가리라"를 선호한다. 칸트는 이 성구야말로 예수의 종교가 은총을 구하는 종교가 아니고 도덕종교 즉 선한 태도의 종교임을 강조한다.[327]

예수뿐만 아니라 사도바울 역시 신앙인의 목표를 "완전"에 두었고, 칸트에게 직접 영향을 끼친 독일경건주의 역시 이것을 그대로 계승하였다. 슈페너는 "물론 우리는 성도가 선행으로 완전에 이를 수 없다는 것을 확신한다. 그럼에도 불구하고 성도에게 부여된 의무는 우리가 완전을 향한 그 어떠한 수준에 이르러야 한다는 점이다. 그러한 점에서 바울의 말(고후13:11, 고후13:9, 골1:28, 딤후3:17, 빌3:15, 엡4:37)은 성도에게 유효하다."[328]라고 하였다. 슈페너는 또한 성화(聖化, Sanctification)와 관련하여 다음과 같이 말한다. "우리는 초대교회 성도들의 삶을 이룩하는 것이 불가능한 것만은 아님을 알아둘 필요가 있다. 무엇보다도 초대교회 성도들의 그러한 삶이 가능했던 것은 성령의 역사 때문이었다. 하느님께서 우리에게도 주신 성령은 오늘날 결코 활동하지 않거나 능력이 없어진 것이 아니다. 그는 그때와 동일하게 우리 안에서 성화(聖化)의 일을 이룩하신다."[329]

신학자 퍼카이저(Purkiser)는 그의 저서 *Sanctification and Its Synonyms*(1963)에서 "holy," "holiness," "santification," "sanctify," 등 "성결," "성화," "완전," 등과 관련된 동의어가 구약성서에는 약 700회, 신약성서에는 약 400회, 도합 약 1,100회가 쓰여지고 있다고 한다.[330] 퍼카이저의 이러한 분석은 신의(성서의) 진의(眞意)가 무엇인가를 밝히고 있는 것으로 생각된다. 이러한 견해에 비추어보더라도 칸트는 도덕신앙의 목표를 매우 적절하게 성서로부터 원용한 것으로 판단된다. 그런데 "Holiness"라는 목표의 실현은 사실상 거의 불가능하다는 것을 칸트는 인정한다. 따라서 칸트는 이 목표의 심층적 의미를 부가해 주고 있다. "우리를 향한 '거룩하여라'라는 신의 명령은 신 같이 되라는 의미가 아니라 우리가 신에게 근접해야 할 목표를 의미한다. 다시 말해서 신의 도덕률을 준봉해야 한다는 의미이다."[331] 우드(A. Wood) 역시 "Holiness"를 하나의 준칙으로 보고 그것은 인간이 끊임없이 따라야 할 도덕적 진보의 의미로 해석하고 있는 것을 볼 수 있다. 도덕적 완전, 또는 성결은 광의적인 의무로써 그것은 우리가 계속해서 추구해야 될 목표이지 당장에 쉽게 획득될 수 있는 것은 아니라고 보고있다.[332]

그렇다면 "Holiness" 혹은 "Perfection"이라는 목표의 근접은 어떻게 가능할까? 이와 관련하여 칸트의 『종교론』을 관통하고 있는 것은 회심(回心, Conversion)을 통한 의인(義認, Justification)과 그 이후의 후속조치로서의 성화(聖化, Sanctification)인 것으로 파악된다. 프로테스탄트교의 핵심을 이루는 것은 의인(義認, Rechtfertigung)사상, 즉 믿음을 통해서 하느님으로부터 의롭다고 인정받는다는 개신교의 기본교리이다. 이것의 성서적 배경은 주로 로마서 1:16~17이다. 그런데 이것의 조건은 sola fide(오직믿음)로서 sola gratia(오직은총), sola Scriptura(오직성서)와 함께 개신교의 3대 슬로건이기도 하다. 특히 sola fide는 종교개혁자 마틴 루터로부터 비롯된 것으로서 정통루터교회 뿐만 아니라 경건주의의 기저에 흐르는 기본 이념이기도 하다. 칸트는 심성의 혁명을 통해 인간이 스스로 선한 인간이 되기 위해서는 도덕교육을 통한 도덕의 점진적 개선도 중요하지만 심성의 혁명적 변화가 더 우선적인 것으로 본다. 그것은 근본악의 원천과 사고방식의 혁명의 가능성이 우리의 이성성의 본성에 공존하고 있기 때문이다.[333] 이렇게 본다면 의인(Justification)의 조건은 도덕적 순결의 혁명적 회복인 회심인데, 이 회심은 곧 성

결을 지향한 중단 없는 도덕적 진보, 즉 성화의 출발점외의 다른 것이 아니다.[334]

그런데 회심을 통한 의인(義認)의 성화(聖化)에로의 계속적 진보(Progress)사상의 계보는 바울, 루터, 슐츠, 칸트라고 말할 수 있을 것이다. 왜냐하면 바울은 외포(畏怖)를 통한 지속적인 구원의 성취를 말했고, 루터는 피안의 삶에 이르기까지의 꾸준한 신앙의 성장을 말했으며, 슐츠는 구체적 이념에 대한 무한한 전진을 강조했듯이 칸트는 결함 있는 선(善)으로부터 보다 나은 선(善)에로의 끝없는 계속적인 전진을 주장했기 때문이다.[335]

도덕신앙(종교)인의 목표와 이상(理想)이 그대로 실현될 수는 없고 어디까지나 목표와 이상일 뿐이라고 하더라도 계속해서 도덕적 진보를 이루어 나가야 한다는 것은 칸트 뿐만 아니라 대부분의 종교와 윤리에서 공통적으로 주장하는 사실이다. 특히 칸트에 따르면, 이 사실은 도덕적인 삼위일체의 신(세계의 창조자이며 입법자, 세계의 유지 및 통치자, 정의로운 심판자)의 뜻이기 때문에 성결과 완전의 이념 및 실재로서 혹은 신의 복음교사로서의 아들 예수그리스도가 우리에게 보내졌다고 한다. 따라서 우리는 모든 의무를 신의 명령으로 받아들이고 복음교사의 가르침을 잘 받들어 세상을 엄숙하게 살아가야 한다는 것이다. 그런데 이 세상은 나 혼자만 살아가는 곳이 아니라 다른 사람들과 더불어 살아가는 곳이므로 복음교사의 산상수훈을 따르고 도덕률(정언명법)을 준수하는 가운데 사람을 목적으로 대우하는 목적의 왕국, 즉 윤리적 공동체[336]를 수립해야 한다. 윤리적 공동체의 구성원은 신의 명령 즉 덕의 법칙 하에 살아가는 신의 백성들인 것이다. 그러므로 윤리적 공동체는 정치적 공동체와는 판이하게 다르다. 왜냐하면 정치적 공동체의 법은 인간의 권위로부터 비롯된 법령(Statutes)이지만 윤리적 공동체의 법은 이성을 통한 순수한 도덕법칙(Moral Law)이기 때문이다.[337]

결론적으로 칸트의 도덕신앙(종교)론은 도덕적 유신론(Moral Theism)의 이론적 확립이 문제가 아니라 실제적으로 인생을 도덕적으로 참되게 살아야 한다는 것이다. 선의지에 입각해서 신을 사랑하고 이웃을 사랑하며 신처럼 거룩(holy)하게 되기 위해 부단히 도덕적 진보를 이루어야 한다는 당위성을 강조하고 있는 것이다. 그러한 삶의 전형(典型)이 바로 예수 곧 복음교사, 신의 아들이었다는 것이다. 그러므로 결국 도덕신앙(종교)인의 이상적 모델은 예수인 것이다.

3. 도덕적 공동체

1) 정치적 공동체와 도덕적 공동체

덕과 행복이 일개인에 해당하는 최고선이라면 도덕과 조화하는 행복은 가능한 세계 즉 전체로서의 최고선을 이룩한다. 칸트는 이것을 그의 『종교론』 가운데 '도덕공동체' 논의에서 분명히 밝힌다. "이성적 존재들의 종(種)은 이성의 이념에 있어서 사회적 목표, 즉 사회적 선으로서의 최고선의 증진을 위해 객관적으로 운명 지어졌다."[338]

우리는 일종의 독특한 의무, 즉 인간에 대한 인간의 의무가 아니라 인류 자체에 대한 인류의 의무를 가지게 되는 것이다. 따라서 모든 종류의 이성적 존재는 객관적으로는 이성의 이념 안에서 어떤 공동체적 목적을 향하여, 즉 공동체적 선으로서의 최고선을 촉진하도록 규정되어 있는 것이다. 그러나 최고의 윤리적 선은 개체인격이 그 자신의 도덕적 완전성을 위해 노력하는 것만으로는 실현될 수 없다. 왜냐하면 그와 같은 목적을 위해서는 개체인격들이 하나의 전체 안에서 결합하여 선한 심성을 가진 인간들의 체계를 형성하는 것이 요청되기 때문이다. 최고의 윤리적 선은 다만 이러한 체계 안에서만, 그리고 그 체계의 통일에 의해서만 성취될 수 있는 것이다. 그런데 덕의 법칙에 따르는 보편적 공화국으로서의 전체의 이념은 모든 도덕법칙들과는 전혀 다른 이념으로, 그것을 우리의 힘으로 지배할 수 있는지 혹은 없는지를 우리가 알지 못하는 하나의 전체를 목표로 삼는 것이다.[339] 만일 도덕적 선이 순수실천이성의 무조건적 대상이고 또 목적자체로서의 모든 유한적 이성적 존재에게 적용되는 것이라면 이 선을 추구해야 하는 우리의 의무는, 우리 자신의 도덕적 선은 물론 모든 인간의 도덕적 선도 포함하지 않으면 안된다.

칸트는 자신에 대한 모든 의무를 자기 자신의 완전에 기초하고 있는 반면 타인에 대한 모든 의무를 타인의 행복에 기초하고 있다. 우리는 실질적으로는 타인의 도덕적 개선을 성취할 의무를 갖지 않으나 목적자체인 타인들이 도덕적 진보를 가져올 수 있도록 도와줄 의무가 있다고 주장하는 것은 칸트의 이론과 부합하는 것 같다. 사실 칸트는 타인들의 도덕적 발전을 위해 우리가 도울 수 있고 또 도와야 한다고 믿는 바를 그의 저작 여러 곳에서 증거로 제시하고 있으며 이것이 이룩될 수 있는 심오한 사상도 제시하고 있다.

선한 인간은 자기 자신의 의도의 선함에 관심을 가질 뿐만 아니라 그 선은 세계내에 선함을 수립하고자 하는 적극적 관심을 포함한다. 더 나아가서 도덕적 목적에 대한 도덕적 인간의 관심은 자기 자신이 시간에 따라 임의로 설정한 개별적 목적의 추구가 아니라 이런 것을 뛰어 넘어 선한 세계 확립을 위해 합목적적으로 행동하고 모든 개별적, 도덕적 목적의 근거인 최종목적을 인식하는 것이다.[340)]

인간생활에 있어서 '종교'의 기능과 그것의 정당화를 이해하기 위해서는『종교론』제3권의 앞부분에 대한 칸트의 논의로 돌아가지 않으면 안된다. 칸트는 이점과 관련하여 인간의 최고의 도덕적 목적 추구를 떠맡은 것으로써 실천적 수단에 관심을 가지고 있다. 전술한 바와 같이 칸트의 경우 최고선이란 일개인의 덕과 행복에서 찾아지는 것이 아니라 인격의 전체세계에서 찾아진다. 최고선이란 공동의 객관적 법칙하에 있는 이성존재들의 체계적인 연합에서 이루어지는 것이며, '사회적 목적'과 '사회적 선'의 방식에 있다. 칸트는 최고선을 다음과 같이 서술하고 있다.

> 그러나 최고의 윤리적(도덕적)인 선은 개체인격이 그 자신의 도덕적 완전성을 위해 노력하는 것만을 통해서는 실현될 수 없다. 왜냐하면 그와 같은 목적을 위해서는 개체인격들이 하나의 전체 안에서 결합하여 선한 심성을 가진 인간들의 체계를 형성

하는 것이 요청되기 때문이다. 최고의 도덕적 선은 다만 이러한 체계 안에서만, 그리고 그 체계의 통일에 의해서만 성취될 수 있는 것이다.[341]

최고선의 무조건적(무제약적) 요소는 유한적 이성적 존재들의 도덕적 완전성이다. 자기 자신속에 이러한 완전성을 달성하기 위해 노력하는 것과 그것을 타인에게도 증진시킬 수 있도록 하는 것은 각 인간의 의무이다.[342] 따라서 인간은 그 이성에 있어서 완전한 인간의 이념을 선한 원리로서 발견한다. 인간은 이 이념의 도움으로 이념에 이끌리어 악의 지배를 벗어날 수 있다. 그러나 그 때에도 인간은 끊임없는 악의 유혹을 받고 있다. 그는 언제나 되풀이하여 악에 빠지는 위험에 노출되어 있는 것이다. 그리하여 인간은 이 유혹에 대한 싸움에 강해지기 위해 선을 추구하는 동지인 이웃과 함께 선의 완성을 목표로 삼는 도덕적 사회에 참가하여야 한다. 인간은 그와 같은 도덕적 사회의 이념을 그의 이성에서 발견한다. 그와 같은 이념을 실현하는 것이 인간의 의무가 되는 것이다. 인간은 근원적으로는 윤리적 자연상태, 즉 모든 인간이 그의 도덕적 법칙을 스스로 입법하고, 자기 자신 위에 어떠한 심판자도 결코 인정하지 않는 상태에 있다. 그와 같은 윤리적 자연상태는 인간이 국가의 성원이라는 것도, 그를 지배하는 어떠한 법률도 그리고 어떠한 국가의 재판관도 인정하지 않는 합법적 자연상태인 것이다. 이와 같은 상태는 필연적으로 만인의 만인에 대한 싸움으로 유도하는 것이다.

이와 같이 인간성을 뒤엎는 합법적 자연상태에서 법률적으로 시민적인 상태, 즉 국가조직으로 옮기려고 하는 것은 이성의 하나의 질서이다. 그리하여 우리의 이성도 우리가 윤리적 자연상태를 버리고 윤리적 시민상태를 용인하는 것, 즉 우리가 도덕적 사회의 성원이 되는 것을 요구한다. 이와 같은 도덕적 국가에 있어서는 도덕률이 주권자이다. 그리고 우리는 도덕률이 성스러운 것의 총괄로서의 신으로부터 부여된 것이라고 생각하기 때문에 이와 같은 국가에서는 신을 최고의 입법자로 보아야 한다. 우리는 이 나라의 성원을 전체로서 신의 국민이라 하여도 무방할 것이다. 이리하여 우리는 신의 국민의 개념을 확립하는 이념을 우리의 이성에서 발견하는 것이다.

'법률적-시민적 상태'는 그들이 공적인 법률 밑에 공동체적으로 존재하는 한에 있어서 인간의 상호관계인 반면, '윤리적-시민적 상태'는 그 안에서 인간이 그 같은 강제에서 자유로운, 즉 단순한 덕의 법칙(Tugendgesetz) 밑에서 결합하는 상태인 것이다. 그런데 전자에서 법적인, 즉 법률적 자연상태(juridischer Naturzustand)가 대립해 있는 것처럼, 후자로부터는 윤리적 자연상태(ethischer Naturzestand)가 구별된다. 이 두 가지 상태, 즉 법적 자연상태와 윤리적 자연상태에 있어서는 개인 각자는 자기 자신에게 법을 부여하며, 다른 모든 인간과 마찬가지로 그가 복종하는 법칙은 그의 밖에 있는 것이 아니다. 이 두 상태에 있어서는 인간 각자가 자기 자신의 재판관이 된다.[343)]

법률적 자연 상태가 만인의 만인에 대한 투쟁의 상태인 것처럼, 윤리적 자연 상태는 모든 인간에 내재하는 악에 의해 끊임없이 공격받는 상태인 것이다. 인간은 서로 간에 그들의 도덕적 소질을 부패시키며, 또한 선한 의도에 있어서조차도 각각의 개인들은 그들을 결합시키는 원리의 결핍 때문에 마치 악의 도구처럼 되어서 선을 지향하는 공동체적 목표에서 멀어지고 서로를 또 다시 악의 지배가 행해지는 위험 속으로 밀어 넣게 되는 것이다. 더 나아가서 법이 없는 외적 자유와 강제적 법률로부터의 독립상태는 불법적인 상태이며 각각의 개인들 사이의 전쟁의 상태이므로 인간은 그러한 상태로부터 벗어나서 정치적 시민적 상태로 들어가지 않으면 안 된다는 것이다. 이와 동일하게 윤리적 자연 상태는 덕의 원리들의 공적이며, 상호적인 투쟁의 상태이며 내면적인 윤리상실의 상태이므로, 자연적인 인간은 가능한한 속히 이러한 상태에서 벗어나기 위해 힘쓰지 않으면 안 되는 것이다.[344] 또한 인간은 아마도 법규적 법칙(die statutarischen Gesetze)에 따르는 신의 백성을, 즉 그러한 법칙의 준수에 있어서 단지 행위의 적법성에만 관심을 두는 신의 백성을 생각할 수도 있을 것이다. 이것은 법률적인 공동체가 될 것인데, 이 공동체의 입법자는 신인 것이다. 따라서 그 체제는 신정 정치인 것이다.[345]

칸트에 따르면 이 지상세계는 선악 양원리의 싸움터이다. 그러나 칸트는 지상에 있어서의 선악의 싸움도 궁극적으로는 선이 승리를 거두어 인류는 최고선이 실현될 수 있는 신의 나라를 지상세계에서도 건설할 수 있다고 주장한다. 그렇다면 그가 말하는 선의 원리의 승리에 의한 최고선의 실현은 어떻게 가능할 것인가? 앞에서 본 바와 같이 이에 대하여 칸트는 단순한 개인의 힘만으로는 불가능하고 인간 상호간의 단결에 의한 초개인적인 힘에 의해서만 가능하다고 한다. 즉 악을 방지하고 선의 지배를 촉진하기 위해서는 도덕률을 위한 영속적 단체를

결성하고 협력하여 이것을 지켜 나가는 것 외에는 다른 길이 없다는 것이다.[346)]

칸트는 윤리적 단체를 윤리적 시민적 사회(ethischbürgerliche Gemeinschaft)라고 부르고 선의 원리를 결합원리로 하는 덕의 왕국(Reich der Tugend)이라고도 한다. 따라서 덕의 왕국을 완성하는 것은 이성에 의하여 인간에게 부과된 과제요 의무이다. 그런 이러한 의무는 이미 개인과 타인과의 대인적 의무가 아니라, 인류자신에 대한 의무인 것이다. 말하자면 인류에게는 객관적으로 공동의 최고선을 실현하여야 할 공동목적이 부과되어 있는 것이다. 최고선의 실현은 개인의 도덕적 완성만으로는 불가능하고 이성의 법칙에 따르는 각각의 개인이 하나의 전체로 결합하여 선한 심성을 가진 사람들의 조직을 만들어야만 가능하다. 하지만 덕의 법칙에 따르는 보편적 공화국(allgemeine Republik nach Tugendgesetzen)으로서의 그러한 전체의 이념은 인간의 능력 안에 존재하는가의 여부를 알 수 없는 이념으로서 모든 도덕률과는 별개의 이념이며, 이러한 의무 역시 일체의 다른 의무로부터 구별되는 것이다.

칸트는 불충분한 개인의 힘을 공동의 힘으로 결합시키는 보다 높은 도덕적 존재자의 이념을 설정할 필요가 있다고 보았다. 칸트는 도덕적인 선의 촉진을 위하여 도덕률 밑에서 인류 전체를 하나로 결합시키는 보편적 공화국으로서의 윤리적 공동체는 신의 왕국으로서만 생각될 수 있다고 주장한다. 눈에 보이는 행위의 적법성(die Legalität der Handlungen)만을 목표로 하는 법률적 공동체와는 달리 윤리적 공동체는 눈에 보이지 않는 행위의 내면적 도덕성(die Moralität der Handlungen)을 목표로 하고 있는 것이다. 그러므로 이 같은 특성을 가진 윤리적 공동체의 최고입법자는 인간 각자의 마음의 가장 깊은 곳(das innerste der Gesinnung)을 들여다 보고, 그의 소행에 알맞은 것을 부여하는 존재, 즉 신이 아니면 안된다. 이러한 이유 때문에 칸트에 의하면 보편적, 윤리적 인륜공동체는 도덕적 세계지배자로서의 신 개념을 필연적으로 내포하게 된다. 신의 명령 아래 있는 백성, 즉 신의 백성은 동시에 덕의 법칙을 따르는 백성이다. 다시 말하면 윤리적 공동체 안에서 최고선이라는 공동목표를 달성하려는 과제를 위하여 노력하고 있는 각 개인의 협동운동을 특수한 도덕적 의무로서 확립할 수 있게 하기 위해서는 최고선을 지향하는 도덕적 의무가 동시에 신의 명령이라고 표상할 수밖에 없는 도덕적인 세계지배자이며 입법자인 신의 존재가 불가피하게 요청된다.[347)]

『실천이성비판』에서는 신의 존재가 다만 피안에 있는 예지계(mundus intelligibilis)에서의 덕과 복의 일치를 보증하는 조건일 뿐 차안에 있는 감성계 안에서 도덕의 왕국을 건설하려는 인간의 도덕적 활동에 대해서는 단지 형식적인 관련을 가지고 있었을 뿐이다. 이에 반하여 『종교론』에 있어서의 도덕적 세계지배자로서의 신의 개념은 차안 한 가운데서 최고선의 실현을 위하여 전인류를 포괄하는 보편적 도덕적 공동체, 곧 지상에서의 신의 나라(Reich Gottes)의 건설을 보증하는 것이다. 따라서 시간적인 차안에서 인류사회 한가운데 건설되어야 할 보편적 도덕적 공동체를 구성하는 인류의 공동체적 도덕적 협동운동을 가능케 하는 필요불가결한 조건으로서 도덕적인 세계지배자로서의 신의 존재가 요청되고 있는 것이다.

필연적인 진리가 도출되기 위해서는 개인적 주관에 의한 종합이 아니라, 의식일반과 같은 초개인적인 주관의 종합작용에 의하여 이루어지는 것이라고 보는 것과 같이 인류의 궁극적인 최고선의 실현도 단순한 개인 이성의 힘만으로는 불가능하고 영혼불멸이나 자유, 혹은 신의 존재와 같은 개인 이성의 힘을 초월한 이념(Idee)을 요청함으로써 가능하다고 보았던 것이다. 칸트는 도덕철학이 그 자체에서 완결되는 것이 아니라, 종교적 세계로 넘어가지 않으면 안 된다고 본 것이다. 왜냐하면 인간은 단지 선의 소질만을 갖고 있는 것이 아니라, 인간존재의 근저에는 악의 성향, 즉 근본악을 소유하고 있으므로 선악의 대립투쟁이 우리가 살고 있는 지상세계의 실상이기 때문이다.

인간의 이성은 우리로 하여금 우리의 실제적인 사회적 노력의 목표로서의 인간의 도덕적 공동체의 이념을 형성하게 한다. 도덕공동체는 다만 이성의 법칙 하에 있어야만 한다. 신은 이 공동체를 위한 최고의 입법자로 상정되지만 법률의 창조자는 이성이지 그 창조자의 임의적인 의지가 아니다. 신은 자신이 신성하기 때문에 도덕적으로 명령하는 것이지 강제력을 소유하기 때문에 명령하는 것은 아니다. 도덕적 공동체는 또한 보편적이어야 한다. 이성에서 파생된 그 공동체의 법률은 모두 인간을 평등하게 규합한다. 도덕률의 지배 밑에서 모든 인류를 결합시키는 보편적 윤리적 공동체 안에서만 개체인격의 도덕적 완성을 기대할 수 있다고 보는 것이 칸트의 기본입장이다.

칸트의 윤리는 어디까지나 개인 각자의 내면적인 자각과 성실성을 강조하면서도 개인의 도덕적 자기실현을 위한 기본조건으로, 그리고 윤리적 인류 공동체의 건설을 요구하고 있다는 점에서, 단순한 개인윤리의 차원을 넘어서고 있다. '세계종교' 또는 '교회신앙'의 다원성 속에서 순수 종교신앙(reiner Religionsglaube) 설립의 단순한 목표를 칸트는 발견한다. 이러한 시도는 분명 불완전하고 역사적 환경에 제약된 것이지만 그럼에도 불구하고 '신의 백성'의 이념에 접근 가능한 것으로 인정되어진다. 그러나 순수 종교신앙만으로는 인간의 기관으로서의 교회를 설립하는데 충분하지가 않다. 그러므로 칸트는 다음과 같이 교회신앙의 필요성을 강조한다. "순수한 종교신앙에 있어서는 신의 존경의 실질을 형성하는 것, 즉 도덕적 심성 안에서 일어나는 신의 명령으로서의 모든 의무를 준수하는 것이 문제가 된다. 교회는 다수의 인간이 그러한 심성 밑에서 도덕적 공동체를 이루기 위해 결합한 단체로서 어떤 공적인 의무, 즉 경험적 조건에 근거하는 특정한 교회적 형식을 필요로 하는 것이다."[348]

2) 보편적 교회로서의 도덕적 공동체

인간의 도덕공동체는 정치적 국가 형태 안에서는 찾아 볼 수 없고 교회의 형태 안에서만 찾아볼 수 있는바, 교회는 그 구성원들로 하여금 모든 의무를 신의 명령이라는 입장에서 실현하도록 하는 내적 성향을 강화하기 위해 바쳐진 공동체인 것이다. 이와 관련하여 칸트는 다음과 같이 주장한다.

> 그러므로 윤리적 공동체는 원래 교회로서, 즉 신의 나라의 단순한 대표자로서 고려될 때에는 그의 근본원칙들에 있어서 정치적으로 유사한 체제를 가지는 것이 아니다. 이 체제는 공동의 체제 그러나 불가시적이고 도덕적인 아버지 밑에 있는 가

족공동체에 비유하는 것이 가장 좋을 것이다.[349)]

신적인 도덕법칙 밑에 있는 윤리적 공동체는 다름아닌 교회이다. 교회가 경험 가능한 대상으로 존재할 때 불가시적 교회(die unsichtbare Kirche)라고 불리운다. 가시적 교회(die sichtbare Kirche)는 그와 같은 이상과 합치하는 전체를 지향하는 인간들의 현실적인 결합이다. 각각의 사회가 공적인 법칙 밑에서 그의 성원들을 종속시키는 한계 내에서, 그러한 전체(교회)로 결합된 집단은 교사 또는 영혼의 목자들이라 불리우는 상관들, 즉 눈에 보이지 않는 최고 지배자의 집무를 대행하며, 이와 같은 관련에서 통털어 교회의 종복들(der Diener der Kirche)이라고 불리우는 상관들 밑에 있는 공동체인 것이다. 이것은 마치 정치적 공동체 안에서 가시적인 최고 지배자가 자기 위에 단 한명의 인간은 물론 국민 전체조차도 인정하지 않으면서도 자기 자신을 종종 국가의 최고의 종복(der eberste Diener)이라고 칭하는 것과 같다. 참된 교회는 인간을 통해서 이룩될 수 있는 한에서 신의 나라를 지상에 나타내는 것이다.[350)] 그러면 참된 교회의 특징은 무엇인가? 칸트는 이것을 그의 네 가지 범주론에 맞추어 네 가지로 설명하고 있다.

1) 보편성(die Allgemeinheit), 즉 그의 수적 단일성 : 교회는 이를 위한 소질을 지니고 있어야 한다. 교회는 우연적인 의견들에 있어서는 분열되고 불화한다고 하여도, 그의 본질적인 의도에 있어서는 그들을 필연적으로 하나의 유일한 교회 안에서 결합에로 이끄는 근본원리들 위에 세워져야 하는 것이다.

2) 교회의 성질, 즉 순수성 : 도덕적 동기 이외의 어떤 다른

동기도 가지지 않는 결합이다.

3) 자유의 원리하에서의 관계 : 교회 구성원들 상호 간의 내적 관계는 물론 정치적 권력에 대한 교회의 외적인 관계도 자유국가(Freistaat) 안에 있다.

4) 교회의 양태, 그의 구성법에 있어서의 불변성 : 물론 여기서 시간과 형편에 따라 변화시켜야 하는 단지 행정에 관계되는 우연적인 세칙들의 경우는 별개문제인 것이지만 그를 위해서는 교회 또한 확실한 근본원칙들을 그 자신 안에 선험적으로 지니고 있지 않으면 안 된다.[351)]

이와 같이 칸트가 말하는 윤리적 공동체는 원래 교회로서, 즉 신의 나라의 단순한 대표자로서 고려될 때에는 그의 근본원칙들에 있어서 정치적으로 유사한 체제를 가지는 것이 아니다. 이 공동체에 있어서 그의 체제는 군주정치도 아니고, 귀족정치도 아니며, 민주정치도 아니다. 이 체제는 공동의, 그러나 불가시적이고 도덕적인 아버지 밑에 있는 가족공동체에 비유하는 것이 가장 좋을 것이다. 그리고 이러한 비유도 신의 뜻을 알고 있고, 또한 공동체의 성원들과 혈연관계에 있는 신의 거룩한 아들이 신을 대신하여 신의 뜻을 알림으로써 공동체의 성원들이 그 안에서 아버지를 존경하고 상호 간에 자유의지에 의한 보편적이며 지속적인 심정적 결합에 이르도록 하는 한에서 타당한 것이다.[352)]

순수한 종교신앙(der reine Religionsglaube)은 진실로 보편적인 교회(eine allgemeine Kirche)의 기초가 될 수 있는 유일한 신앙이다. 왜냐하면 순수한 종교신앙은 모든 인간에게 설득력을 가지고 전파될 수 있는 순수한 이성신앙인데 반하여 단순히 사실에 근거하고 있을 뿐인 역사적 신앙(ein historischer Glaube)은 그에 관한 전승이 그의 신빙성의 판정가능성을 좌우하는 특정한 시간과 장소의 형편에 따라 도달할 수 있는 한도 이상으로는 그의 영향력을 확장할 수가 없기 때문이다. 그러한 순수한 신앙에 충분히 의존할 수 없는 것은, 즉 교회를 그러한 순수한 기초 위에 정초하지 못하는 것은 인간본성의 특수한 약함에 기인하는 것이다.[353)]

칸트는 도덕종교를 주장하는 입장에서 그리스도교를 설명한다. 칸트에 의하면 그리스도교는 경험적인, 역사적인 신앙에서 출발한 것임에 틀림없다. 역사는 신에게 봉사하는 교회신앙과 도덕신앙의 부단한 투쟁이며 인간은 일반적으로 역사적 신앙과 교회신앙을 도덕신앙의 상위에 두는 경향이 있다. 하지만 신의 윤리적 국가는 전자, 즉 교회신앙이 도덕적 신앙과 일치하게 됨으로써 보편적 교회는 형성된다. 이 보편적 교회라는 것은 물론 이성신앙으로서 도덕법칙을 통한 선의 완수를 위한 것이 아닐 수 없다. 교회가 이러한 보편성을 가짐으로써 통일성도 이룩된다.[354)] 칸트는 교회신앙, 즉 그 실천과 그 역사적 전통이 진보에 의해서 폐기되기를 바라지는 않는다. 오히려 교회신앙이 순수 종교신앙의 수단이 되기를 바란다. 그러나 교회신앙이 단지 순수 종교신앙의 수단으로만 머물기를 원치 않은 칸트는 그의 희망을 다음과 같이 제시하고 있다.

> 그러므로 결국 종교는 모든 종교적 규정근거로부터 즉 역사에 기초하는 교회신앙을 매개로 하여 잠정적으로 인류를 선의 촉진을 위하여 결합시키는 모든 법칙들로부터 점차적으로 해

> 방시키고, 종국적으로는 신이 모든 사람들에게 있어서 전부가 되게 하기 위하여(고전 15:28) 모든 것을 지배하게 된다고 하는 것은 우리 안에 있는 자연적 및 도덕적 소질의 필연적 결과이다. 그리고 이 도덕적 소질은 모든 종교의 기초이며 동시에 해석원리인 것이다.[355)]

그러므로 우리는 보편적 교회의 역사를 그것이 하나의 체계를 이루는 한에 있어서 그리스도교의 근원으로부터 시작할 수밖에 없는 것이다. 그리스도교는 그 원천이 되는 유태교와 완전히 분리되어 전혀 새로운 원리 위에 세워진 것이며, 신앙의 가르침에 대하여 완전한 개혁을 일으킨 것이다. 그리스도교의 교사들은 새로운 신앙이 그의 발생을 이미 원형적으로 그 안에 내포하고 있던 옛 신앙의 연속으로 여겨지도록 하기 위해서, 두 신앙을 하나의 공통된 신앙에 관련시키려고 애를 썼고 초창기에도 그런 노력을 하였다. 그런데 그러한 수고가 분명히 제시하는 바는 그 민족의 선입견에 직접적으로 충돌함이 없이 민중이 강력하게 익숙하여 있던 옛 제사종교 대신에 순수한 도덕종교를 소개하는데 가장 적합한 방법을 강구하는 것이 그들에게 있어서 중요한 일이었다는 점이다.[356)] 따라서 단지 그 자신의 정치적 조직 위에 세워진 족장시대의 순수한 유태교로부터가 아니라 점차적으로 그 안에 공공연히 나타난 도덕적 가르침을 통하여 종교신앙과 혼합되고, 승직자의 권력이 감소됨에 따라 그의 법제적 신앙의 압력 밑에서 개혁을 준비하는데 공헌하였으리라고 생각되는 그러한 유태교로부터 그리스도교가 일어났던 것이다. 복음의 교사(der Lehrer des Evangelium)는 자기 자신이 하늘로부터 보내진 자임을 선포하였다. 그리고 그는 그와 동시에 그와 같은 보내짐에 합당한 자로서 부역신앙(Fronglaube ; 예배일, 고백, 의식 등에 대한 신앙)은 그 자체로서 무가치하며, 그에 반하여 도덕신앙은 '너희의 아버지가 거룩한 것같이'(베드로전서 1:15~16) 인간을 거룩하게 하고 선한 행위를 통하여 그의 순수함을 증거하는 유일한 신앙으로서 그 신앙만이 축복을 마련하는 신앙임을 밝혔다.

그러나 복음교사는 그의 가르침과 죄 없고, 공로 많은 그의 죽음을 통하여 친히 신의 마음에 합당한 인류의 유일한 원형에 합치하는 실례를 제공한 다음, 그의 본래의 거처인 하늘로 다시 돌아가는 것으로 묘사되고 있다. 그런데, 그는 그때 그의 최후의 뜻을 말씀으로 남겨 놓았으며 그의 업적과 교훈과 모범의 힘에 관해서 "변함없이 이 지상의 끝날까지 그의 제자들과 함께 머무를 것"(마태복음 28:20)이라고 말하였던 것이다. 이 가르침은 만일 그의 인격의 출신이나 초지상적인 신분에 관한 역사적 신앙이 문제된다면, 실로 기적에 의한 증명을 필요로 할 것이다. 그러나 단지 도덕적으로 마음을 개선하는 신앙에 속하는 것으로서는 그의 진실성에 대한 그와 같은 모든 증명이 필요없는 것인데, 성서 안에서는 이 가르침에 기적과 비밀이 수반하여, 그것을 알게 하는 것 자체가 하나의 기적으로서 하나의 역사적 신앙을 요구하는 것이다. 이 역사적 신앙은 학식을 통해서 밖에는 증명될 수 없으며, 그의 의미와 의의(意義)를 확증할 수도 없는 것이다.[357] 그렇기 때문에 이때로부터 그리스도교가 그 자체 안에 학식 있는 계통을 형성한 시기까지의 그리스도교의 역사는 어둠 속에 묻혀 있었다. 그 결과 그리스도교의 가르침이 그의 신도들의 도덕성에 대하여 어떤 영향을 미쳤는지 또는 최초의 그리스도교 신도들이 참으로 도덕적으로 개선된 인간들이었는지, 아니면 통속적인 종류의 사람들이었는지에 대하여 우리에게 알려져 있지 않다. 그러나 그리스도교가 학식있는 집단이 된 후, 또는 적어도 그리스도교가 학식있는 계층 안에 들어간 이후에는 그리스도교의 역사는 도덕적 종교로부터 정당하게 기대할 수 있는 유익한 영향에 관한 한 그리스도교에게 호감을 줄만한 것은 못된다. 은둔자 및 수도사의 생활에 있어서의 신비적인 광신과 독선적인 상태의 거룩함에 대한 찬양이 많은 인간들을 이 세상에서 쓸모없는 자들로 만들었다. 또한 이와 관련된 소위 기적이 무거운 사슬이 되어 민중을 맹목적으로 미신 밑에 억압하였다. 그리고 자유로운 인간에게 강요된 승직제도와 함께 정통성(Rechtgläubigkeit)이라고 하는 무서운 음성이 스스로 자기만이 부름받은 성서 해석자라고 자칭하는 사람들의 입에서 일어나고 그리스도교계가 그의 신앙상의 의견 때문에 격심한 분파로 갈라지게 되었다.[358]

그렇다면 다시금 본질적인 그리스도교회의 성격으로서의 도덕공동체는 어떻게 수립될 수 있는가? 도덕공동체는 '외적인 개혁'에 의한 교회신앙의 폐지에 의해서 이룩될 수가 없고 인간의 진보와 마찬가지로 일정불변한 원칙들에 따른 점진적 개혁을 통해서 수행되지 않으면 안된다.[359] 도덕공동체를 향한 진보의 원칙은 계몽이다. 신예배는 최우선적으로 자유롭게 되어야 하며, 도덕적 예배이어야 한다.[360] 인간은 '계몽'을 통하여 자초하는 후견(감독)으로부터 해방될 수 있고, 이성사용을 통하여 법령에의 종속으로부터 또 교회신앙이 제시한 개별적인 역사적 전통으로부터 자유롭게 된다. 인간은 신중히 성찰함으로써 교회신앙의 핵심을 포착하여 이성적 존재자로서의 모든 인간을 참 교회(ecclesia Catholica) 안에 포함시키기 위하여 종교의 지평선을 확장해야만 한다.[361] 단 이러한 목표를 향하여 교회신앙은 종교적 환상을 경계하지 않으면 안된다. 이와 관련하여 칸트는 다음과 같이 강조하고 있다.

> 교회신앙은 현재로는 없이 지낼 수 없는 규약적 조항들 이외에 언젠가는 이 조항들이 없이도 지낼 수 있게 되기 위하여 본래의 목표인 착한 행실의 종교를 초래하기 위한 원리를 동시에 자기 안에 포함하고 있지 않으면 안된다.[362]

칸트의 견해로는 교육을 통한 점진적 개혁 뿐만 아니라 조직화된 종교 역시 인간의 도덕적 개선을 위한 체계적인 수단이다. 교회적 조직을 위한 필연의 이성적 정당화는 도덕공동체 안에 있는 신의 백성의 이념을 표상하는 조직이다. 그리고 이 도덕공동체의 법칙들은 행동의 도덕성을 증진하도록 명백히 설계되어 있다.[363] 교육과 종교적 공동체를 통한 인간의 도덕적 성격의 개선은 인간의 도덕적 운명에 대한 칸트의 전반적 조망에 있어서 중요한 역할을 한다.[364]

도덕적 행위자 또는 이성적 존재자는 이상적 국가의 시민으로서 자신들과 서로를 위해 보편적 법률을 제정하는 자들이다. 만약 도덕성이 타산(prudence)과 자익(self-interest)으로부터 파생된 것이라면 그것은 부패된 것이다. 그러므로 도덕성을 위해 필연적인 동기를 제공하는 것과는 거리가 먼 신의 보상과 형벌은 도덕률에 대한 존경의 유일하고 순수하고 값진 것 대신 도덕적으로 무가치한 동기를 대치하는 타율을 도입하는 셈이 된다.[365)]

숭고한, 그러면서도 결코 완전히 실현될 수 없는 윤리적 공동체의 이념은 인간의 손 안에서는 매우 왜소하게 된다. 즉 그것은 기껏해야 겨우 윤리적 공동체의 형식만을 순수하게 표상할 수 있을 뿐이며, 그와 같은 전체를 건설하는 수단에 관하여서는 감성적인 인간 본성의 여러 조건들 밑에 심히 제약되어 있는 것이다. 그러나 그와 같이 구부러진 나무로부터 어떻게 완전히 꼿꼿한 것을 만들어 낼 것을 기대할 수 있을까? 그러므로 도덕적인 신의 백성을 창조한다고 하는 것은 인간에 의해서가 아니라, 신 자신에 의해서만 수행될 수 있는 것으로 기대될 수 있는 작업인 것이다. 그러나 그렇다고 하여서 인간이 그 일에 대하여 아무 것도 하지 않고 개인은 단지 자기 자신의 개인적이고 도덕적인 업무에 종사할 뿐 인류의 전체적인 관심사에 대하여서는 어떤 보다 높은 지혜에 맡길 수 있는 것처럼 섭리에 위임하여도 된다는 것은 아니다. 인간은 오히려 모든 것이 자기 자신에 달려 있는 것처럼 처신하지 않으면 안된다. 그리고 오직 이러한 조건 밑에서만 그는 보다 높은 지혜가 그의 선의의 수고를 완성시켜 줄 것을 바랄 수 있는 것이다. 그러므로 선한 심성을 가진 모든 사람들의 소망은 신의 나라가 임하여, 그의 뜻이 이 땅에서 이루어지는 것이다.

칸트는 종교의 목적이 도덕적 법칙의 완전한 세계지배라 한다면, 그것은 곧 최고선을 목적으로 하는 것이며, 그것이 곧 신의 본의의 실현이라고 보고 있다. 이러한 신의 의지가 실현되는 나라는 선의 원리가 그대로 실현되는 것이며, 그러한 근거는 인간의 오성 중에 있다. 여기서 인간은 그의 선을 실현하기 위하여 윤리적인 공동체를 만들어야 하며, 또 신의 나라로서 이러한 공동체는 종교를 통하여서만 될 수 있는 것이며, 최후에 종교가 공적으로 되기 위하여 신의 나라는 교회라는 감성적인 형식을 통하여 이루어진다. 그러므로 결국 인류의 보편적 목적은 최고의 도덕적 완전성이다.[366] 풍부한 운명의 실현, 인간본성의 최고 가능한 완전성, 이것이 지상의 신국이다. 그러나 이것의 실현은 아직 요원하며, 수세기 지나서야 비로소 실현될 수 있을 것[367]이라는 것이 칸트의 예견이었다. 여기서 우리는 다시 예지의 세계에로 나아가는 칸트철학의 특징을 보게 되는 것이다.

제5장 | 결 론

칸트는 이론적 입장에서 세 가지 신존재 증명을 일일이 검토한 결과, 사변적 신학은 성립될 수 없으며 오직 도덕신학만이 가능함을 주장한다. 그렇다고 해서 이 세 가지 증명 모두가 전적으로 무의미하다는 것은 아니다. 세 가지 신존재 증명에 대한 칸트의 비판적 결론은 이 증명들 모두가 존재론적 증명으로 환원된다는 것이며, 자연신학적 증명 역시 경의를 표시할만한 가치가 있는 바, 세계창조자를 상정함으로써 도덕과 종교에 한층 접근한 것으로 보고 있다. 따라서 실재적 존재자(ens realissimum), 근원적 존재자(ens originarium), 완전한 존재자(ens perfectissimum), 창조자 등 신의 본질을 제시하는 종래의 사변신학은 도덕신학이 신인동형론에 빠질 위험을 방지하는 커다란 효과 뿐만 아니라 이러한 이념들로부터 도덕신앙의 대상을 도출해 내는 역할을 한다. 그러므로 사변신학은 도덕신학을 위한 예비학(입문학)으로서 가치가 있다는 소론이다.

『순수이성비판』에서 사변신학을 비판한 칸트는 『도덕형이상학원론』에서 '자유'를 요청하고, 『순수이성비판』에서 '영혼불멸'과 '신의 존재'를 순수실천이성을 통하여 요청함으로써 도덕신학을 본격적으로 정초하려 한다. 특히 '자유'는 도덕률의 존재근거이며 도덕률은 자유의 인식근거라는 것이 칸트의 주장이다. 만일 일체가 스피노자의 주장대로 필연이라면 인간의 도덕이 구출될 수 없다는 것이다. 그러면 인간의 자유는 어디에서 확보될 수 있는가? 그것은 자연계는 필연의 법칙에 종속되어 있는 현상에 불과하다고 봄으로써만 가능하다. 자연의 기계적 인과성만이 존재하게 되면 자유와 더불어 도덕은 자연의 기계성을 위하여 자리를 내어 주어야 하므로 자연계 이외의 다른 세계가 상정되어야 한다. 칸트는 그 세계를 가상계 혹은 예지계로 본다.

따라서 칸트는 '최고선'을 최상선과 완전선으로 구분하는데 최상선은 덕과 의지의 일치상태를 의미하며, 완전선은 덕과 행복의 조화된 상태를 의미한다. 덕과 의지가 일치하려면 인간의 재세기간 가지고는 시간이 부족할 뿐만 아니라 불가능한 일이므로 영혼이 불멸하지 않으면 안된다. 덕과 행복이 일치되는 것은 더욱 어려운 일이다. 여기에는 전능한 조력자가 요청되는데 바로 그 조력자가 신이라는 것이다. 물론 이 신은 『순수이성비판』의 변증론 중 '제4이율배반' 논의에서 필연적 존재자로 상정된 바 있는 보다 구체적인 표현이라고 하겠다. 그러나 제1, 제2 『비판서』보다 훨씬 심도있는 신 존재 논의는 그의 『종교론』과 『철학적신학강의』의 제2부 (도덕신학)에서 이루어진다고 보아야 할 것이다. 『종교론』에서 칸트는 인간의 '근본악'을 논함으로써 인간이 신의 은총을 요구하지 않을 수 없는 유한한 존재임을 강하게 부각시키고 있다. 다시 말해서 칸트는 '근본적' 사상을 통하여 유한한 도덕적 인격과 무한한 신의 존재 사이의 필연적 관계를 연결시키고 있다. 단, 이 '근본악'은 그리스도교에서 주장하는 '원죄'의 철학적 각색처럼 보이지만 그것과는 성질이 다름에 유의해야 한다. 그리스도교의 '원죄'는 인간의 전적인 타락(전적인 부패)을 의미하는데 비하여, 칸트가 주장하는 '근본악'은 사탄에 의해 심어진 인간의 '악랄성'이다. 그러므로 '근본악'을 지닌 인간은 공로 없이 구세주에 의해 주어지는 전적인 구원이 아니라 인간의지에 의해 도덕적 노력을 통한 완전에의 도전이 요구된다는 것이다.

그렇다면 칸트가 요청한 신은 어떠한 속성을 지니고 있다는 것인가? 칸트는 신의 속성을 두 가지로 보는 것 같다. 자연적 속성과 도덕적 속성이 그것이다. 전지, 전능, 편재 등은 전자에 속하며, 입법자, 통치 및 유지자, 정의로운 심판자 등 그의 신관은 도덕적 속성에 속한다. 특히 도덕적 속성을 지닌 신을 논함에 있어서는 그리스도교의 전통적인 삼위일체 교의를 채용한 점과 몽떼스뀌(C. Montesquieu, 1689～1755)의 삼권분립 이론을 원용한 점이 두드러진 특징이라 하겠다. 따라서 신의 인과성 논의에서는 세계의 원인으로서의 신, 세계창조자로서의 신, 세계통치자로서의 신의 순으로 신의 개념을 발전시키고 있음을 볼 수 있다. 특히 도덕원리에 일치하는 세계에 대한 신의 통치는 만일 신의 통치가 없다면 모든 도덕이 붕괴하고 말 것이라는 가정이 기저를 이루고 있다고 생각된다.

사변신학을 지양하고 도덕신학으로 이행하는 칸트의 모든 시도는 궁극적으로 이론과 지식을 지양하고 실천과 신앙을 목표로 하고 있다. 이론(theoria)에 대한 실천(praxis)의 우위, 그 우위의 근거를 제시하는 것이 칸트의 근본의도였던 것이다. 칸트는 이미 『순수이성비판』의 <방법론>의 <순수이성의 규준>에서 '정견'을 논하는 가운데 이와 관련한 사견, 지식, 신앙을 설명함으로써 올바른 인식과 실천적 태도를 제시해 주고 있다. 따라서 '신앙'과 관련하여 삼종의 신앙, 즉 실용적 신앙, 이설적 신앙 그리고 '도덕적 신앙'을 열거하여, 도덕적 신앙의 성격이 어떠한 것인가를 제시한다. 도덕적 신앙은 어떠한 경우에도 도덕률을 정언명법으로 준수하며, 신과 내세가 존재한다는 확신으로서 그 특징은 광신이나 환상, 미신이 아닌 이성신앙인 것이다. 그리고 이 신앙은 우선 개인적 도덕적 진보를 필연적으로 요구한다. 그리고 이 신앙은 순수 종교신앙으로서 부역적, 역사적, 교회적 신앙과는 크게 다른 것이다. 그런데 칸트는 비순수 종교신앙으로서는 유태교를, 순수 종교신앙의 가능성으로는 그리스도교를 예로 들고 있다.

한편 이러한 칸트의 도덕신앙은 언뜻 보기에 개인적 도덕의 향상만을 도모하는 것처럼 보이며, 그의 『종교론』 후반부를 제외한 거의 모든 저작은 개인의 덕성 함양만을 강조하고 있는 것처럼 오해되기 쉽다. 그러나 그의 『종교론』 후반부와 『영구평화론』은 이 지상이 신국 또는 목적의 왕국이 되어야 할 당위성을 충분히 제시하고 있다. 다시 말해서 칸트는 최근 논의되고 있는 '사회윤리'의 확립을 이미 제시하고 있는 셈이다. 이것이 곧 그가 주장한 윤리적 공동체(도덕적 공동체) 사상이다. 이 공동체는 정치적-법률적 공동체가 아닌 윤리적-시민적 사회로서 선의 원리를 결합의 원리로 하는 덕의 왕국인 것이다. 인류에게는 공동의 최고선을 실현하여야 할 공동목적이 부과되어 있는바, 개인의 도덕적 완성만으로는 이것이 실현될 수 없고 선한 심성을 지닌 사람들의 조직을 필요로 한다는 것이다. 근본악 역시 개인의 힘만으로는 극복할 수 없기 때문에 공동체를 형성하여 공동대처해야 한다는 것이 칸트의 지론이다. 그런데 이러한 공동체는 불가피하게 교회적 형식을 필요로 한다는 것이다. 진정한 교회는 모든 종교의 본질이 규정하는대로 인간의 모든 의무를 신의 명령으로 지각하여 수행하는 것 외의 다른 것이 아니다. 그러므로 칸트의 철학체계 안에서는 도덕률이 '하지 않으면 안된다(sollen)'고 무제약적으로 명령하기 때문에 '할 수 있어야만 한다(können)'고 생각하는 선한 도덕적 양심만이 인간을 신과 교제하게 하여 준다는 것이다.

이와 같은 일련의 도덕신학 논의 중 특기할 만한 것은 첫째, 보편적 합리주의적 이성종교만을 추구한 나머지 특수한 현실적·역사적 종교는 비합리적이며 불완전한 미신일 뿐이라고 하여 무시하거나 거부했던 당시의 반종교적 이성론자들과는 달리 칸트는 현실적·역사적 종교안에서 실천이성의 진리를 발견하고 그것을 발전시키려고 노력하였다는 점에서 그의 철학사적 업적을 찾을 수 있다. 그러나 동시에 여러 가지 역사적 종교들 가운데 특히 그리스도교를 유일한 도덕적 종교로 간주한 것은 지나친 편견처럼 보이기도 한다. 둘째, 칸트의 도덕신학을 근본적으로 가능케 한 서양종교의 근간을 이루고 있는 성서가 신의 존재를 증명하려는 시도조차 하지 않고 있다는 사실은 경이가 아닐 수 없다. 성서는 신의 존재를 증명하기는 커녕 오히려 그의 실재를 당연한 것으로 받아 들인다. 즉 신의 존재는 성서에 있어서 전제된 결론인 것이다. 신은 논리적으로 유추된 존재가가 아니라 실제로 경험할 수 있는 실재인 것이다.

이러한 바탕에 근거해서인지 칸트는 그의 『유작』(*opus Postumum*)에서는 신을 내재적 존재라로 서술하고 있음을 볼 수 있다. 『유작』에서 칸트는 신 자신을 단지 초주체적 존재로서의 이념이 아니라 인간의 영속의 내재자라는 것이다.

> 신은 나의 밖의 존재가가 아니라 내 속의 사상이다. 신은 도덕적으로 실천적인 자기입법적 이성이다. 그러므로 단 한분의 신이 내 안에, 내 주위에, 내 위에 계신다.[368)]

이러한 신은 명백히 성서에 나타난 사도 바울(St. Paul)의 신관과 동일한 것이며, 일찍이 '내적 심정의 변화'를 강조하는 독일의 경건주의(Pietismus)의 환경에서 성장한 칸트의 신앙의 면모가 암암리에 나타나 있는 것이다. 셋째, 칸트가 인식론적 주관주의를 통하여 이룩하려 한 철학적 전회는, 무한자적 입장의 철학을 유한자적 입장, 즉 인간적 입장으로 전환한 점이다. 이 점은 칸트가 철학사에 남긴 불후의 공적이라고 하지 않을 수 없다.

이상 전술한 대로 칸트의 종교철학 및 신학사상은 뚜렷한 주장과 많은 공헌에도 불구하고 한계점을 노정시킨 것도 사실이다. 끝으로 몇가지 한계점을 살펴보도록 하자. 첫째, 마틴 부버(Martin Buber, 1878～1965)는 칸트철학에는 신에 대한 사랑이 결여되어 있음을 지적하고 있다. 마틴 부버는 "칸트에게는 파스칼에 있어서, 그리고 아브라함에 있어서 결정적인 것, 즉 신의 사랑이 결여되어 있다"[369)]고 말한다. 칸트의 이성신앙은 도덕적 실천과 관련된 신의 존재를 인정하지 않을 수 없는 필연성을 이해하고 있을 뿐 윤리적 영역을 초월한 곳에서 신의 사랑을 체험하는 신과 인간사이의 인격적인 관계의 신비는 없어 보인다. 마틴 부버는 또 칸트가 신을 단순한 이념으로 환원하였다고 비판하면서 "사람은 신을 사랑할 때 비로소 이념을 넘는 신의 현실성을 알게 되는 것"[370]이라고 주장한다. 둘째, 칸트에 있어서 그리스도 계시는 단지 우리 안에 있는 선의 이념 또는 도덕적 인격의 이념의 현상적 도식으로서 모방을 위한 원형으로서만 타당한 나머지 그리스도에 대한 신앙은 그리스도의 역사적 인격 안에서 신의 사랑과 관계하는 역사적 개인의 사랑의 관계가 아니라 도덕률의 무제약적 명령 앞에서 자기 속에 내재하는 선의 이념을 실현하여 나아가는 이성적 인격존재를 위한 지도이념 또는 현상적 도식이며 원형일 뿐이다. 그러므로 그리스도 계시는 결국 인간을 신과의 인격적 관계로 인도하여 주는 것이 아니라 인간의 이성안에 내재하는 완전한 도덕적 인격의 이념으로 인도할 뿐이다.[371] 셋째, 칸트는 종교에 있어서 감정의 역할을 무시하고, 종교적 실천에 있어서 제사와 예배의 기능을 과소평가하고 있다. 종교철학의 영향을 칸트에게서 크게 물려받은 오토(R. Otto, 1869~1937)는 칸트가 '성(das Heilige)'의 개념 안에 있는 '비합리적인 것'을 간과하여 합리적 요소와 도덕적 요소에 환원시킴으로써 이 개념을 약화시키고 있다는 것을 지적하고 있다.[372] 따라서 현실적·역사적 종교의 표현이나 진술을 보편타당한 이성신앙의 내용으로 환원하려 하고, 이성신앙의 해석학적 원리에 들어맞지 않는 부분은 비이성적이라고 하여 단호히 거부하려는 칸트의 입장은 이성의 한계에서 비로소 가능해지는 종교의 여러가지 원리를 이성의 한계 안에 가두어 버리는 결과를 초래하고 만다.[373] 칸트의 이러한 주장은 이성 자신의 한계의 의식과 이성의 한계를 넘는 신비에 대한 의식에 도달하기는 하였으나, 이성의 한계를 극복할 수 있게 하여 주는 실존의 정열은 갖고 있지 않다.[374] 신앙의 대상이 합리적일 수 없다는 사실에 대한 신학자들의 자인은 일찍이 교부신학자였던 터툴리아누스(C. Tertullianus, 155~222)의 유명한 "불합리하기 때문에 나는 믿는다(Credo quia absur dum)"는 명제 속에 뚜렷이 반영되었던 것이며, 현대의 실존주의철학자 키어케고아(S. A. Kierkegaard, 1813~1855)에 이르러 "신앙은 이성을 십자가에 못 박는 것(crucifixion of reason on the tree of faith)"[375]이라는 명제 속에 결정되어 있다. 제임스 (W. James, 1842~1910)는 그의 저서 『종교경험의 제 양상』(*The Varieties of Religious Experience*)에서 신비주의자들의 경험의 밑바닥에 자리잡고 있는 여러 가지 보고들에 대하여 동정적으로 토론하고 있으며,[376] 틸리히(P. Tillich, 1886~1965)는 신비주의에 대한 철학적 의미를 고찰하면서 이른바 존재론적 철학은 신비주의와 밀접하게 연결되어 있다고 보았다.[377] 넷째, 대부분의 종교는 이른바 기복적, 구도적, 개벽적 요소를 지니고 있다. 만일 기복적인 요소와 개벽적 요소를 배제하고 구도적인 요소만을 강조한다면 진정한 종교라고 보기 어려울 것이다. 칸트의 이성신앙은 지나치게 도덕에 기초하고 있고 또 도덕을 지향하고 있기 때문에 도덕적인 태도로 자기를 결단하는 사람들에 대해서만 자명한 것으로 설득력을 갖는 한계점이 있다고 본다. 도덕률이 그 자체로서 무제약적 엄숙성을 지닌다는 칸트의 주장은 도덕적인 삶에로 자기를 결단하는 도덕적 인격의 진지한 고백일 수는 있어도, 그것을 모든 시대, 모든 사람에게 적용하기에는 그 근거가 불충분하다고 생각된다.[378]

실제로 우리가 종교를 이해한다고 주장하려면 다음과 같은 세 단계를 거쳐야 할 것이다. (1) 종교의 기본교리, 의례, 상징, 언어 등을 지적으로 이해하는 철학적 이해의 단계; (2) 종교의 기본교리, 의례, 상징, 언어 등을 직접 관찰해야 하는 신학적 배움의 단계; (3) 종교를 직접적으로 체험하는 종교적 배움의 단계[379]가 그것이다.

체험이 없는 신앙은 진정한 믿음이라고 보기 어려운 것이다. 신학 없는 신앙, 신앙 없는 신학은 파행적이라고 할 수밖에 없다. 그런데 종교의 모든 신비적 요소를 완전 배제하는 칸트의 태도는 정작 (3)의 단계에 까지는 이르지 못한 것이 아닌가 하는 의구심을 갖게 한다.

부 록

1. 칸트철학에 있어서 근본악의 문제

Ⅰ. 서 언

악의 문제는 인간이 이 지구상에 출현한 후 아무도 예외 없이 당면하는 절실한 문제라고 생각된다. 그렇기 때문에 인류가 악의 정체해명과 그 해결에 온갖 예지와 능력을 기울여온 것도 사실이다. 물론 악의 존재, 즉 악이 있다는 것을 거부한 사람들도 없는 것은 아니다. 그러나 이 세계에 악이 존재한다는 것은 너무나 명백한 사실이며 그것은 우리의 일상체험이기도 하다. 악의 사실성에 대하여 아우구스티누스(Augustinus, 354~430)는 특유의 논리를 전개한다.

> 그러면 악의 소재는 어디이며 그 기원은 무엇이냐? 또 어떻게 해서 이 세상에 스며든 것이냐? 그것을 자라게 한 뿌리와 종자는 어떤 것이냐? 본디 아주 없는 것이냐? 없는 것이라면 그 없는 것을 왜 두려워하며 경계하는 것이냐? 만일 우리의 두려움이 근거없는(unfounded) 것이라면 그것이 악 자체로구나. 까닭없이 마음이 찔리고 괴로우니 말이다. 그런즉, 악이 존재하기 때문에 그것을 두려워하든지 그 두려움 자체가 악이든지 둘 중의 하나이다.[1)]

고대로부터 많은 사람들이 악의 문제를 풀어보려고 애를 써왔다. 모든 선은 선의 첫 원천인 최고선(summum bonum)에서 유래하고, 모든 악은 악의 첫 근원인 최고악(summum malum)에서 유래되는 것으로 생각했다. 페르시아(Persia) 지방에서는 선의 근원으로서 오르무즈드(Ormuzd)를, 악의 원천으로서는 아리만(Ahriman)을 인정한 것이다. 그리스도교가 서구에 전파된 후에도 이러한 설은 서구에 계승되어온 셈이다. 이렇게 볼 때 서구사상사에 있어서 악의 문제는 주로 그리스도교적인 입장에서 논의되어 왔다고 할 수 있다. 지식의 나무 [선악과 나무]에 관한 신화가 그리스도교적 서양의 윤리적 전통의 거점이 되어온 것이다. 그렇지만 대부분의 철학자들이 인간의 주체적 상황에서 떠나 악을 객관화하여 사변적·형이상학적으로 다루다가 결국은 그것을 불철저한 타협적·위무적 이론으로 유화해 버리거나 전체적 관조에 있어서 합리화해 버렸던 것도 또한 사실이다.

이에 대하여 유독 칸트(1724～1804)만이 문제를 주체내부로 깊이 파고들어가 마침내 인간성의 밑바닥에서 근본악(das radikale Böse)을 찾고 또 그것과 성실하고도 과감한 대결을 했다는 것은 칸트가 다른 어느 철학자보다도 인간성의 본질을 옳게, 그리고 깊게 파악한 결과라고 해도 과언이 아닐 것이다. 칸트가 파악한 근본악은 인간 자아 속의 하나의 가시[刺]로서 그 속에 어떠한 안일도 허용하지 않을 뿐만 아니라 자아를 상실함이 없도록 그의 근원으로 되돌려 보내는 요소이며, 모든 윤리적 활동을 그의 주체와 본질에서부터 반성하고 비판할 수 있는 기반을 마련해 주는 계기가 되고, 또 행위하면서 제 자신을 깨

닿을 수 있는 인간의 존재의식에로 향하는 가장 깊은 출발점에 부딪치게 하는 기반[2]인 것이다.

이와 같이 칸트의 제1의도는 인식론의 정립에 있다기보다는 오히려 인식론을 통하여 도덕과 신앙의 본연의 위치를 회복하려는 데에 있었다고 보여진다. 이성비판의 진정한 의도는 이론이성의 범위를 제한하고 실천이성의 우위성을 보여주는 데에 있었던 것이다. "그러므로 나는 신앙에 자리를 내주기 위하여 지식을 지양할 수밖에 없었다"[3]고 한 그의 말이 그것을 입증하고도 남음이 있다. 그럼에도 불구하고 칸트가 그의 『다만 이성의 한계 안에서의 종교』(*Die Religion innerhalb der Grenzen der blossen Vernuft*, 1793)에서 논하고 있는 근본악의 문제는 그의 철학적 사색에 있어서 가장 본질적인 수수께끼의 하나로서 불가해한 것으로 남아 있다. 그가 말하고 있는 근본악은 그 소종래가 애매함은 물론, 또 악으로부터 선으로 옮겨갈 수 있다고 하고 이른바 '심술의 혁명'(Revolution im der Gesinnung im Menschen)[4]의 가능성도 난해한 것이다. 이러한 연유에서인지는 확실하지 않으나 『실천이성 비판』(*Kritik der praktischen Vernunft,* 1788)을 중심으로 한 그의 도덕철학에서는 그 내용이 거의 선의지의 근거를 규정하고 있지 악의 문제는 심각하게 다루지 않고 있다. 아울러 칸트연구가들도 선에 관한 문제는 많이 고찰한 흔적이 있지만 악에 대한 그들의 논고는 거기에 미치지 못함을 알 수 있다. 이것은 칸트의 악에 관한 논의가 그의 윤리학에서 이단자 취급을 받고 있기 때문은 아니다. 사실 칸트의 근본악은 그의 도덕원리론의 사색과 늘 결부되어 있었던 것이다.

이러한 점을 고려하여 필자는 본 소고를 통하여, 흔히 간과하기 쉽고 또 이미 간과해왔다고 해도 과언이 아닌 악의 문제, 그 가운데서도 특히 칸트의 근본악의 문제를 서술하고자 한다. 본 논문의 전거로는 주로 그의 『다만 이성의 한계 안에서의 종교』 *Die Religion innerhalb der Grenzen der blossen Vernunft* (Hamburg: Verlag von Felix Meiner, 1956)를 중심으로 하였으며, 근본악의 개념파악과 그것의 극복가능성을 탐구해보려는 것이 필자의 의도이다.

Ⅱ. 자유와 악의 문제

칸트철학의 중핵은 한 마디로 '이성의 자율'에 있다고 할 것이다. 만약 기계적·필연적으로 피제약적인 인과밖에 없고 그 이상의 초감각적인 자유의 세계가 가능하지 않다면 칸트가 말하는 도덕은 성립할 수 없을 것이다. 도덕적 요구가 있고 또 주체내에 도덕법이 엄연히 현존하고 있는 이상, 자유를 인정하지 않을 수 없기 때문에 칸트는 도덕법을 자유의 인식근거(ratio cognoscendi), 자유를 도덕법의 존재근거(ratio essendi)[5]라고 했을 것이다.

이와 같이 칸트의 도덕론에서는 자유가 도덕을 성립시키는 근본조건으로서 도덕을 원리적으로 가능케 하는 최상의 근거가 된다. 말하자면 칸트는 도덕법과 자유와의 관계를 불가분적인 것으로 생각한 것이다. 이렇게 본다면 자율이란 의지의 주체가 도덕법 그 자체를 의욕하는 상태이며 인간에게서 이러한 상태를 상정하지 않으면 사실상 무상명령(der kategorischer Imperativ)에 의하여 성립되는 도덕은 없을 것이다. 그러나 무제약적인 도덕법 그 자체를 의욕하는 상태란 현상계나 자연적인 세계에는 있을 수 없다. 왜냐하면 여기서는 모든 것이 제약되기 때문이다. 따라서 인간에게 자율이 가능하다고 하면 그것은 현상계를 초월한 곳에서라야 한다. 여기에서 우리는 의지의 자율의 해명을 위한 열쇠[6])로서 자유의 개념이 철저히 도덕원리의 근저에 깔려있음을 발견하게 되며, 자유와 도덕법의 불가분적 관련성을 보게 된다.

아무튼 의지의 자유를 통해 무상명령으로서 주어지는 도덕법을 의무감을 가지고 필연적으로 따라야만 한다는 칸트의 주장 속에서 우리는 그의 도덕법에 대한 깊은 존경과 보편타당한 도덕의 원리를 확립하여 인간의 도덕적 완전성에로의 길을 확립하려는 그의 집념을 본다. 그러나 우리는 또한 그의 주장 속에서 의지와 의지능력의 이중성이 도덕의 원리가 독자적으로 고유하게 성립할 수 있는 길을 부단히 좌절시키고 있다는 것도 발견한다. 곧 의지능력은 반드시 순수의지의 지배하에만 있는 것이 아니라 오히려 자발적으로 감성적 충동을 따르기도 하기 때문에 아무리 당위로서 도덕법이 우리에게 주어지고 또한 그것이 순수의식의 사실이라고 하여도 현실적으로 그것이 드러날 수 있는 가능성엔 사실상 아무런 진전도 보장해 주지 않는다. 여기에 칸트의 도덕원리에 대한 일종의 불안이 불가피하게 드리워지기도 한다.

그런데 도덕문제와 관련하여 자유를 문제 삼을 때 일단, 어느 사람이나 자기에게 자유가 있다고 생각하는 그러한 자유의 이념을 생각해 본다면, 그 자유는 선으로도 악으로도 모두 향할 수 있는 자발성(Spontaneität)으로서의 자유로 볼 수 있겠다. 이러한 한 자유는 외적 규정원인에서 독립하여 작용하고 있다는 소극적 측면만을 갖는다. 그러나 칸트에 있어, 자연·필연성이 지배하는 감성계뿐만 아니라 예지계에도 관여해 있는 인간은 이러한 소극적 의미의 자유를 예지계에서의 원인성으로서 채용함과 동시에 그것을 소극적 의미로 확장하여 오히려 스스로에게 자율적인 의지규정근거로서 작용하는 법칙으로 산출시킨다. 그리하여 칸트는 의지를 갖고 있는 모든 이성존재자는 필연적으로 자유의 이념을 갖고 있으며 이 자유의 이념하에서만 행위한다[7]고 말한다.

칸트가 "선의 소질이 내포하고 있는 동기를 자기의 격률(Maxime)속에 받아들이든가 받아들이지 않든가에 따라(이것은 전적으로 자유의지에 맡겨지지 않으면 안된다) 자기를 선하게 하든가 악하게 하든가 한다"[8]고 말한 것은 바로 이성존재자인 인간은 자유의 이념을 가지고 있음을 의미한다. 그러므로 악에의 성벽(Hang zum Bösen)의 경우 그것은 '모든 행위에 선행하는 자유의지의 주관적 규정근거'[9]로서 자연소질에 의한 필연적인 것이 아니라 인간에게 책임이 있는 것으로서 자유의 발동의 형이상학적인 이성의 본원성에 근거한 것이라고 하겠다. 이러한 관점에서 칸트는 악에의 성벽을 '본원적 죄'(peccatum originarium)[10]라고 하였을 것이다. 아무튼 이 본원적 죄는 인간의 성질의 뿌리에 놓여 있고 인간의 본성속으로 흘러들어온 점에서 근본적인 것이며 또한 이것은 시간속의 모든 인간의 자유로운 행동의 근저에 놓여 있어 모든 인간의 의지작용일반을 좌우하기 때문에 그것은 인간능력으로 풀 수 없는 그야말로 본질적으로 자유에 속해 있는 것이라고 말할 수 있을 것이다.

따라서 칸트는 악이라는 용어와 더불어 죄라는 말도 거의 같은 의미로 사용하고 있음을 볼 수 있다.[11] 전술한 '본원적 죄'(peccatum originarium)와 '파생적 죄'(peccatum derivativum)가 그것이다. 전자는 예지적 행위로서 시간적 제약없이 다만 이성에 의해서만 인식될 수 있는 것임에 비해 후자는 감성적 행위이기 때문에 경험적이요 시간안에 주어지는 현상적 사실(factum phaenomenon)로 보고 있다. 따라서 파생적 죄는 회피할 수 있는 것이지만 본원적 죄는 생득적인 것으로서 근절될 수 없다[12]는 것이다. 바로 여기에서 칸트의 근본악과 그리스도교의 원죄와의 접근을 볼 수 있다. 그렇지만 이 양자간에는 차이가 엄존한다. 칸트는 다음과 같이 성서에 나타난 원죄를 비판하고 있는 것이다.

> 성서에 의하면 악은 밑바닥에 깔려있는 악에로의 성벽에서 시발하지 않는다. 그 이유는 만약 악의 성벽에서 시발한다면 이 악의 시작은 자유에서 발단하는 것이 아니라 죄(이것은 신의 계명으로서 도덕법의 위법으로 이해된다)로부터 발단하는 것이기 때문이다.[13]

이것은 칸트가 최초의 인간의 타락을 이미 타고난 본성의 악질성에서 결과한 것으로 생각한 것으로 볼 수 있다. 그런데 칸트에 의하면 이 본원적 죄는 자유의지를 본질로 하고 있고 그러기에 또 책임이 수반됨을 말하고 있다.

그러므로 자연적 소질(Naturanlage)로서가 아니라 인간에게 책임이 돌아가는 그 무엇으로 관찰된다. 따라서 이 성벽은 의지의 불법적인 격률에서 존립함에 틀림없다. 그러나 이 의지의 격률은 자유이기 때문에 그 자체로서는 우연적인 것으로 여겨진다. … 이런 까닭에 우리는 이러한 가장 높은 주관적 근거를 악에로의 자연적 성벽(natürlicher Hang zum Bösen)이라고 부를 수 있을 것이다. 그러나 항상 책임을 져야하는 것이어서 우리는 그것 자체를 인간의 본성속에 있는 근본악 내지는 생득적 악(그럼에도 불구하고 우리 자신이 유발시킨 것)이라고 부를 수 있을 것이다.[14)]

칸트가 악에의 성벽을 생득적이라든지 혹은 본성으로부터 악하다고 할 때 그것은 결코 정신·육체적 소질이나 심리·생리적 유전질을 의미하는 것이 아니다. 왜냐하면 만일 그렇다면 자연소질(Naturanlage)로서의 성벽에 의한 악은 인간의 자유의지와는 아무런 상관이 없는 것으로서 그것은 행위의 주체인 인간자신에게 책임이 있는 도덕적 악이라기 보다는 차라리 자연적 화악이라고 해야 할 것이기 때문이다. 그러므로 악에의 성벽은 어디까지나 인간의 선험적(a priori) 자유의 발동에 근거를 두고 있는 것이요 그것은 인간에게 있어서는 어디까지나 우연적인 것이지 자연·필연적인 것은 아니다. 따라서 그것은 인간에게 그 책임이 있는 실천적 자유의 소업인 것이다.

이렇듯 악에의 성벽은 자유의지의 성질이며 인간의 심술에 본성상 속해 있는 것이기 때문에 칸트는 그것은 '인간심술의 부패'(die Verderbtheit des menschlichen Herzens)[15)]라 했고, 또 도덕법을 의식하면서도 그의 격률에 있어서 도덕법에 위반되기 때문에 '인간심술의 전도'(die Verkehrtheit des menschlichen Herzens)[16]라고 했으며, 도덕법 아래 여타 일체의 격률을 수용시키는 것이 아니라 오히려 정반대로 어떤 경험적 동기에 근거한 격률을 최상 격률로 하고 그 아래 도덕법을 종속시키는 것이 되기 때문에 '도덕적 질서의 전도'(Umkehrung der sittlichen Ordnung)[17]라고 하였다.

결국 칸트는 "자연의 역사는 선에서 시작한다, 이 역사는 신의 업이기 때문에. 자유의 역사는 악에서 시작한다, 이 역사는 인간의 업이기 때문에"[18]라고 말함으로써 자연의 필연에서부터 자유에의 초출(超出)에 있어서의 인간의 개안이 곧 악에의 시발임을 예리하게 간파하고 있다. 인간은 자유에 있어서 필연의 자연으로부터 개안하여 역사에로 초출함으로써 역사의 주체가 되지만 그와 같은 자유의 역사의 시발은 곧 악의 시발이기도 하다는 사실을 그는 인정하였던 것이다. 다시 말해서 인간의 자유가 곧 악과 직결되어 있으며, 선에의 자유와 악에의 자유가 동근적이라는 자유의 심각한 역설적 위국과 부딪치게 되었던 것이다.[19]

Ⅲ. 근본악의 개념

브룬너(Emil Brunner, 1899～1966)[20]는 칸트가 밝혀보려고 노력한 악에 대하여 그의 의견을 다음과 같이 피력하고 있다.

관념론적 사상가 중에서 칸트 한 사람만이, 아니 현대의 위대한 사상가들 중에서 유독 칸트만이 악을 선의 법칙에 대한 의지의 적극적 반응으로 깨달았으며 또 그것을 인정하였다. 그는 매우 예리하게 그의 시대의 그릇된 이해에 반대되는 입장을 표명하고, 악은 감성도 아니고 태만도 아니며 자연 그대로의 자연도 아니고, 인격적 사실이며 인격의 핵심 즉 인간 이성에 있어서의 사건이라고 한다[21)]

악에 대한 칸트의 공식적 규정을 이해하기 위해서는 먼저 다음과 같은 전제가 필요하리라고 생각된다. 즉 인간은 두 가지 동기를 가지고 있다는 점이다. 하나는 이성적 근원 - 칸트는 이것을 '가상적'이라고 부른다 - 에서 유래하는 것으로서 이것이 동기가 될 때에는 그는 법칙을 따름으로써 만일 어떤 다른 동기가 반대작용만 하지 않는다면 인간은 아무런 심적 갈등없이 도덕적으로 선하게 될 것이라는 사실과, 다른 하나는 심리학적으로 인식할 수 있는 자연존재로서의 그의 시간적 근원에서 유래하는 것으로서, 이것이 동기가 될 때에는 그는 자기의 애착이나 정열에 따르게 되고 이 세상에서의 자기의 행복을 바라게 됨으로써 만일 이성적 동기만 작용하지 않는다면 마치 동물들처럼 갈등없이 자연적 동기에 좇아서 악을 모르게 될 것이라는 사실이다.[22)] 전자의 경우 인간은 한 쪽의 동기에 의해서는 선, 다른 한 쪽의 동기에 의해서는 악이어서 결국 동시에 선하기도 하고 악하기도 한 셈이 될 것이다. 그러나 이러한 모순을 내포한 동시존재는 불가능하다고 볼 수밖에 없다. 왜냐하면 인간은 선하든가 악하든가 하는 이자택일인 물음 앞에 직면하고 있기 때문이다. 따라서 선악이란 동기의 차이에 달려있는 것이 아니라 이 두 동기가 서로 어떠한 예속관계에 있는

가에 달려 있는 것이다.[23)]

법칙의 준수를 행복에 대한 욕망의 동기충족 조건으로 삼는 의지는 선이다. 그러나 만일 의지가 자기의 행복에 대한 욕망을 만족시키는 것을 법칙준수의 조건으로 삼는다면 그러한 의지는 악이 된다. 특히 이러한 경우는 제약관계의 도착을 행하고 있는 것이다. 칸트는 이 제약관계의 도착을 악에로의 성벽(Hang zum Bösen)이라고 본 것이다. 이 성벽은 우리의 경험적 본성의 소질(자연적 소질)이 아니라 가상적 본성의 소질(이성적 소질)인 것이다. 이것은 비록 경험적인 성질은 아닐지라도 인간의 자유의 본성에 속하는 것이다.[24)] 그러므로 칸트는 악의 근거로 단순한 경향성에 의한 의지의 타율적 규정에서가 아니라 의지의 주체내로 향해서 자유의지의 자유행사 자체에서 구하고 있다. 우리가 어떤 사람을 악하다고 일컫는 경우 그가 악행(반법칙적 행위)을 하고 있기 때문이 아니다. 이와 같은 행위들이 그 사람 속에 있는 악한 격률에서 나온다고 볼 수 있기 때문에 그 사람을 악하다고 부른다. 사실 우리는 범법적인 행위들을 경험을 통해서 알 수 있으며 또한(적어도 행위자체에 있어서) 이 행위들이 의식적으로 범법적이라는 사실까지도 경험으로 알 수 있다. 그러나 우리는 모든 격률을 결코 관찰할 수는 없다. 심지어는 인간 자체 안에서도 결코 관찰할 수가 없는 것이다. 그러므로 어떤 범인이 악하다고 하는 판단을 경험에 기초할 수 없는 것이다. 우리가 어떤 인간을 악하다고 하려면 몇몇 행위들, 오히려 단 한 가지 의식적으로 악한 행위로부터 선험적(a priori)으로 이 행위의 근저에 놓여 있는 어떤 악한 격률을 추론할 수 있어야 할 것이며 또한 이 격률로부터 주체

내에 보편적으로 놓여 있는 모든 특수한 격률들의 근저에로(이 근저 자체가 또 다시 격률이다) 추론시킬 수 있어야 할 것이다.[25]

칸트는 자유의지가 선의 법칙, 즉 도덕법을 의식하면서도 오히려 부도덕적 동기에 중점을 두는 격률, 다시 말해서 악한 격률을 채용하는 도덕적 심술의 근저에 있어서의 부패와 도덕적 질서의 전도가 '모든 반법칙적 행위의 형식적 근거'(der formale Grund aller gesetzwidrigen Tat)[26]가 되는 악의 근원이며 그것이 적극적이고 의도적인 악에의 의지의 소업임을 밝히기 위해서 악에의 성벽과 관련하여 악을 세 단계로 구분하고 있다. 제1단계는 인간본성의 취약성(die Gebrechlichkeit der menschlichen Natur), 제2단계는 인간심술의 불순성(die Unlauterkeit des menschlichen Herzens), 그리고 제3단계는 인간심술의 악랄성 혹은 부패(die Bösartigkeit oder, die Verderbtheit des menschlichen Herzens)[27]가 그것이다. 첫째, 인간본성의 취약성은 인간마음의 연약성을 의미한다. 이것은 선, 즉 도덕법을 객관적으로는 자기의지의 격률속에 수용하면서도, 주관적으로는 정작 그것을 실천에 옮기지 못하는 것인바, 이것은 의지적 결의에 의한 악이라기 보다는 차라리 인간의 도덕적 취약성으로서 선에의 적극적인 무능력이라고 하겠다. 칸트에 의하면 "…마음으로는 선을 행하려고 하면서도 나에게는 그것을 실천할 힘이 없습니다. 나는 내가 해야 하겠다고 생각하는 선은 행하지 않고 해서는 안 되겠다고 생각하는 악을 행하고 있습니다"[28]라고 절규한 사도 바울(St. Paul)의 탄성은 바로 인간성의 이같은 도덕적 취약성을 말한 것으로 보고 있다. 그러나 이 단계에 있어서는 행위자의 악한 격률, 즉 동기의 도덕적 순서를 뒤바꾸려는 근본악의 술책 그 자체가 명백하게 보이지는 않는다. 아직 이 단계에서는 선한 격률로부터의 행위자의 탈선이 악한 격률의 긍정적인 채용으로까지 나아가지는 않는다. 그 점에서 이 단계의 심정은 순수하다고 보겠다. 둘째, 인간심술의 불순성은 경향성의 동기들과 의무의 동기들을 혼동하여 사실은 그렇지 않음에도 도덕법에 의해 자기의 의지작용이 유발되었다고 보는 자기기만의 단계이다. 여기에서도 악한 격률에로의 긍정적인 채용은 은폐된다. 즉 악한 격률이 진실로 도덕적 이성에 의해 유발되어진 선한 격률이라고 가면을 쓰는 단계이다. 칸트는 자기들 나름으로는 양심적이라는 사람들의 양심의 불순성을 다음과 같이 표현하고 있다.

> …이들이 법과 상의하지 않으며 적어도 법은 지상(至上)의 것으로서 타당성을 인정치 않는바 여러 행위들을 하는 중 다만 요행히 악한 결과만을 가져왔었을 경우, 그리하여 심지어는 이들은 그러한 과오 - 다른 사람이 과오에 붙들려 있는 것을 보는 바 - 에 대하여 죄책을 느끼지 않고 공로가 있다고 생각한다. 이들은 그러나 이것이 다만 행운의 공로가 아닌가를 알아보려고 하지도 않으며, 그들이 자기들의 내면에서 발견할 수 있고 사고방식에 따라서 동일한 악덕 - 무기력 · 기질 · 교육 · 시공의 환경(우리에게 책임이 돌아올 수 없는 것들만) - 이 그들 자신에 의해서 저질러지는 것이 아닌가를 알아보려고도 하지 않는다. 자기를 속이며 우리 안에 있는 순수한 도덕적 태도의 근거를 저해시키는 이러한 부정직성은 [그러므로] 외적으로 확장하여 남을 속이는 데에 이른다. 이것을 비록 사악이라고 부르지 않더라도 적어도 무용지물이라고 불리어질만은 하다.

그리고 이것은 인간 본성의 악속에 놓여 있다.[29]

결과적으로 인간의 마음의 불순성이란 격률이 객관적으로 볼 때 의도한 법 이행에 있어서 선하고 아마도 그것을 수행할 만한 능력을 충분히 지녔을지라도 순수하게 도덕적이 아니라는 사실에 있다. 불순성이 비록 선한 의도와 선한 격률하에 일어날지라도 비도덕적인 동기와 도덕적인 동기의 혼합에로의 성벽인 것이다.[30] 다시 말하면 이것은 의무와 자애(自愛)의 원리의 밀회에 의한 사생아적 도덕 내지 혼합의 윤리로서 격률이 도덕법을 준봉의 대상으로 삼고 있으며 또 이것을 실행할 수 있는 능력도 가지고 있으면서도 순수하게 도덕법만을 의지규정의 동기로 수용하는 것이 아니라 그 밖의 다른 동기를 받아들이는 경우를 말한다. 도덕법에 합치하는 합의무적인 행위가 순수하게 의무를 위한 의무에서 수행되는 것이 아니라 자애의 동기가 섞여 들어와 도덕적 심정을 불순하게 하고 혼탁하게 하는 것이다. 셋째, 인간심술의 악랄성 혹은 부패란 도덕법을 분명히 의식하고 있으면서도 도덕법에 배반되는 악한 격률을 채용하는 것으로서 도덕적 질서의 전도요 인간심술의 부패이다. 이것이야 말로 모든 악한 격률채용의 주관적 제1근거로서 근본악(das radikale Böse)인 것이다. 이것은 도덕법으로부터 나오는 동기보다 비도덕적인 동기를 더 좋아하는 의지의 격률에로의 성벽이다. 아직 법적으로는 선한 행위들이 있을 수 있으나 이미 그로 말미암아 사고방식이 그 뿌리에 있어서 도덕적 태도에 관한 한 부패했으며, 이런 까닭에 인간은 악하다고 말할 수 있는 단계이다.[31] 이 단계에서 악은 그것의 성격을 가장 잘 드러내 주고 있는 바, 칸트가 인간본성에 있어 근본악의 논제를 사용하기 위하여 적극적으로 채용되어진 악이 바로 이 단계의 악인 것이다. 좀 더 구체적으로 말하면 이 단계는 타인과의 비교에서 동등성의 가치를 얻으려는 경향으로서 여기에서는 남보다 뛰어나려는 부당한 욕심이 생겨 시기심과 경쟁심이 확장되고 마침내 지고악(至高惡, Maximum des Bösen)인 질투와 파렴치에까지 이르게 된다.[32] 이렇게 볼 때 근본악은 계획적인 것이고 또한 이성 그 자체에 상반하여 경향성의 동기에 호감을 두어 이성자체를 파괴하는 이성적 선택이기도 하다.

그러므로 칸트의 악의 구분을 종합해 보면, 선악의 적극적 대립 이전의 단계라고 할 수 있는 자유의지의 도덕적 무능력과 취약의 제1단계에서, 이미 단순한 도덕적 무능력이 아니고 심정의 의도적 자기불순화인 제2단계를 거쳐서, 도덕적 질서의 고의적 전도의 단계인 제3단계로 상승하는 것을 볼 수 있다. 이렇게 저차원의 악에서 고차원의 악으로 상승함에 따라 의지의 의식적·의도적 자기규정 역시 점점 적극성을 띠게 되며 의지 스스로가 져야할 책임성 역시 점차로 높아지는 것을 알 수 있다. 제1단계 및 제2단계에 있어서는 고의적이 아닌(unvorsätzlich) 과실(culpa)이지만 제3단계에 이르러서는 고의적인(vorsätzlich) 죄(Schuld, dolus)[33]요 적극적인 악이다. 이것은 도덕적 자각의 최고차원의 단계에 있어서 발생하는 악으로서 그것은 고차원의 책임이 따르게 되기 때문에 악의 심각성에서 보아도 과연 근본악이라고 하기에 충분하다고 보겠다. 그렇다고 해서 악의 성벽이 제3의 단계에 있어서만 돌연히 나타난다고 보아서는 안 된다. 왜냐하면 제1단계의 도덕적 취약에 있어서도 이미 깃들어 있고, 제2의 단계에 있어서도 어느 정도 의도적으로 나타났다가, 제3의 단계에 이르러서는 자유의지의 자유행사 그 자체에서의 부패로 드러나는 것이라고 보아야 할 것이기 때문이다.

이상의 관점에서 볼 때 칸트가 말하는 근본악이란 인간본성 속의 이성적 반대로의 끊임없는 욕구의 근거, 즉 인간으로 하여금 도덕법을 의식하면서도 무조건적으로 자유롭게 도덕법으로부터의 위배를 자기의 격률로 채용하게끔하는 인간의지의 궁극적 제1근거를 말하는 것으로 볼 수 있다. 그러나 위와 같은 사실이 인간이 본성적으로 선한지 아닌지 또는 참으로 우리가 그 가운데 하나에 속하는 것이라고 말할 수 있는지 없는지를 결정하지는 않는다. 다만 근본악은 도덕법을 통한 자율이 의지의 현실적인 실천 속에서 객관성을 갖기 어려울 수밖에 없다는 칸트 자신의 우려에 대한 인성론적 논거로서 상정된 듯하다. 이러한 한, 위에서 살펴본 근본악의 개념은 칸트에게 있어 논리적으로 증명될 수 없는 것이며 칸트 자신도 이것을 목표로 하지는 않았다고 보아진다. 다만 근본악에 대한 칸트의 논지에서 칸트가 시종일관 고수하고자 한 바는 인간심술 안의 근본악이라는 것이 부단히 인간으로 하여금 선의 자만을 갖지 못하게 한다는 점인 듯하다. 칸트는 인간으로 하여금 근본악을 철저히 자각케 하여 거기에서 벗어날 수 있도록 유도하고 있으며 근본악과 선의 원리와의 싸움이 종교생활을 형성한다고 보고 있는 것 같다. 그러므로 근본악은 우리의 도덕적 능력의 한계에 직면했을 때 우리의 존재의식을 전체적으로 산출하게 되며, 이 이성의 한계가 칸트에 있어서는 종교라고 일컬어 질 수 있음직

하다. 총체적인 이성적 활동이 부딪히는 모든 한계에서, 자립 자존하는 이성이 있는 그런 곳이 바로 종교인 것이다.

Ⅳ. 근본악 극복의 가능성

앞에서 논한 바와 같이 인간본성안의 근본악의 문제는 인간에게 있어서 도덕적 완성의 실천적 가능성에 대하여 심각한 도전을 안겨 준다. 이것은 곧 자율의 현실적 한계를 의미하는 것이다. 하지만 칸트는 이러한 한계를 통해서 오히려 도덕적 훈련에 대하여 언급할 어떤 근거를 발견하고자 한다. 칸트는 비판철학에서 종교철학으로 넘어오면서 인간으로 하여금 그 자신에게 도덕법이 무엇을 명령하는가에 대한 관심과 왜 그렇게 해야만 하는가에 대해 암시를 부여하고자 한다. 이러한 측면에서 근본악의 문제는 인간의 도덕적 완성을 향한 명백한 조건으로 환원된다. 우리 안에 주어진 선에로의 소질(Anlage zum Guten)의 도덕적 발전에 있어서 우리는 그것이 우리에게 순수한 자발성(Spontaneität)으로 있다는 것으로부터 출발할 수는 없다. 그리하여 우리는 원초적인 도덕적 소질에 대조되는 격률을 채용하는데 있어 의지의 유약성을 전제하면서 시작해야만 한다. 악에로의 성벽은 헤아릴 수 없기 때문에 우리는 그것에 대해 끊임없는 저항으로 시작해야 한다. 따라서 인간의 자율과 인간에 있어서의 선소질의 본원을 믿고 있는 칸트는 혁명적 해결을 인간의 도덕적인 자율적 결심에 의한 전회력(轉回力)에 돌리고 있다. 칸트에 있어서 당위는 가능이 그에 대응할 때에만 그 의의를 가지며 인간이성의 도덕적 자율에 의한 확신이야말로 그의 도덕철학을 일관하는 신념이기 때문에 심술의 혁명(die Umwandlung der Gesinnung)에 있어서도 그의 이같은 신념과 확신은 변함이 없다. 칸트는 우리가 선한 인간이 될 수 있어야 한다는 이유 때문에 "도덕성보다 선한 인간이 되어야 한다고 명령한다면, 우리는 그것을 역시 할 수 있지 않으면 안된다는 결론을 불가피하게 내려야 한다"[34]고 말하며 "의무(Pflicht)는 이렇게 되기를 명령하며 우리가 할 수 있는 것 이외에 아무것도 우리에게 명령하지 않는다"[35]고 한다. 칸트는 이 명령을 인간의 도덕적 소질에 의해서 불가항력적으로 압도해오는 것으로 보고 있으며, 이것을 반대하는 다른 동기가 작용하지만 않는다면 인간은 이 법칙을 의지의 충족한 규정근거로서 자기의 지상 격률에로 채용할 것이어서 인간은 결국 도덕적으로 선할 것으로 보고 있다.[36] 뿐만 아니라 칸트는 우리가 선한 인간이 되어야 한다는 명령이 우리의 영혼 속에서 가감 없이 그대로 메아리치고 있다고 보아, 우리가 비록 할 수 있는 것이 그 자체로서는 불충분하며 이 까닭에 우리가 알 수 없는 보다 고차적인 도움을 받아들이게끔 한다고 해도 우리는 우리 스스로가 우리 자신을 선하게 하지 않으면 안 된다고 한다.[37]

그렇다면 칸트는 근본악 극복의 가능성을 구체적으로 어디에서 찾고 있는가? 그것은 "인간이 그것에 의해서 악인이 된 그의 격률의 최상의 근거를 단 한번의 불퇴전의 결심(eine einzige unwandelbare Entschliessung)에 의해서 전회할 때"[38]라고 칸트는 대답하고 있다. 이것은 격률의 기저가 불순한 채로 있는 한 점진적 개혁에 의해서는 이루어질 수 없고 인간심술의 혁명의 이행에 의해서만 이루어질 수 있음을 의미하는 것이다. 따라서 이 심술의 혁명은 어떤 외면적 일에 대한 결심이 아니라 의욕 그 자체의 혁신인 것이다. 그런데 이 혁명은 그리스도교의 '중생'(Wiedergeburt)[39] 또는 '새로운 창조'(eine neus Schöpfung)에 비할 수가 있다. 그러므로 칸트가 말하는 심술의 혁명 및 부패한 심술로부터 선한 심술에로의 전회는 옛 생활(낡은 습관)을 청산하고 새로운 사람이 되는 인격적 혁명을 의미하는 그리스도교 신앙에의 접근을 보여준다.

칸트에 있어서, 도덕법을 전도시키는 근본악적 성벽과의 대결은 마침내 의지의 일체의 격률 곧 인간심술의 예지적 근거의 관통자인 신과의 결단적 대결에 있어서 매순간 선에의 결단을 감행하는 종교적 세계 속으로 심화해 간다. 동시에 도덕적 자각의 심화는 오히려 도덕을 부정하는 근본악에 직면하고 이같은 도덕적 한계성 의식에 의한 도덕적 좌절은 급기야 도덕적 이성을 넘어서는 초월자와 직면하게 되고, 불가항력적으로 신을 현현시키고야 만다. 심술혁명의 의의가 이렇게 신과 직면하여 자기의 전존재를 의화(義化)하는 차원에까지 높여질 때 이 혁명은 이미 도덕적 상대주의적 차원에 그치지 않고 신 앞에서의 신앙적 결단의 절대적 성격을 지니게 된다. 심지어 칸트는 악으로부터 선에로의 부단한 진행의 도상에 있어서 "만약 선의 근원적인 소질을 사용함으로써 보다 선한 인간이 되려면, 그는 자기능력 안에 있지 아니한 것이 보다 고차적인 협력을 통해서 보충되어질 수 있다는 것을 희망할 수 있다"[40]고 말함으로써 그리스도교 신앙의 은총(gratia)의 세계에의 접근마저 보여주고 있다. 물론 여기에는 그럴만한 충분한 이유가 있긴 하다. 실은,

칸트는 엄격한 경건주의(Pietismus)[41]에 소속된 독실한 그리스도교 가정에서 모친 레기나(Regina)의 신앙적인 감화를 받으면서 경건하게 성장한 한 서민이었다. 성실한 인간성을 지닌 그는 인간적인 양심을 보존하려고 무한히 노력하였으며 그 노력이 결국 그의 비판철학을 탄생시킨 것이다. 그러므로 비판윤리에 입각한 그의 종교사상 역시 순수실천이성에 기본해서 경험적 종교생활을 비판하고 있다. 예컨대 흔히 그리스도교에서 강조되는, 이른바 내적 경험(은혜의 작용), 외적 경험(기적), 초자연적 비밀, 은총의 수단을 각각 광신, 미신, 영지주의(Gnosticism)의 환상, 마술이라고 비판하고 있다. 그리고 이러한 것들은 모두 자기의 한계를 넘어서는바 이성으로부터의 전적인 이탈이요, 도덕적 의도에 있어서도 그러하다[42]고 말한다.

한편 칸트는 모든 종교를 둘로 구분하고 있다. 호의 획득 종교(Religion der Gunstbewerbung)와 도덕적 종교(die moralische Religion)가 그것이다. 전자는 단순한 의전(der blosse Kultus)으로서 신이 자기를 선한 인간이 되게 할 수 있다고 믿는 종교이며, 후자는 그리스도교로서 선한 생활의 종교[43]라는 것이다. 하지만 칸트에 있어서 그리스도교는 '다만 이성의 한계 안에서의 종교'로 규정되고 만다. 그리스도교마저 이성을 뛰어 넘으려는데 대해 그는 늘 우려를 표명한다. "…자기개선의 기대와는 반대로 날 때부터 도덕적 건립에 싫증을 내는 이성은 자연적인 무능을 핑계삼아 온갖 불순한 모든 종교의 이념을 소집한다"[44]라든지 "도덕적 욕구를 충족시킬 수 없는 자기무능을 의식하는 이성은 그 결핍을 보충할 수 있는 초월적인 이념에까지 자기를 확장한다"[45]는 논술 등이 그것을 입증하는 것이다. 칸트는 그리스도교를 통하여 성장하였으면서도 거의 배신자처럼 그리스도교를 비판하는 한편 의도적으로 그것을 지양하고 있음을 볼 수 있다. 따라서 칸트의 그리스도교에의 접근에도 불구하고 결정적으로 유의해야 할 것은 심술의 변화와 혁명이 시간속의 점진적 개혁을 통한 도덕적 발전의 시간내부에서의 현실적 대가로 생각되어서는 안 된다는 점이다. 즉 칸트에 있어서 이러한 심술의 변화는 도덕적 완전성에로의 추구과정에서 인간존재에게 필연적으로 자각되는 악에로의 성벽에 대응하는 도덕적 완전성의 이념적 가능성을 위한 주관적 근거로 상정될 뿐이다. 따라서 이러한 종교적 심술의 변화를 통한 도덕적 완성에로의 길 배후에는 오로지 악에로의 본래적인 성벽을 부단히 극복하고자 하는 실천이성 내부의 순수의지를 바탕으로 한 도덕적 발전의 무상명령이 있을 뿐이다.

그러므로 심술의 변화를 통한 악의 타파 즉 도덕적 완전성의 가능근거로서의 신성의 존재는 칸트에게 있어서는 인간에게 베풀어진 신의 자비로운 은총이 아니라 도덕의 완성을 추구하는 실천이성의 본래적이고도 필연적인 요청(Postulat)인 것이며, 이러한 한 칸트에 있어서 도덕은 궁극적으로 불가피하게 인성론적 비의를 통해 종교에로 인도된다고 할지라도, 그 도덕은 결코 종교를 기초로 하지 않는다는 것이다. 다시 말해서 "도덕은 인간의 의무를 인식하기 위하여 인간을 능가하는 다른 존재자를 필요로 하지 않으며 또한 나아가 그 의무를 수행하기 위하여 법칙자체 이외의 어떠한 다른 동기를 필요로 하지 않는다"[46]는 것이다.

칸트는 이처럼 어떠한 계시신앙에도 의하지 않고 독자적으로 하나의 심연을 들여다 보았기 때문에 결코 그리스도교의 편을 든 것이라고 볼 수 없다. 그는 철저히 철학적 사색 자체를 그의 임무로 삼았다고 볼 수 있다. "사람에게는 이성이 모든 일을 명령함으로써 모든 것이 승인되며 모든 일을 해야한다(sollen)고 말하기 때문에 우리는 모든 일을 할 수 있다(können)[47]는 칸트의 말은 철학적 사색을 통하여 도덕법을 실천할 수 있다는 것을 의미한다고 보겠다. 그렇기 때문에 도덕법을 실천하는 것이 가장 중요하며 결국 도덕교육이란 도덕법을 스스로 실천케 하는 교육이라고 할 수 있을 것이다. 악한 인간을 도덕적으로 선한 심성을 지닌 인간으로 변혁시키는 것은 모든 인간이 지니고 있는 여러 격률을 받아 들이는 지상(至上)의 내적근거를 도덕법에 합당하게 변혁시키는 데에서 확립될 수 있다고 하겠다. 그리고 도덕법을 자기의 격률 속에 채용한 인간은 아직 그 자신이 거룩하지는 않으나 무한히 발전하여 그 거룩성에 접근할 수 있는 도상에 있는 것이다.[48] 칸트가 인용한 세네카(Seneca, 4～65)의 "우리는 치료할 수 있는 악을 앓고 있다. 만일 우리가 낫기를 원한다면 우리는 선의 소질을 타고난고로 자연이 우리를 도울 것이다"[49]라는 말대로 우리 인간이 아무리 극악할지라도 선에로의 회귀의 가능성은 가지고 있는 것이다. 뿐만 아니라 칸트가 인간을 규정하는 세 요소중 '이성적인 동시에 책임을 감당하는 존재자로서의 인격성의 소질'[50]을 제시한 것은 결국 인격성의 소질이 의지의 동기로서의 도덕법을 충분히 받아들일 수 있음을 시사하는 것이며 이것이 바로 인간본성 안에 있는 선으로의 근원적 소질이라고 할 수 있을 것이다.

하르트만(Nicolai Hartmann, 1882～1950)도 우리 인간은 선의

소질을 다분히 가지고 있으므로 그것에 힘입어 도덕적으로 향상할 수 있다는 낙관론을 펴고 있음을 볼 수 있다.

> 인간이 죄책에 의하여 선을 행할 능력이 원리적으로 없는 것은 아니다. 도덕적 향상의 가능성은 언제나 원칙적으로 있는 것이며 더구나 죄책을 벗어버릴 수 있는 선망을 근저로 하고, 또 이 갈망과 더불어 같이 성장하는 것이다. 선에 대한 선망은 어느 경우에나 결코 헛된 무력이 아니다. 이 선망이 바로 선을 위한 현실적인 힘이 되는 것이다[51].

V. 결 어

인간의 근본적 악을 보지 못하고 현상적 악에만 사로잡힐 때 악의 극복을 위한 우리의 모든 노력은 피상적이고 지엽적인데 그칠 것이며 또한 근본적 해결도 찾지 못할 것이다. 그런데 칸트가 문제시한 근본악은 인간에게 속해 있는 낱낱의 악행이 아니라 행위의 주체로서의 인간자신이 선해지는 것, 다시 말하면 낱낱의 악한 행위의 악한 격률이 아니라 심술자체에 있어서의 혁명, 즉 인격의 혁명을 문제로 하고 있음을 본다. 이처럼 인간의 자유자체 속에서 부패를 간파한 칸트의 근본악사상은 인간으로 하여금 스스로 자기의 도덕적 한계에 대한 인식에 이르게 함으로써 유한하고 상대적인 자기의 선과 질서를 절대화하지 못하게 한다.

그렇다면 도대체 상대적인 진리 및 질서가 자기의 생명을 유지해 갈 수 있는 길은 무엇일까? 그것은 인간이 역사적 현실에 호응하여 부단히 자기를 새롭게 재생시키는 일 뿐이다. 그러므로 인격의 핵심에서 그 부패를 간파하게 하여 우리로 하여금 우리의 도덕적 한계의식에 직면케 하고, 이 같은 상황에서 결단을 감행하여 그것을 기점으로 선에로의 행진의 길을 열어준 칸트의 근본악사상은 오늘날에 있어서도 여전히 깊은 진리성을 가지고 우리를 부르고 있다고 보아야 할 것이다.

더 나아가 칸트가 도덕의 절대기준 및 의지의 자유를 아무런 반성 없이 그저 전제하지 않고 그들 기본전제의 타당성을 논리적으로 밝히고자 한 것은, 도덕의 절대성과 의지의 자유를 마치 자명한 사실처럼 전제해버린 종래의 형이상학적 윤리학자들과는 크게 다른 점으로서 그의 공적이라고 아니할 수 없을 것이다. 하지만 상술한 그의 공적에도 불구하고 그의 철학과 윤리에는 비판의 여지도 없지 않다고 보아진다. 그의 윤리설의 출발점은 경험에 나타난 도덕현상의 분석 내지 비판이 아니라 도덕의 선천적 권위를 믿는 그의 신념이다. 그는 도덕의 원리를 다양한 소재 가운데에서 발견하려 한 것이 아니라, 실은 이미 자기의 인격 내에 그리스도교의 전통을 통하여 형성되어 있던 도덕원리의 절대타당성을 그의 선험적 방법(transzendentale Methode)으로 입증하려 한 것이다. 칸트의 이러한 태도는 명백한 입론을 희구하는 현대의 지성으로 볼 때 불만의 여지가 없지 않다고 할 것이다. 그의 근본악사상도 결국은 인성론적 입장에서 유년시절부터 드러나는 인간의 선천적인 악의 성벽, 환언하면 감성계에 귀속하는 모든 행위에 나타나는 자유의 주관적 근거로서의 근본악의 구조와 근본적 개념을 논함으로써 그의 도덕철학이 갖는 인간의 도덕적 완전성에 대한 변증법적 우려의 공백을 채우려고 하는 시도에 불과한 것으로 보여진다. 또 그의 근본악 사상은 개인윤리의 테두리를 크게 벗어나지 못하고 있으며 또한 체계화된 사상이라고 말하기도 어렵다고 아니할 수 없다. 그의 인간파악은 근대 시민사회를 배경으로 하기 때문에 원자론적인 개인주의적 입장을 탈피하지 못하고 있는 것이다. 그리고 그의 도덕철학은 당시의 후진 독일사회를 강하게 규정하고 있었던 신학적 형이상학을 어떤 형식으로든지 유지하여 이를 근대적인 형식으로 구제하려는 데에 그 한계가 있다고 보겠다. 그럼에도 불구하고 칸트의 근본악사상이 현대인의 윤리 및 종교관에 미친 영향은 실로 지대하다고 아니할 수 없다. 오늘날처럼 악이 범람하던 시대가 또 있었을까? 교육의 힘과 종교의 세력은 그 어느 때보다 그 위용을 드러내고 있으나 개인과 사회가 지니고 있는 근본악을 제거하는 데에는 하등의 영향력을 발휘하지 못하는 것 같다. 그리스도교만 보더라도 사회적인 문제에 관심을 두기보다는 개인의 종교적 체험을 우선시하는 듯하다. 칸트는 이미 이러한 상황을 예견하여 종교가 이성의 범위를 벗어나지 말 것을 호소하였던 것이다. 이성에 입각하여 한줄기 선의 소질을 살리는 것이 도덕의 길이요 종교의 길임을 칸트는 강변하고 있는 것이다.

2. 신 존재 문제에 관한 도덕적 논증

Ⅰ. 서 언

칸트는 동시대의 계몽주의적 사상가들에게서 흔히 볼 수 있는 바와 같이, 종교적인 신앙의 모든 측면을 윤리적인 것으로 환원하려고 했다. 이성의 인식론적 비판을 통하여 그 한계를 밝힘으로써 종교와 형이상학에게 자리를 남겨놓으려고 한 점에서 칸트는 이미 이성의 시대의 한계를 돌파하고 있었다. 종교가 가지고 있는 신앙의 상징들까지도 다만 이성의 한계 안에서 도덕의 관점에서만 평가하고 재해석하려고 한 칸트의 태도는 동시대의 사상적 한계를 잘 반영하는 것이다. 역사적 종교의 특수한 신앙내용을 유일하고도 불변하며 보편적으로 전달가능한 이성신앙으로 변혁하고자 한 칸트의 철학적 모험은 계몽주의 시대의 사상적 특색이 아닐 수 없다. 뿐만 아니라 도덕적 의무를 신의 명령이라고 인식하는 칸트의 이성종교는 다분히 이신론자들의 종교관과 흡사하다. 따라서 철학적 확신에 관한 한 칸트의 이론철학은 충분히 도덕과 종교를 참조하고 있으며, 자신의 선험적 관념론을 적절히 윤리이론 및 종교철학의 기초로 삼고 있는 것이다.

그의 『순수이성비판』은 가장 완전한 존재의 개념이 비록 이론적으로는 공허하지만 논리적으로는 부당하거나 자기모순적이기 않다고 함으로써 신앙을 위한 여지를 만들어 놓았으며,

『실천이성비판』은 최고선의 개념을 통해서 어떻게 이 가장 완전한 존재가 의무 및 도덕법의 관념에 연결되는지를 제시함으로써 이 개념에 일부의 실천적 내용을 부여하였다. 이처럼 두 『비판서』는 비판철학의 발견과 조화를 이루는 신앙행위를 위한 기초를 마련하였다고 할 수 있다. 그리고 『다만 이성의 한계안에 서의 종교』는 그의 오랜 경험을 통하여 얻은 종교적 확신을 서술하고 있는 바, 소위 근본악성과 선의 씨앗을 동시에 지닌 인간의 특성을 깊이 통찰함으로써 그가 뜻하고 있는 도덕적 이성신앙의 면모를 보여주고 있다. 이러한 관점에서 우리는 혹 칸트가 지식을 부정하거나 흄(D. Hume)처럼 회의주의에 빠지지나 않았나 우려를 자아낼 만도 하다. 그러나 그는 오히려 수학과 자연과학의 확실성을 철학적으로 제시하려고 노력하였음은 물론, 지식의 확실성을 제시함으로써 형이상학이나 종교적 신앙이 과학으로서 지식의 행세를 하지 못하도록 하려는 의도를 가지고 있었다. 바로 여기에 칸트의 반형이상학의 모티프(motif)가 있다고도 하겠다.

그럼에도 불구하고 칸트는 "신앙에 여지를 주기 위하여 지식을 지양한다"[1] (Ich muβte also das Wissen aufheben, um zum Glauben Platz zu bekommen)는 극적인 표현을 통하여 실제로 하고 있는 작업은 지식의 확실성을 살리고 신앙과 그 형이상학적 기반을 구축하려는 것이었다. 이 표현은 과학적 사고방식 혹은 합리적으로 사물을 고찰하는 오늘의 풍조, 즉 종교적 신앙이라든가 형이상학, 혹은 신학이 학문적으로 발붙일 곳을 잃어가는 듯한 형편에서 새삼 재음미할만한 가치가 있지 않는가 생각된다.

그러므로 본 소론에서는 칸트의 두 『비판서』와 『종교론』을 중심하여, 이른바 선험적 가상(transzendentaler Schein)의 하나인 '순수이성의 이상'(Ideal der reinen Vernunft)의 문제를 검토한 후, 그가 확립하고자 한 도덕적 이성신앙의 기반이 되는 신존재의 도덕적 논증의 성격이 어떠한 것이며 그것이 갖는 의의와 문제점이 무엇인지를 고찰해 보고자 한다.

Ⅱ. 순수이성의 이상

칸트에 의하면 3종의 선천적 개념, 즉 선험적 이념(transzendentale Idee)이 있는데, 이 선험적 이념에 따라 3종의 선험적 가상(transzendentaler Schein)이 생기게 된다. 첫째는 사유적 주관을 대상으로 하는 선험적 심리학에 있어서의 오류, 둘째는 모든 현상의 총괄, 즉 세계를 대상으로 하는 선험적 우주론에 있어서의 오류, 셋째는 사유할 수 있는 모든 것의 가능성의 최고의 제약을 포함한 물(物)을 대상으로 하는 선험적 신학의 오류이다. 그런데 칸트에 의하면 영혼(Seele)에 관한 것은 선험적 오류추리(,transzendentaler Paralogismus),[2] 세계(Welt)에 관한 것은 순수이성의 이율배반(Antinomie der reinen Vernunft),[3] 신에 관한 것은 순수이성의 이상(Ideal der reinen Vernunft)[4]이라고 한다. 순수이성의 이상은 이성이 선언적 추리(disjunktiver Schlüss)로 개념의 분류를 완성하기 위하여, 그 이상 아무것도 필요로 하지 않는 분류의 항의 집합을 찾아가는 데에 성립하는 선험적 가상으로서 사유일반의 모든 대상의 절대적 통일을 찾아서 신이라는 존재를 상정하는 것이다. 그러나 이러한 사상이란 단지 이념으로서만 생각되어진 것이기 때문에 이성이라는 것을 잘못 사용한 것임은 말할 것도 없다. 이성은 모든 실재성(Realität)의 개념인 이념을 물일반의 전반적 규정의 기초로 둘 뿐이며, 이 모든 실재성이 객관적으로 주어져 있어서 그 자체가 하나의 물(物)이 되기를 요구하는 것이 아니기 때문이다.[5] 다시 말해서, 단지 인식의 완전성을 위하여 생각하게 된 이념을 곧 실체적인 존재자라고 생각하는 것은 통제적(regulativer)이어야 할 이성을 구성적(konstitutiver)으로 사용해 버린 것이기 때문이다.[6]

그런데 칸트는 신의 존재증명은 이론이성의 입장에서 보면 다음 세 가지 이상은 있지 않으며, 또 그 이상 있을 수도 없다고 하면서 각 증명을 비판하였다. 세 증명은 다음과 같다. (1) 모든 경험을 사상하고, 전연 선천적으로 단지 개념에서만 최고원인의 존재에로 추리하는 것, 즉 존재론적 증명(ontologischer Beweis),[7] (2) 단지 부정적인 경험, 즉 어떠한 존재를 경험적으로 기초하는 것, 이른바 우주론적 증명(kosmologischer Beweis),[8] (3) 명확한 경험과 그 경험에 의하여 인식된 감성계의 특수한 성질에서 출발하여 이로부터 인과성의 법칙에 따라 이 세계 밖에 있는 최고의 원인에로 거슬러 올라가는 것, 즉 자연신학적 증명(physikotheologischer Beweis)[9] 등이다. 칸트에 의하면 이상의 3종의 신의 존재의 증명은 모두 틀린 이성추리에 의하여 이루어지고 있는데, 그래도 이 가운데에서 이론적으로 생각하여 가장 기초적인 것은 존재론적 증명이며, 다른 두가지 증명은 존재론적 증명을 기초로 하여 그 위에 성립하고 있음에 불과하는 것이다. 그럼 칸트가 이 세 가지 논증을 어떻게 이해하고 있으며 그것을 어떻게 비판하고 있는가를 살펴보자.

1. 존재론적 논증

이 증명은 기독교 사상가 중의 하나이며 켄터베리 대주교였던 안셀무스(Anselmus, 1033～1109)가 맨처음으로 발전시킨 것으로 알려져 있다.[10] 안셀무스는 기독교적인 신의 개념을 그 이상의 위대한 분을 상상할 수 없는 실재(a being than which nothing greater can be conceived)라는 형태로 표현함으로써 그의 논증을 전개하였다. 안셀무스의 논의는, 신을 존재하는 것들 중에서 가장 완전한 존재(the most perfect being that there is)가 아니라, 너무나 완전하기 때문에 그보다 더욱 완전한 분을 생각할 수 없는 실재로서 기술하고 있다. 따라서 가장 보편적인 것, 가장 완전한 것은 그 속성가운데 존재성까지도 포함하고 있어야 한다. 왜냐하면 만약 존재성이 결여된다면 그것은 이미 가장 완전한 것이라고 말할 수 없기 때문이다. 그런데 신은 가장 완전한 존재(ens perfectissimum)이다. 그러므로 신은 존재해야 한다는 것이다.

이와 같은 증명은 그후 오랫동안 계승되어 데카르트(Descartes, 1596～1650)에게까지 영향을 끼쳤다고 할 수 있다. 데카르트는 종래의 논증을 재정리하여 많은 사람의 주목을 끌게 되었다.[11] 그는 현대철학의 중심문제로 등장한 '존재는 특성 혹은 서술'(existence is a property or predicate)이라는 명제를 내걸고 그의 논지를 전개하였다. 존재라는 것은 하나의 특성이므로 어떤 것이 존재를 가지고 있는냐 혹은 가지고 있지 않느냐는 문제를 우리는 공개적으로 연구할 수 있다. 모든 사물의 본질은 정의를 내릴 수 있는 속성(existence is a property or predicate)이라는 명제를 내걸고 그의 논지를 전개하였다. 존재라는 것은 하나의 특성이므로 어떤 것이 존재를 가지고 있느냐 혹은 가지고 있지 않느냐는 문제를 우리는 공개적으로 연구할 수 있다. 모든 사물의 본질은 정의를 내릴 수 있는 속성(defining nature)을 가지고 있다. 그러므로 '존재'란 신은 신이라고 정의할 수 있는 서술들 중의 하나이다. 마치 삼각형의 내각의 총화가 180°임이 그 삼각형의 필수적인 특성(necessary characteristic)인것과 같이 '존재'는 가장 완전한 실재의 필수적인 특성이다. 필수적인 특성을 가지고 있지 않은 삼각형은 삼각형이 아니듯이 '존재'라는 필수적인 특성을 가지고 있지 않은 신은 신이 아니다. 다만 삼각형과 신의 특성 사이에 차이가 있다면 삼각형의 경우에는 '존재'가 삼각형성(triangularity)의 필수적인 특성이 아니므로 그 삼각형이 반드시 존재한다고는 말할 수 없다. 그러나 완전한 존재의 경우에는 첫째로 '존재'가 바로 그의 본질적인 속성(essential attribute)이며, 둘째로는 실제로 존재하지 않으면 가장 완전한 존재가 될 수 없기 때문에 그러한 실재, 즉 신은 반드시 존재해야 한다고 말할 수 있다. 윌커슨(Wilkerson)은 데카르트의 증명을 다음과 같이 도식화하였다.

God is perfect.(신은 완전하다)
Existence is a perfection.(실존은 완전이다)
∴ God exists.(그러므로 신은 존재한다)[12]

그러나 칸트는 데카르트의 증명을 신랄하게 비판한다. 가능적인 100 탈러(Taler)[13]와 현실적인 100 탈러의 예는 그의 비판의 한 좋은 예이다. 칸트에 의하면 현실적인 100 탈러는 가능적인 100 탈러보다 조금도 더 포함하지 않는다. 왜냐하면 가능한 것은 개념을 의미하고 현실적인 것은 대상과 정립 그 자체를 의미하므로 후자가 전자보다 그 이상의 것을 포함하는 경우에는 나의 개념이 대상 전체를 표현하지 못하고, 따라서 대상에 관한 적합한 개념이 아닐 것이기 때문이다. 그러나 나의 재산상태에 있어서는 현실적인 100 탈러가 단지 100 탈러의 개념(즉 100 탈러의 가능성)보다 더 많이 포함한다. 그 이유는 대상이 현실성에 있어서는 단지 나의 개념에 분석적으로 포함되는 것이 아니라 도리어 종합적으로 부가되기 때문이다. 하지만 나의 개념 밖에 있는 이 존재로 말미암아 내가 생각하고 있는 100 탈러가 조금도 증가되는 것은 아니다.[14]

칸트는 이러한 예를 듣고나서 곧 "그러므로 최고존재자의 현존재를 개념에서 이끌어내는 저 유명한 존재론적(데카르트적) 증명에서는 모든 노력과 작업이 허사였다. 상인이 자기의 재산상태를 개선하기 위해 그의 재산의 현재고에 영을 몇 개 더 첨가한다고 해서 그의 재산이 더 증식되는 것이 아니듯이 단지 이념만으로 지식이 풍부하여질 수는 없는 것이다"[15]라고 비판한다. 이것은 곧 신에 대하여서도 그것이 현실에 존재하다고 말할 수 있으려면, 한갓된 개념을 초월해서 경험적 직관과의 결합이 필요한 것임을 의미한다. 그런데 신에 대하여 경험적 직관을 얻는다는 것은 불가능한 일이므로 신의 현실적 존재를 증명할 수 없다는 것이다.

사실 우리는 어떤 개념이 마음 밖에서 실제로 실증화되는 것을 보장하는 개념을 형성할 수 없다. 개념의 본질과 존재영역의 본질은 너무나 판이하기 때문에 어떤 개념이 실제로 현실화되느냐 하는 문제는 언제나 사실의 문제(a question of fact)이며 경험에 의하여 결정될 문제이다. 존재라는 개념은 진실로 지고적인 실재라는 개념과 분석적으로 연결되어 있다. 그러나 어떤 존재하는 지고적인 실재라는 복잡한 개념이 인간의 마음 밖에 있는 현실에 상응(correspond)하느냐는 문제는 선험적으로 결정할 수 없다. 그러므로 결국 존재론적 논증은 증명해야할 것을 미리 옳은 것으로 가정하는 '부당가정의 오류'에 빠져있다고 보겠으며, 아울러 완전하고 필연적인 존재가 실제로 있음을 '사실로서 확인시키는 일'은 전혀 하지 못하고 있다고 하겠다.

2. 우주론적 논증

이 논증은 아리스토텔레스(Aristoteles)가 이미 그 초석을 놓았다고 할 수 있다. 아리스토텔레스는 "영원한 것이 없다면 생성도 있을 수 없다. 생성의 과정을 거쳐가는 그 무엇이 생존해야 하기 때문이다. 그리고 모든 운동의 마지막 단계는 다른 것에 의하여 발생된 것이 아니다. 그 이유는 무(無)로부터는 아무것도 생겨날 수 없으므로 모든 운동의 연속은 어떤 것으로부터 시작되어야 하기 때문이다"[16]고 했다. 이 증명은 추상적인 개념적 규정으로부터 현실적인 실재를 도출하려는 합리주의에 입각한 신존재의 증명과는 대조적으로 경험적 사물의 존재로부터 출발하여 인과율을 좇아 존재근거를 더듬어 올라가 자기

존재의 근거를 스스로 자기 속에 간직하고 있는 바의 필연자에 도달하는 것을 논거로 한 것이다. 이것은 우리의 지각의 대상이 되는 경험적 세계를 하나의 불완전한 결과, 우연적인 존재, 변화하는 세계로 보고 거기에는 최고원인, 필연적인 것, 불변의 영원자로 소급하고자 하는 태도라고 하겠다. 그러므로 이것은 인과율의 절대적 타당성의 확신에 입각하여 신의 후천적인 존재증명이 가능하다고 생각하는 입장이다.

존재론적 방법에서는 신이 전제되었지만 우주론적 방법에서는 신은 작업가설(working hypothesis)로서 설정된다. 이 점에 관해서는 특히 우주론적 방법의 한 계통인 자연신학적(혹은 목적론적) 방법에서는 더욱 그렇다. 외적 세계를 운위하기 때문에 우주론이라고 하는 이 논증은 아리스토텔레스로부터 아퀴나스(Thomas Aquinas, 1225～1274)에게 그 영향이 크게 미쳤고 또 아퀴나스를 통하여 그리스도교 특히 가톨릭 사상에 큰 영향을 주었다. 아퀴나스는 직접적인 지식 곧 직감과 같은 신앙은 간접적인 감성적 지식보다 확실성이 부족한 것이라고 생각했기 때문에 신은 감성적인 지식으로 증명하려고 했던 것이다. 신의 존재를 증명하는 이른바 우주론적 논증으로서는 아퀴나스의 '5가지 방법'(five ways)을 그 예로 들 수 있다. (1) 운동에서 운동을 일으키는 자를 추리함(motion), (2) 결과에서 제1원인을 추리함(efficient cause), (3) 우연에서 필연을 추리함(possibility and necessity), (4) 비교급에서 최상급을 추리함(gradation), (5) 의장에서 의장자를 추리함(designer).[17)]

신이라는 개념에 초점을 두고 그 개념의 내용인 의미를 추구해 나가는 존재론적 논증과는 대조적으로, 아퀴나스는 우리가 살고 있는 이 세상의 일반적인 특징(general feature)으로부터 출발하여 우리가 신이라고 부르는 궁극적 실재(Ultimate Reality)가 없었다면 이러한 일반적인 특징을 가진 세계가 존재하지 않았을 것이라고 주장한다. 그리하여 첫 번째 방법은 운동(motion)이라는 사실로부터 제1운동자(Prime Mover)를 증명해 나가고, 두 번째 방법은 인과법칙으로부터 제1원인(First-Cause)를 증명해 나가고, 세 번째 방법은 우연적인 존재들(contingent beings)로부터 필연적인 존재(Necessary Being)를 증명해 나가며, 네 번째 방법은 가치의 여러 가지 정도(degrees of value)로부터 절대가치(Absolute Value)를 증명해 나가고, 다섯 번째 방법은 자연속에 존재하는 목적성(purposiveness)으로부터 신적인 설계자(Divine Designer)를 증명해 나간다. 이렇게 해서 자연의 경륜(economy)이 결국 신의 존재를 가리키는 것으로 본다. 윌커슨(Wilkerson)은 우주론적 논증을 다음과 같이 도식화하여 제시하고 있다.

> If any event occurs, there is a first cause.(만약 어떤 사건이 발생한다면 거기에는 제1원인이 있다)
> At least one event occurs.(적어도 하나의 사건이 발생한다)
> ∴ There is a first cause.(그러므로 제1원인이 있다)
>
> There is a first cause.(제1원인이 있다)
> Any first cause is God-like.(어떤 제1원인도 신과 같다)
> ∴There is a God.(그러므로 신은 있다)[18]

칸트에 의하면, 우주론적 증명은 절대적 필연성과 최고 실재성과의 연결을 확보하기는 하나 존재론적 증명과 같이 최고실재성에서 현존재의 필연성을 추리하는 것이 아니라 오히려 이미 주어져 있는 어떤 존재자의 무제약적 필연성에서 그 무제한적 실재성을 추리한다. 그러니만큼 우주론적 증명은 이성적인지 궤변적인지는 몰라도 적어도 자연적인 추리법의 궤도에 오른 것으로 본다. 이 추리법은 비단 일반적인 오성뿐 아니라 사변적인 오성에 대해서도 비상한 설득력을 지니고 있다. 이 추리법은 또 처음으로 자연신학의 모든 증명에 대하여 분명히 기본적인 노선을 제시한 것이다. 그래서 사람들은 아무리 여러 가지 모양으로 분식하고 은폐하려고 하더라도 언제나 이 노선을 따라갔고 또 금후로도 따라갈지 모른다. 라이프니츠(Leibniz)는 이것을 '세계의 우연성에 의한'(a contingentia mundi) 증명이라고 부른바 있다.[19)]

그러나 이 증명은 그 근거를 확실하게 다지기 위하여 경험에 바탕을 두고 그렇게 함으로써 마치 단지 선천적 순수개념에만 전폭적으로 신뢰하는 존재론적 증명과 구별되는 것 같은 외관을 노정한다. 우주론적 증명은 이 경험을 다만 필연적 존재자 일반의 현존재로 향하여 한걸음 내딛기 위해서 이용할 뿐이다. 이 존재자가 대체 어떤 성질을 가졌는가에 대하여 경험적 증명근거는 아무것도 가르쳐 주지 못한다. 그러기에 이성은 경험적 증거를 완전히 떠나서 절대필연적 존재자 일반이 어떤 특성을 갖지 않으면 안되는가, 다시 말하면 가능한 모든 생물중에서 어느 것이 절대적 필연성에 대한 필연조건(requisita)을 포함하고 있는가를 단지 개념 가운데서만 찾는다. 그래서 이성은 오직 가장 실재적인 존재자라는 개념에서만 이 필요조건을 발견하였다고 믿고, 그 다음에 이것이 절대 필연적 존재라고 추리한다. 여기에는 최고 실재성을 갖는 존재자의 개념이 현존재에 있어서의 절대필연성의 개념을 완전히 충족시킨다. 즉 전자에서 후자가 추리된다는 것을 가정하고 있는 것이 명백하다. 존재론적 증명이 주장한 이 명제가 우주론적 증명에서는 회피하려고 하였으면서도 그 속에 채용되어 근거가 되어 있다.[20]

그런데 칸트는 우주론적 증명의 오류를 다음과 같이 요약하고 있다. (1) 우연적인 것으로부터 원인으로 추론하여 간다는 것은 오직 감성계에서만 의미를 갖는 것이며, 감성계의 밖에서는 아무런 의미도 갖지 않는다. 인과율이라는 원칙은 오직 감성계에서만 타당하기 때문이다. 그럼에도 불구하고 이 증명에 있어서는 인과율이 감성계를 초월하여 사용되고 있다. (2) 감성계에서는 서로 연속해서 주어지는 원인을 무한하게 소급하여 간다는 것이 불가능하다는 데에서, 제1의 원인을 추론한다는 것은 경험 속에서도 결코 성립하는 것이 아니며, 더구나 경험을 초월한데 까지 확장될 수는 없다. (3) 이 추론은 원인의 계열의 완결에 관하여 필연성의 개념을 성립시키는 모든 제약을 제거해 버리며, 따라서 그렇게 하면 아무것도 이해할 수 없기 때문에 이것을 개념의 완결이라고 생각하는 이성의 자기만족 이외의 다른 것이 아니다. 이 추론에는 모든 결합된 실재성이라는 개념의 논리적 가능성과 선험적 가능성과의 혼동이 있다.[21]

결국 칸트는 인과율이란 유한적 오성의 범주로서 그 타당의 한계를 한갓 경험적 현상계에 국한하고 있기 때문에 이것을 초경험적 필연자에까지 적용하는 것은 타당하지 않는 것으로 보아 우주론적 증명을 비판하였다고 볼 수 있다.

3. 자연신학적 논증

이 증명은 칸트가 특히 주목하던 것으로서 목적론적(teleological) 증명이라고도 한다. 이것은 우주론적 증명과는 달리 전체로서의 세계의 실재성에서가 아니라 오히려 우리의 감성적 세계의 갖가지 특수성질의 관찰로부터 출발한다. 이 세계에는 어디를 보거나 위대한 지혜의 힘으로 어떤 의도에 맞춰서 모든 것이 배치 · 정돈되어 있는 뚜렷한 징조가 엿보인다. 따라서 이러한 합목적성은 갖가지 물자체(Ding an sich)와는 조금도 관계가 없기 때문에 세계의 원인이자 최고의 목적을 설정하는 예지가 인정되어야 한다. 이와 같은 예지는 곧 신이다. 세계는 신으로부터 나오며, 모든 실재성은 신에게 포함되는 한, 신은 가장 완전한 존재자이다.

이 논증은 역사적으로는 플라톤(Platon)의 *Timaeus* 대화편 이후의 고대철학에 자주 나타났고, 중세에는 아퀴나스의 '다섯번째 방법'에 나타났다. 근대에 와서는 페일리(William Paley, 1743~1805)가 그의 저서 『자연신학 : 혹은 자연현상에 나타난 신의 존재와 속성에 대한 증거』에서 이 논증을 제기하였으며,[22] 오늘날에는 특히 보수적인 신학자들이 즐겨 다루고 있다.

페일리의 시계에 관한 유추(analogy)가 이 논증의 핵심을 잘 전달해 준다. 사막을 걸어가다가 한 개의 바위를 발견하고 이 물체가 어떻게 생겨났느냐를 생각해 보았다고 하자. 그러면 우리는 이 바위가 우연에 의해 생겨났다고 생각할 수 있다. 그러나 사막에서 한 개의 시계를 발견했다면 우리는 그것이 자연의 힘에 의해 생겨났다고 상상할 수 없다. 그것은 바퀴, 톱니, 용수철과 같은 부속품이 복잡하게 배열되어 있으면서도 정확하게 작용함으로써 우리에게 시간을 알려주기 때문이다. 이렇게 복잡한 시계나 바람이나 비와 같은 자연에 의하여 만들어졌다고 생각하는 것은 극히 어리석은 일이 아닐 수 없다. 우리가 어느 정도의 이성이 있다면 이 경우에 이 모든 현상을 일으키도록 시계를 만든 어떤 이지적인 심성(an intelligent mind)이 있었다고 가정하는 것이 훨씬 현명한 일일 것이다.

자연신학적 증명을 칸트는 모든 전통적인 신존재의 증명방법 가운데서 가장 오래되고 가장 명료하고, 인간의 상식에 가장 적합한 논증이라고 보았다. 다음과 같은 칸트의 견해가 그것을 말해 준다.

> 이 증명은 언제나 경의를 표시할 만한 값어치를 갖고 있다. 그것은 가장 오래전부터 있었고 가장 명료하고 일반적인 인간이성에 가장 적합한 증명이다. 그것은 자연연구를 되살린 동시에 또 그 자체가 자연연구에 의해서 현존하고 항상 새로운 힘을 얻는다. 그것은 우리의 관찰이 발견하지 못한데까지 목적과 의도를 두고 그 원리가 자연의 외부에 있는 특수한 통일의 지도를 따라 우리의 자연인식을 확장한다. 그런데 이 지식은 최고의 창조자에 대한 우리의 신념을 불가항력적인 확신에까지 증대시킨다. 그러므로 이 증명의 위신을 떨어뜨리려고 하는 것은 믿어지지 않을 뿐만 아니라 도리어 무익한 일이기도 하다.[23)]

따라서 칸트는 자연신학적 증명의 계기를 다음 네 가지로 요약하였다. (1) 세계에는 어디에서나 형언할 수 없이 다양한 내용 전체에 있어서나 무한히 광대한 범위에 있어서나 위대한 지혜에 의하여 특정한 의도에 따라서 완성된 질서의 분명한 표시가 있다. (2) 이 합목적적인 질서는 세계의 존재물들과는 전연 무연한 것이며 오직 우연히 존재물들에게 부속한 것이다. 다시 말하면 여러 가지 존재물의 본성은 그것이 질서를 세워주는 이성의 원리에 의하여 그 근저에 있는 이념에 따라서 특별히 선택되고 안배되지 않고서 제 스스로 여러 가지 방식으로 결합하여 특정한 궁극적 의도에 합치할 수가 없을 것이다. (3) 그러므로 생산에 의하여 단지 맹목적으로 작용하는 자연으로서가 아니라 자유에 의한 지성으로서 세계의 원인이 되어야할 숭고하고도 현명한 원인이 실존한다. (4) 이러한 원인의 통일성은 어떤 기술적 건축물의 여러 부분처럼 세계의 부분들간의 교호적 관계의 통일성에서 추리된다. 즉 우리의 관찰이 미치는 건축물에서는 확실하게 추리되지만 그 이상은 모든 유추의 원칙에 따라 개연적으로 추리된다.[24)]

그렇지만 칸트는 이 경의에 곧 이어 비판을 서슴지 않는다. 이 증명은 기껏해야 가공하는 질료의 적성여하에 의해서 언제나 많은 제한을 받는 세계의 건축자를 명시할 수 있을 뿐이고 모든 것이 이념에 복종하는 세계의 창조자를 명시하지 못한다. 그러므로 이 증명은 사람들이 착안하는 그 큰 의도, 즉 보편적이고 근본적인 존재자의 증명과는 거리가 멀다. 질료 그 자체의 우연성을 증명하려면 우리는 일종의 선험적 논증의 입장을 취하지 않을 수 없게 되는데 그러나 그것이 이 증명에서 회피하려고 하였던 바로 그 점이라는 것이다.[25] 그 뿐만 아니라 자연신학적 증명은 그 기도가 좌절되고 이러한 난경에서 갑자기 우주론적 증명으로 비약하거니와 또 우주론적 증명이라는 것은 본래 가장된 존재론적 증명에 불과한 것이기 때문에, 자연신학적 증명은 비록 최초에 순수이성과의 모든 친근성을 거부하고 오직 경험에 의한 증명만을 위주로 하였음에도 불구하고, 실은 순수이성에 의해서만 그 의도를 실현시키고 있다는 것이다.[26]

이렇듯 자연신학이란 최상의 세계원인에 관한 하등의 특정한 개념도 제공하지 못하며 또한 종교의 기초가 되어야 할 신학의 원리로서도 충분한 것이 되지 못한다는 것이 칸트의 관점이다.

힉(John Hick)도 세계를 시계나 집과 같은 인조물과 비교하는 것은 강력한 유추론이 될 수 없다고 본다. 왜냐하면 우리가 살고 있는 세계는 하나의 거대한 기계(a vast machine)가 아니기 때문이다. 또 우리가 비록 세계의 설계자를 추론해 낼 수 있다고 가정하더라도 그 설계자가 바로 그리스도교의 전통에서 말하는 무한히 지혜롭고, 선하고, 능력 있는 '하느님'이라고 단정할 수는 없다. 왜냐하면 주어진 결과로부터 추론할 수 있는 것은 그 결과를 낳은 원인일 뿐이기 때문이다.[27]

어떻든 칸트는 다음과 같이 말함으로써 어떠한 신 존재의 증명도 사절했다고 볼 수 있다. "나는 새로운 증명이나 개작된 낡은 증명을 사절한다. 왜냐하면 단지 사변적인 모든 증명은 결국 유일한 증명, 즉 존재론적 증명에 귀착하는 것이기 때문에 여기서는 물론 선택의 여지가 없다."[28]

Ⅲ. 신 존재의 도덕적 논증

1. 신 존재의 요청

칸트는 신의 존재성에 대한 삼중의 이론적 논증을 검토한 후, 그 어느 것도 성립될 수 없다는 것을 주장함으로써 종래의 합리적 신학이 학으로서 성립될 수 없다는 것을 선험적 변증론(die transzendentale Dialektik)에서 명시하였다. 결과적으로 이념의 실재성이 보증될 수 있는 것은 이론이성의 영역이 아니고 실천이성의 영역인 것을 명백히 하여 실천이성으로의 이행의 불가피성을 제시한 셈이다. 칸트는 신학에 관하여 이성을 단지 사변적으로 사용하려고 하는 모든 시도는 전연 아무런 성과도 거둘 수 없고 그 내적 성질로 보아 공허하고 무의미하며 그 자연적 사용의 원리는 전연 신학으로 이끌어가지 못하므로, 도덕법에 근거를 두지 않거나 그 지도를 받지 않고서는 결코 이성의 신학이 있을 수 없다고 주장한다. 그 이유로써는 오성의 모든 종합적 원칙은 경험 내부에서만 사용되는 것이고, 최고존재자의 인식을 위해서는 이성의 선험적 사용이 요구되나 우리의 오성에는 그러한 능력이 갖추어져 있지 않기 때문이다[29]고 한다. 그래서 칸트는 순전히 이성에만 근거하는 유일의 불변하고도 보편타당한 순수 종교신앙을 지도이념으로 삼으면서도 시간과 공간에 제약된 역사적 사실에 근거하는 역사적 종교의 계시신앙(Offenbarungsglaube)을 도덕종교로서의 본래적인 본질에로 변혁시키려고 노력하였다. 그 일례로서 칸트는 『종교론』 제3편의 서두에서 "어떻게 그토록 구부러진 나무로부터 완전히 꼿꼿한 것이 다듬어져 나올 것을 기대할 수 있겠는가?"[30]라는 철학적 과제를 제기하고 있다. 이것은 역사적 그리스도교의 계시신앙에 대한 칸트자신의 종교철학적 과제를 비유적으로 표현한 것이라고 볼 수 있다. 그리스도교의 역사적 계시신앙을 이성적 도덕신앙의 빛에서 조명하고자 하는 칸트의 철학적 해석의 과제는 주로 '인간과 신(神)사이의 도덕적 관계'에 초점을 두면서 그리스도교의 신관에서 오해되기 쉬운 의인론(擬人論)을 제거하고 진정한 도덕성에 적합한 그리스도교 신앙의 본질을 밝히려는 것이었다고 볼 수 있을 것이다.

칸트는 형이상학적 이념들은 감성의 기능과 오성의 기능을 넘어선 이성의 기능으로서 인간지식에 일관성을 부여하고 질서와 가능성을 부여하는 통정적 기능을 한다고 믿었다. 그리고 이러한 형이상학적 이념들은 현상계를 넘어선 윤리적 세계를 뒷받침하는 근거로서 요청된다고 믿었던 것이다. 그러니까 신 혹은 신에 대한 신앙은 비록 지식은 되지 못하더라도 인간지식의 질서와 일관성을 가능하게 하는 인식의 기반으로서, 또 인간의 자율적인 윤리생활과 가치의 기반으로서 요청된다고 믿었다. 그리하여 『실천이성비판』에서 요청(Postulat)의 개념을 매개로 하여 실천적으로 이념의 실재성을 증명하고 있다. 여기서는 요청의 개념을 분석한 후, 인간에게 선험적으로 존재하는 도덕법칙의 사실을 전제로 하여 자유, 영혼불멸, 신의 존재를 요청하고 있는 것이다. 제1의 요청은 지속이 도덕적 법칙을 완전하게 실천하는데 적당하다는 실천적으로 필연적인 조건에서 도출되었으며, 제2의 요청은 감성계로부터의 독립성과 자유의 의지를 가상적 세계의 법칙에 따라 규정하는 능력, 즉 자유의 필연적 전제에서 도출되었으며, 제3의 요청은 최고선이 존재하기 위해서는 최고의 자주적 선, 즉 신의 존재를 전제함으로써만 이러한 가상적 세계에 대한 조건의 필연성에서 도출된 것이다.[31)]

그러나 이러한 요청은 결코 이론적 지식이 아니며, 실천적 이성의 입장에서의 필연적인 전제이다. 이리하여 이론이성이 논과(Paralogismen)에 빠진 영혼불멸과 이율배반, 그리고 단순한 이상으로서 아무런 규정을 설정할 수 없었던 신 등 세 가지의 이성이념이 실천이성의 세계에 이르러서 비로소 객관적 실재성을 갖게 된다. 여기에 바로 칸트의 이론이성에 대한 실천이성의 우위(Primat)의 사상이 있는 것이다. 특히 신존재의 요청은 초감각계에 있어서 최고선이 존재하기 위한 필연적 제약으로부터 이끌어 내는 요청이다. 따라서 도덕적 인격은 선의 이념에 의지하는 신앙을 통하여 자기의 죄책의식을 면할 수 있게 될 때, 그것은 순전히 자력에 의한 것이 아니라, 신의 은혜로운 심판에 의한 것이라고 할 수 있다.[32)] 실현도상에 있는 도덕적 실존은 항상 결함을 가진 행위를 면할 길이 없으며 자기 자신의 내면적인 선한 의도에 대해서도 직접적으로 확인 불가능한 것이므로 자기 자신의 힘만으로는 자기의 의(義)를 주장할 수 없기 때문이다. 이와 같이 칸트에 있어서 도덕적 인격의 내면적인 자기긍정은 은혜로운 심판자로서의 신에 대한 '이성적인 신앙'과 불가피한 관련을 갖는다. 이렇게 볼 때 실천적인 전진을 우리의 의지의 진정한 목표로 가정하는 것은 순수한 실천이성의 원리들에 의해서 필연적인 것이다.

2. 도덕적 이성신앙

신의 존재를 믿는 자에게는 신의 존재가 절대적 가치로, 즉 신앙의 대상으로서 유익한 것이지만, 신의 존재를 믿지 않는 자에게는 신앙 그 자체가 무의미할 것이다. 이러한 뜻에서 칸트는 신앙의 내용을 셋으로 구분했다. (1) 실용적 신앙(pragmatischer Glaube), (2) 이설적 신앙(doektrinaler Glaube), (3) 도덕적 신앙(moralischer Glaube)[33]이 그것이다. 실용적 신앙에 대하여 칸트는 다음과 같은 예를 들어 설명한다. 의사는 중태에 빠진 환자에게 어떤 조처를 취하지 않으면 안 되지만 그 병이 무슨 병인지 아직 알지 못할 때 그 의사는 증세를 진찰하고 그 병이 어떤 병이라고 진단을 한다. 이 의사의 진단은 그 자신의 판단에 있어서 우연적이다. 어쩌면 다른 의사라면 보다 더 정확한 진단을 할 수 있을지 모르기 때문이다. 이렇게 우연적이면서도 어떤 행동에 대한 수단을 현실적으로 사용할 근거가 되는 신앙을 칸트는 실용적 신앙이라[34]고 부른다.

이설적 신앙은 교의적 신앙이라고도 번역되는데 이것은 신의 존재를 대상적으로 설명하고자 하는 종교형이상학에 속하는 신앙, 즉 선험적 개념을 매개로 하여 순수이성을 통해서 현실적 존재자의 근원적 존재가 실재한다고 생각하는 신앙이다. 칸트에 따르면, 비록 우리가 객체와의 관계에 있어서 전연 아무것도 기도할 수 없어 의견이 단지 이론적이라 하더라도 어떤 기도를 사상에서 파악하고 상상할 수 있는 경우는 흔히 있다. 그리고 이 기도에 있어서 사실의 확실성을 결정할 수단이 있기만 하면 우리는 충분한 이유를 가지고 있다. 그러므로 단지 이념적인 판단에도 실천적 판단과 유사한 점이 있는 것이다. 그리고 이 실천적 판단의 의견에 대하여서는 신앙이라는 말이 적당하며 이러한 신앙을 이설적 신앙이라고 부를 수 있다. 만일 우리가 어떤 경험을 통하여 확정하는 것이 가능하다면 적어도 우리가 보는 어느 유성에 사람이 살고 있다는데 대하여 내가 가진 모든 것을 걸고 장담하고 싶을 것이다. 그러므로 다른 세계에도 사람이 살고 있다는 것은 단지 사견이 아니라 오히려 막강한 신앙인 것이다. 따라서 신의 현존재에 관한 교설이 이설적 신앙에 속한다는 것을 우리는 승인하지 않을 수 없다.35)

그러면 도덕적 신앙은 어떤 것인가? 도덕적 신앙은 최고의 예지가 일체의 도덕적 질서의 원리라고 생각하는 것이다. 다시 말하면 도덕적 신앙은 사람의 가치적 생활에 교섭되는 신앙으로서 절대적 필연성을 가진 신앙이다. 물론 칸트는 실천이성의 입장에서 이성적 신앙을 주장하였는데 이러한 주장이 바로 그가 말하는 도덕적 이성신앙인 것이다. 칸트가 주장하는 바에 의하면 도덕적 신앙은 이설적 신앙과는 사정이 아주 다르다. 여기서는 무슨 일을 하지 않으면 안 된다는 것, 즉 어떠한 경우에도 도덕법에 따라 행동하지 않으면 안된다는 것이 절대 필연적이다. 여기서는 목적이 불가피하게 확립되어 있다. 그리고 이 목적이 모든 목적 전체와의 관련을 갖고 실천적 타당성을 갖기 위하여 가능한 제약이 단 하나 있는데 그것이 곧 신과 내세가 존재한다는 것이다. 그런데 도덕법 아래서 우리는 어쩔 수 없이 신의 현존재와 내세를 신앙하는 것이다. 그리고 이 신앙은 아무것에 의해서도 흔들릴 수 없다. 만약 흔들리면 도덕적 원칙 그 자체가 도괴될 것인바, 우리가 우리 자신의 안목으로 보았을 때 보기 싫은 존재가 되지 않으려면 우리는 필경 도덕법을 포기해서는 안된다.[36] 그러나 순수히 실천적인 이성신앙은 명령되는 것이 아니라 자유의지적(freiwillig)인 것으로서 도덕적인 의도에 유용한 것이며, 게다가 이성의 이론적인 요구에도 합치하도록 우리의 판단을 규정하는 것이며, 드디어는 신의 실존을 가정하고 이러한 실존을 이성 사용의 근저에 두는 것이다. 이성의 신앙은 그 자신 도덕적 심정에서 발생한 것이다.[37]

신존재의 이론적 증명을 사절한 칸트는 그의 『실천이성비판』을 맺는 말 앞부분에서 “내가 두 가지 사물을 거듭 그리고 오랫동안 생각하면 생각할수록 그것은 더욱 새롭고 드높아지는 감탄과 경외로서 나의 마음을 가득 채워 놓는다. 이 두 가지 사물이란 내 머리 위의 별이 반짝이는 하늘(der bestirnte Himmel)과 나의 마음 속의 도덕률(das moralische Gesetz)이다”[38]라고 하였거니와 이는 우주를 지배하는 질서와, 도덕을 지배하는 질서를 아울러 인정하면서 영원한 질서의 창조주인 신의 존재 앞에 머리 숙이는 경건한 심정의 표현이라고 보지 않을 수 없다.

도덕적 신앙은 순수사변적 신학이 말할 수 없는 신의 현존을 확신한다. 도덕적 신앙은 초월자를 이론적-사변적으로 인식하는데 사용한 것이 아니라, 그것은 실천적-내재적으로만 사용되는 것이다. 선험적 신학[39]이 아닌 도덕적 신앙이 우리의 도덕적 사명을 세계에 실현할 것을 지시하는 것이다. 도덕적 신앙이야말로 유일하고도 가장 완전한 이성적 근원존재자의 개념에 도달한다. 칸트는 『판단력 비판』에서도 근원적 존재자에 관하여 논하고 있음을 볼 수 있다. 칸트에 따르면, 우리는 이 근원적 존재자를 전선함과 동시에 정의롭다고 생각하지 않으면 안될 것인즉, 이는 곧 이 두 가지 특성이 도덕적 법칙하에 있어서의 최고선으로서 세계의 지고한 원인이라는 인과성의 조건을 이루는 것이기 때문이다. 또한 우리는 영원성, 편재성과 같은 그 밖의 모든 선험적 특성들도 이 근원적 존재자에 있어서 생각해야만 하는데 이러한 것은 그와 같은 궁극목적과의 관계에 있어서 전제되는 것들이다. 이렇게 해서 도덕적 목적론은 자연적 목적론의 결함을 보완하여 비로소 신학을 정초하는 것이다.[40)]

칸트의 영향을 받았다고 생각되는 많은 도덕사상가들이 19세기와 20세기 초에 들어와서 도덕적 논증을 많이 이용하였다. 예컨대 라쉬달(H. Rashdall)과 솔리(W. R. Sorley) 등과 같은 관념적인 철학자들에 의하여 전개된 도덕적 논증에 의하면 일반적 도덕의 개념은 무신론과 상통할 수 있으나 도덕적인 절대성에 대한 믿음은 무신론적일 수 없다는 것이다. 만일에 도덕이 인간의 공통적인 존재를 보호하기 위하여 어떤 그룹의 사람들이 만들어낸 조각품에 불과하다면 비교적 이지적이고 군거성을 가진 인간 이상의 근거를 가정할 필요가 없다. 그러나 우리는 종종 어떠한 이익으로도 없애버릴 수 없는 절대적인 도덕의 요구를 인식하며, 이 같은 사실은 군거성을 가진 인간 이상의 어떤 것이 관여하고 있다는 증거이다. 다시 말하면 이러한 도덕적 요구를 인정함으로써 우리는 도덕적인 가치에 있어서 인간을 초월하는 도덕적 의무를 인정하고 그러한 의무에 충실히 따라야 한다는 것을 인정하는 것이다. 그리하여 수많은 도덕적인 예언자나 성인들이 이러한 절대적인 의무감을 인정하고 그들의 이익이나 생명까지도 이 의무를 상쇄할 수 없다고 믿었다.

이렇게 볼 때 도덕적 이성신앙을 말해주는 도덕적인 논증이 극단적으로 나아가지 않는 한에 있어서는 어느 정도의 제한된 타당성(a certain limited validity)이 있다고 생각된다. 도덕적 요청이 인간의 다른 이익추구보다도 선행되어야 한다는 주장은 실제로 자연적인 세계와는 본질적으로 다르며 인간보다도 높고 또한 인간이 복종해야 할 어떤 실재를 믿는다는 주장이기 때문이다. 그리고 이러한 믿음이야말로 유대교 및 기독교의 전통에서 '최고의 도덕적인 실재로서의 하느님'을 믿는 방향으로 한발 나아가는 걸음이다. 그럼에도 불구하고 이 논증이 신의 존재를 증명하는 논리적인 논증은 될 수 없다고 생각된다. 왜냐하면 도덕적인 의무감이 과연 인간에게 최고의 권위를 가지고 있느냐 하는 문제는 아직도 논의의 대상이 될 수 있고, 또 인간의 도덕적 가치가 어떤 초월적인 존재를 지적한다고 인정하더라도, 그것이 바로 성서적인 신앙이 주장하는 무한하고 전능하며 자존하는 인격적인 창조주를 지적한다고는 말할 수 없기 때문이다.

3. 최고선과 근본악

신존재에 대한 도덕적 논증은 이 도덕에 알맞은 행복을 의미하는 최고선(summum bonum)의 개념을 사용한다. 칸트는 "우리들은 최고선을 촉진시키기 위하여 애써야 한다. 그러므로 우리들은 자연과는 다르며… 행복과 도덕의 정확한 비율의 근거를 포함하는 자연전체의 원인에 대한 존재를 요청하지 않으면 안된다"[41]고 한다. 칸트는 순수이성의 이념인 신이 그와 같은 원인이라 보고 있다. 바꾸어 말하면 신이 존재하지 않으면 최고선은 실현불가능하다는 것이 그의 논지이다. 이렇게 본다면 최고선의 실현을 마땅히 해야 하는 것은 인간의 의무이다. 최고선은 신이 존재한다는 조건하에서만 가능하므로 인간의 의무와 신의 존재의 전제와는 불가분의 관계에 놓여있다. 즉 신의 존재를 가정함은 도덕적으로 필연이다.[42] 따라서 최고선은 덕과 행복과의 함수관계이다. 최상의 덕에는 완전한 행복이 대응해야 하며 실현된 덕의 정도에 따라 행복이 주어져야 함은 실천이성의 필연적 과제이다. 이 과제를 해결하기 위해서는 자연의 최고의 원인이자 그 자연의 인과성을 도덕법칙의 실현에 적응하여 조정할 수 있는 존재, 즉 무한한 예지적 의지를 가진 신의 존재를 상정하지 않으면 안된다. 다시 말해서 도덕성에 일치하는 행복이 가능케 되기 위해서는 행복을 가져올수 있는 충분한 원인의 존재(Daseins einer dieser Wirkung adäquaten Ursache)[43]를 전제하지 않으면 안된다. 이러한 최상의 원인(die oberste Ursache)이 곧 신이다.[44] 그리고 최고선이란 단순히 개념이 아니고 "도덕적으로 규정된 의지의 필연적인 최고목적(notwendige höchste Zweck)이며 실천이성의 참다운 목적이라"[45]고 할 수 있다.

칸트는 그의 『종교론』에서도 이 문제를 언급하고 있음을 우리는 볼 수 있다.

우리들이 모든 행위(unsere Tun und Lassen)를 적어도 그 목적에 일치시키기 위해서 어떤 목적에로 나아갈 수 있는가에 대하여 무관심할 수가 없다. 그 목적은 사실상 어떤 대상에 대한 이념, 즉 이 세상에 있어서의 최고선의 이념이다.[46]

그러나 이보다는 근본악(radikale Böse)의 개념을 매개로 한 『종교론』에서의 신존재 논증은 한층 자연스럽고 직접적이지 않을까 생각한다.

『실천이성비판』에서는 순전히 도덕법과 관련에서 인간의 무제약적 선의지가 확립된다. 도덕의 무제약적 권위는 이성의 선천적 자율성(a priorische Autonomie)과의 관련에서 확립된다. 인간의 선의지는 도덕법의 존재근거(ratio essendi)이고 도덕법은 선의지의 인식근거(ratio cognoscendi)이기 때문이다. 그러므로 『실천이성비판』에서는 도덕법의 가능근거를 이해하기 위하여 신의 존재에까지 소급할 필요가 없었다. 도덕법은 예지적 존재로서의 이성적인 순수의지 즉 실천이성 자체안에 필연적으로 내포되어 있는 것이다. 그러나 준칙의 최고 주관적 근거가 타락한 것으로 전제하는 근본악의 입장에서 볼 때 '도덕법의 의식' 즉 "해야 하기 때문에(sollen), 할 수 있지 않으면 안된다"(können müssen)[47]라는 도덕명령의 무제약적 권위는 이론적으로도 실천적으로도 자명한 것이 되지 못한다고 볼 수 있다. 왜냐하면 근본악의 입장에서는 도덕명령의 무제약적 강제력은 이해할 수도 정당화될 수도 없기 때문이다. 칸트에 의하면, 도덕법의 무제약적 정언명령(kategorischer Imperativ)은 다만 불가해한 선험적인 근거에서 나오는 것으로밖에 이해할 수 없는 것이다. "우리의 마음 속에 있는 근원적 도덕적 소질 일반은 신에게서 나온 것으로 밖에 생각할 수 없는 불가해한 숭고한 소질이다"[48]고 칸트는 말한다. 이처럼 칸트의 도덕적 신존재증명은 『실천이성비판』에서 완결되는 것이 아니라 『종교론』에서의 수정·보완 및 구체적인 예증을 통하여 보다 심화되고 설득력있는 형식과 내용을 갖추게 된다고 보겠다.

결국 칸트의 근본악사상은 유한한 도덕적 인격과 신존재 사이의 필연적인 관계를 보다 더 직접적이고 설득력 있게 연결시켜 준다. 근본악에 의한 신존재 증명은 최고선을 매개로 한 증명이 결여하는 실존적인 정열과 신을 요청하는 신앙주체의 역동적인 존재구조의 심층을 파헤쳐 보여준다. 야스퍼스(K. Jaspers)의 포괄자론적 실존철학은 바로 『종교론』에서 제시된 도덕적 인격개념의 현대적 실존론적 재구성의 한 예로 들 수 있을 것이다.

Ⅳ. 결 론

존재론적 논증, 우주론적 논증, 자연신학적 논증 모두 타당하지 않다[49]고 선언한 칸트는 신의 실재를 확신할 수 있는 새로운 근거로서 도덕적인 삶의 전제 혹은 선결조건을 지적했다. 절대적이고 무조건적인 의무감을 인정하는 도덕적인 삶은 필연적으로 절대적인 실재를 상정한다고 주장한 셈이다. 칸트의 이러한 주장은 도덕적인 존재로서의 인간이 언제나 가장 값진 것으로 인정하고 추구하며 또한 추구할 힘이 있는 최고선(summum bonum)에서 출발한다. 따라서 진정한 최고선은 도덕적인 선과 그 선의 보상으로서의 행복을 모두 포함하며 실제적으로는 완전하고 안전한 행복을 누릴 수 있는 도덕적인 존재로 구성된 사회를 지칭한다. 칸트에 따르면 도덕적인 최고선은 고립된 개인의 노력만으로 실현되는 것이 아니라 개개의 도덕적 인격이 동일한 목적 밑에서 상호협동하는 도덕공동체의 건설이라는 과제를 요구한다. 그러므로 칸트는 "법률적 자연상태가 각 개인의 각 개인에 대한 교전상태인것과 같이 윤리적 자연상태도 자타할 것 없이 인간 각자의 내부에 있는 악의 공격을 부단히 받고 있는 상태이며 이러한 상태에서 인간들은 서로 상대방의 도덕적 소질을 부패시키고 있다"[50]고 본다. 그런즉 인간은 도덕적 공동체 즉 덕의 법칙에 따르는 보편적 공화국으로서의 전체의 일원이 되기 위하여 가능한 한 속히 윤리적 자연상태의 위협적인 무도덕상태, 즉 근본악에서 해방되지 않으면 안된다. 이렇듯 칸트의 윤리는 개인각자의 내면적인 자각과 성실성을 강조하면서도 개인의 도덕적 자아실현의 가능성의 기본조건으로서 도덕적 인류공동체의 건설을 요구하고 있다는 점에서 단순한 개인윤리의 차원을 넘어서는 것으로 보인다. 최근 세계 각국이 취하고 있는 지나친 자국의 실리추구, 그리고 현대산업사회가 빚어낸 이기주의의 만연 등을 고려할 때 칸트가 내세운 개인윤리의 신장과 인류공동체 건설에의 의지는 아무리 강조해도 지나치다고 할 수 없을 것이다. 그 뿐만 아니라, 칸트가 주장한 도덕적 이성신앙은 그가 말한 소위 호의획득의 종교[51]가 횡행하는 작금에 와서 커다란 경종이 된다고 생각된다. 광신과 미신, 영지주의의 환상과 은총의 수단에 의한 마술 등 미신화하는 제종교(혹은 종파)는 칸트의 이 예언자적인 교훈에 귀기울여 신비성을 강조하기 전에 먼저 고도의 도덕성을 강조하고, 보다 인간적인 차원에서 신앙생활을 할 수 있도록 배전의 노력을 기울여야 할 것으로 여겨진다.

이러한 중차대한 윤리・종교적 공헌에도 불구하고 그의 주장에는 약간의 난점을 가지고 있는 것 또한 부인하기 어렵다고 본다. 그의 도덕적 이성신앙은 지나치게 도덕적인 것에만 기초하고 있기 때문에 그것은 단지 도덕적인 태도에로 자기를 결단하는 사람들에 대해서만 자명한 것으로서 설득력을 행사할 뿐 대부분의 일반사람들에게는 그다지 크게 영향을 끼치지는 못하는 것 같으며, 또 지금까지 논의한 칸트의 어느 논증도 신을 알지 못하는 사람에게 신을 알도록 하는데 있어서 보편적인 설득력을 갖지도 못하는 것 같다. 정신적인 것, 영적인 것은 결코 시간적, 공간적 존재라고는 말할 수 없다할지라도 그러한 것의 존재는 긍정하기가 어려운 것만큼이나 부정하기도 또한 어려울텐데 칸트의 경우는 부정하는 편으로 많이 기울어진 것 같다. 이러한 점에서 그는 과연 유신론자인지 무신론자인지 그 색깔이 모호하다. 아무튼 신의 존재를 논한다는 것은 철학의 문제 중에서 가장 어려운 문제인 것 같다. 결국 비트겐쉬타인(Wittgenstein)의 말처럼 '말할 수 없는 것'중의 하나가 신의 문제로서 '침묵을 지켜야'[52]할 성질의 것인지도 모른다. 아니면 교부철학자 터툴리아누스(Tertullianus)의 말처럼 "Credo quia absurdum"(불합리하기 때문에 나는 믿는다)라고 하든지. 그러나 이러한 태도들도 결국 신의 존재문제와 깊은 관련을 맺고 있는 것임을 부인할 수 없을 것이다.

3. 도덕적 이성신앙에 관한 고찰

Ⅰ. 서 론

종교가 지니고 있는 신앙의 상징들까지도 다만 이성의 한계 안에서 도덕[1]의 관점에서만 평가 내지 재해석하려는 칸트의 태도는 동시대의 사상적 한계를 반영하고도 남음이 있다. 역사적 종교의 특수한 신앙내용을 유일하고도 불변하며, 보편적으로 전달 가능한 이성신앙으로 변혁을 시도한 그의 철학적 모험은 계몽주의시대의 사상적 특색이 아닐 수 없다. 따라서 도덕적 의무를 신의 명령이라고 인식하는 칸트의 이성종교는 다분히 이신론(Deism)자들의 종교관과 다를 바가 없는 것이다.

그러나 칸트는 “신앙에 여지를 주기 위하여 지식을 지양할 수밖에 없다”[2]라는 극적 표현을 통하여 실제로 하고 있던 그의 작업은 신앙의 형이상학적 기반을 구축하고자 하는 것이었다. 그러므로 칸트가 지대하게 관심을 가졌던 것은 다만 이성의 한계 안에서의 종교, 즉 이성종교였으며, 종래의 역사적 계시종교(그리스도교)가 지닌 미신적 요소나 부도덕적 요소에 대해서는 맹렬한 비판을 가했던 것이다. 이러한 논의를 하고 있는 그의 저작이 곧 『다만 이성의 한계 안에서의 종교』(*Die Religion innerhalb der Grenzen der blossen Vernunft*, 1793)이다. 이 책은 네 개의 독립된 논문들로 구성되어 있는 바, 제1권에서는 근본악의 내재문제, 제2권은 선과 악의 투쟁, 제3권은 선의 승리 및 신국건설, 제4권 선의 원리하에서 신에 대한 봉사 및 거짓봉사를 다루고 있다. 이 책이 지니고 있는 중요한 특색은 종교신앙의 문제에 관한 모든 논의가 그리스도교의 계시신앙과의 관련 속에서 전개되고 있다는 점이다. 여기에서 칸트는 역사적 종교신앙을 비합리적인 미신 내지 광신이라고 배척한 동시대의 계몽주의사상가들과 의견을 거의 같이 하면서도 그들과는 다르게 역사적 계시신앙의 매개를 통해서만 이성적 도덕신앙의 현실적인 구현이 가능하다고 보고 이성종교의 이념을 바탕으로 한 종교의 변혁을 시도한 것이다. 칸트는 이성에 근거하는 보편타당한 이성신앙에다가 시공에 제약된 역사적 계시신앙을 조명하고자 하였다. "어떻게 그토록 구부러진 나무로부터 완전히 꼿꼿한 것이 다듬어져 나올 것을 기대할 수 있겠는가?"[3]라는 그의 문제 제기는 역사적 그리스도교의 계시신앙에 대한 칸트 자신의 종교철학적 과제를 비유적으로 표현한 것이라고 할 수 있을 것이다. 그렇다면 결국 칸트의 제일의 관심과 목표는 올바른 인식론의 정립에 있었다기 보다는 오히려 올바른 인식론을 통해서 도덕과 신앙의 본연의 위치를 회복시키는 데에 있었다고 볼 수 있다.

그러므로 칸트의 『순수이성비판』의 핵심은 그것의 후반부인 <선험적 변증론>에 있다고 볼 수 있으며, 거기에서 그 책의 본래 의도인 이성비판이 이루어진다고 할 수 있다. 즉 칸트는 제3의 이율배반(Antinomie)에서 선험적 자유를 도출함으로써 도덕을 향한 길을 마련하였으며, 제4의 이율배반에서는 절대필연적 존재를 상정함으로써 종교에로의 문을 연 것이다. 이성비판의 진정한 목적은 이론이성의 범위를 제한하고 실천이성의 우위성을 보여주는 데에 있었다. 칸트는 이것이 철학 본래의 목적과 부합하는 것이라고 생각한 것이다. 그는 고대 희랍에서는 철학자와 도덕가가 동일한 것이었다는 사실을 상기시키고 그의 『순수이성비판』도 필경 도덕적 동기에서 착수한 것임을 시사한 것이다. 또한 『실천이성비판』은 최고선(summum bonum)의 개념을 통해서 어떻게 완전한 존재자가 의무 및 도덕법의 관념에 연결되는지를 제시함으로써 실천적 내용을 좀더 구체적으로 부여하였다. 이처럼 2대 비판서는 신앙행위를 위한 기초를 마련하고 있기는 하지만 단지 도덕철학적 논의의 한 부분으로서 추상적인데 반하여 『다만 이성의 한계 안에서의 종교』는 종교신앙의 문제가 집중적이고도 구체적으로 다루어지고 있음을 볼 수 있다. 그러므로 본고에서는 이 책의 제3권과 제4권을 중심으로 칸트의 도덕적 이성신앙의 확립에의 시도 및 이성안에서의 윤리적 공동체의 성격을 고찰하고자 한다. 제1권과 제2권을 제외하는 이유는 필자가 그것을 중심하여 "칸트철학에 있어서의 근본악의 문제", "신존재 문제에 관한 도덕적 논증"[4]이라는 주제로 이미 두 편의 논문을 정리해 본 바가 있기 때문이다.

Ⅱ. 도덕적 이성신앙

1. 역사신앙과 이성신앙

칸트는 일찍이 『순수이성비판』의 <선험적 변증론>에서 세 가지 유형의 신앙을 예시한 바 있다. 첫째, 가령 의사가 생명에 위급한 환자의 치료조건에 관해서 임기응변적으로 판단을 내리는 때의 확신같은 신앙으로서 실천에 관계하기는 하나 우연적 신앙인 실용적 신앙(pragmatischer Glaube); 둘째, 예컨대 신의 존재를 인간의 가치생활과 실제상으로 관련시키지 않고 대상적으로 증명하고자 하는 종교형이상학적 신앙으로서, 선험적 개념을 매개로 하여 순수이성을 통해서 현실적 존재자의 근원적 존재가 실재한다고 생각하는 이설적 신앙(doktrinaler Glaube); 셋째, 인간의 가치적 생활에 교섭하는 신앙이기는 하나 실용적 신앙처럼 일시적 우연적인 것이 아니고, 또 이설적 신앙처럼 대상적으로 존재하는 것을 주장하는 것도 아닌, 모든 인간에게 절대적 필연적으로 타당한 신앙으로서의 도덕적 신앙(moralischer Glaube)이 그것이다.[5] 이상 세 신앙 가운데 물론 도덕적 신앙이 참된 신앙이라고 칸트는 주장하고 있다.

> 도덕적 신앙은 이설적 신앙과는 사정이 전연 다르다. 왜냐하면 여기서는 무슨 일을 하지 않으면 안된다는 것, 다시 말해서 나는 어떠한 경우에도 도덕법에 따라 행동하지 않으면 안된다는 것이 절대・필연적이기 때문이다. 여기서는 목적이 불가피하게 확립되어 있다. … 도덕적 명령은 동시에 나의 준칙이기 때문에 나는 어쩔 수 없이 신의 현존재와 내세를 신앙하게 된다. 그리고 나는 이 신앙이 아무것에 의해서도 흔들릴 수 없는 것임을 확신한다.[6]

칸트가 말하는 도덕신앙은 곧 이성신앙(합리적 신앙)을 의미한다. 칸트에 따르면 모든 종교는 심지어 계시종교조차도 부분적으로는 자연적 종교의 어떤 원리들을 지니지 않을 수 없다는 것이다. 왜냐하면 계시는 단지 이성에 의해서만 종교의 개념에 부수시켜 생각될 수 있는 것인바, 그것은 종교의 개념자체가 도덕적 입법자 밑에서의 의무로부터 도출되는 순수한 이성개념이기 때문이다. 따라서 순수한 종교신앙만이 필연적일 수 있으며 진정한 교회를 특징짓는 유일한 신앙으로 인정될 수 있다. 비록 역사신앙이 수단이 되어 순수한 종교를 촉발한다고 할지라도 그것은 단지 수단에 불과한 것이다.[7)] 순수한 종교신앙은 모든 인간에게 설득력을 가지고 전파될 수 있는 순수한 이성신앙인바, 단순히 사실에 근거하고 있을 뿐인 역사적 신앙은 그에 관한 전승이 그의 신빙성의 판정 가능성을 좌우하는 특정한 시간과 장소의 형편에 따라 도달할 수 있는 한도 이상으로는 그의 영향력을 확장할 수가 없다.

이와 같은 칸트의 신앙론은 자칫 이분법으로 이해하기 쉬우나 사실은 역사적 신앙과 이성신앙은 상보적 관계에 놓여 있음을 유의해야 한다. 즉 역사적 신앙은 순수한 종교신앙을 단지 전달하는 수단으로서 순수한 종교신앙의 본질인 내면적 도덕성의 강화와 완성을 돕기 위한 필요조건인 것이다. 이러한 사실을 칸트는 다음과 같이 설명하고 있다.

> 그러므로 이와 같은 신앙에게 주어진 교회의 봉사는 양면적이다. 그것은 한편에 있어서는 역사적 신앙에 기초하여 교회에 바쳐져야 하는 봉사이며, 또 한편으로는 실천적·도덕적 이성신앙에 기초하여 교회에 당연히 귀속되지 않으면 안되는 봉사이다. 이 양자중 어느 것도 그리스도교회에 있어서 그 자체 혼

자만으로 독립하여 타자로부터 분리될 수 없는 것은 그리스도교 신앙이 종교신앙이기 때문이며 전자가 후자로부터 분리될 수 없는 이유는 그것이 교학적 신앙이기 때문이다.[8)]

이렇게 볼 때 그리스도교의 계시신앙에 있어서는 계시된 명제의 무조건적 신앙을 앞세우고, 교학적 인식은 단지 후방으로부터 공격하는 적에 대한 방어로서 뒤에 따라오게 할 수 없는 일이다. 그렇게 한다면 그리스도교신앙은 단순히 명령된 신앙(fides imperata)일 뿐 아니라 노예적 신앙(fides servilis)으로 전락되어버릴 우려가 있기 때문이다. 그러므로 그리스도교의 신앙은 항상 역사적으로 자유로운 신앙으로서 가르쳐지지 않으면 안된다. 다시 말해서 교학적 인식이 무엇보다도 우선해야 한다는 점이다.

그러면 좀더 구체적으로 칸트가 말하는 실천이성의 필요에 따른 보편적 참된 종교신앙은 어떠한 성질을 띠는가? 그것은 우선 다음과 같은 세 차원의 인격자에 대한 신앙을 의미한다. (1) 전능한 천지창조자로서의 신, 그리고 도덕적으로는 신성한 입법자로서의 신에 대한 신앙이다. (2) 인류의 유지자, 인류의 자비로운 통치자, 그리고 도덕적 부양자로서의 신에 대한 신앙이다. (3) 자기 자신의 신성한 법칙의 관리인, 공정한 심판관으로서의 신에 대한 신앙이다. 칸트에 의하면 이러한 신앙은 단순히 인류에 대한 신의 도덕적 관계를 표현하고 있으므로 본래 어떠한 비밀도 내포하고 있지 않으며, 모든 인간의 이성에게 스스로를 나타내며 따라서 문명화된 대부분의 민족들의 종교 안에서 발견되는 신앙이라는 것이다.[9)]

이러한 순수 종교신앙에 있어서는 신의 존경의 실질을 형성하는 것, 즉 도덕적 심성 안에서 일어나는 신의 명령으로서의 모든 의무를 준수하는 것이 문제가 된다. 이같은 도덕신앙만이 축복을 마련하는 신앙인데 그 축복에 대한 희망을 가능케 하는 두 가지 조건은 다음과 같이 설명된다. (1) 인간이 그 자신만으로는 할 수 없는 일에 관한, 즉 속죄에 대한 신앙, (2) 인간이 할 수 있고 또 하지 않으면 안되는 것에 관한, 즉 선한 행위에 의하여 신의 마음에 들도록 할 수 있다는 신앙이 그것이다. 이 두 가지 조건은 단지 하나의 신앙을 형성하며 필연적인 상호관련을 가진다. 그 하나가 다른 것에서 도출된다고 상정하는 것을 통해서 밖에는 달리 이 두 가지 신앙의 필연적인 상호관련성을 통찰할 수가 없는 것이다. 여기에 인간의 이성이 자기 자신에 대해 가지는 주목할만한 이율배반이 나타는 것이다. 축복을 마련하는데 필요한 제일의 조건, 즉 대리적인 속죄의 신앙은 기껴해야 이론적 개념을 위해서만 필요할 뿐이다. 왜냐하면 그런식으로 밖에는 속죄를 생각할 수 없기 때문이다. 이에 반하여 두 번째의 원리는 실천적이며 순수하게 도덕적인 것으로서, 인간이 타자에 의해 속죄의 공덕을 얻고 축복에 참여하게 되는 것을 바랄 수 있는 것은 단지 모든 인간적 의무를 지키려는 노력을 통해서 그에 대한 자격을 갖추는 때 뿐이며, 또한 수동적으로 받아들이는 타자의 영향에 의한 것이 아닐 때 뿐인 것이다. 인간적 의무를 준수해야 된다는 명령은 무조건적이며, 인간이 그것을 준칙으로서 그의 신앙의 기초에 놓아야 하며, 또 그 기초 위에서만 축복을 마련하는 계기가 된다는 것은 필연적인 것이다.

2. 부역신앙과 도덕신앙

법규적인 것을 다소 적게 믿는 종파에 속하는 사람들은 그것 때문에 자기들이 고상하며 한층 더 계몽되어 있다고 생각하는 심리적 경향이 있다. 그러나 이러한 현상은 단지 우연적인 것이며 모든 종교인에게 타당한 것은 아니다. 이 같은 현상이 일어나는 까닭은 그들이 이를 통하여 조금이라도 순수한 도덕종교에 접근해 있다고 생각하는 것 이상의 것이 못된다. 신의 권위를 구실삼아 교회의 규칙을 가지고 회중을 구속하는 것은 오히려 신의 지고한 권위를 찬탈하는 행위인 것이다. 그러므로 의식이나 법규로서가 아니라 신의 뜻을 이해하기 위해 노력하며 선한 행위를 통해서 신의 마음에 들기를 구하는 자들만이 신이 요구하는 존경을 신에게 바치는 셈이 된다.[10)]

이렇게 볼 때 특히 키에르케고르(Sören Aabye Kierkegaard)가 『그리스도교의 훈련』(*Training in Christianity*)에서 강조한 진정한 그리스도인이란 신에 대한 숭배자(Worshipper)가 아닌 추종자(Follower)이어야하는 실천강조의 사상은 칸트사상의 계승 내지 동일한 맥락이 아닌가 생각된다. 분명코 칸트는 관념의 누각에 머물러 있기만을 원하지 않았던 사람임이 틀림없다. 칸트는 법규적 종교의 전형적인 실례로 유태교(Judaism)를 거론하였다.

> 유태교 신앙은 그의 근원적 형식에 있어서 단순한 법규적 규칙의 총체이다. 그리고 이것을 기반으로 하여 국가의 체제가 세워졌던 것이다. … 유태교는 본래 종교가 아닌 하나의 특수한 민족에 속했기 때문에 단순히 정치적 법률밑에서 한 공동체

안에 결합한 것일 뿐 교회안에 결합한 것이 아닌 다수의 사람들의 결합체인 것이다. 그것은 단지 지상적 국가였다고 볼 수 있다.[11)]

따라서 칸트는 유태교가 종교적 조직을 가지고 있지 않다는 뚜렷한 증거로써 다음 세 가지 점을 지적하고 있다. 첫째, 유태인들은 단지 외면적 준수 이외에는 관심을 두지 않으므로 도덕적 심성에 대한 요구를 간과한다는 점; 둘째, 계명들은 정치적 조직에 있어서 사람들을 복종시키는 영리한 방법이 될 수는 있으나 윤리적 조직에 있어서는 전혀 정의에 어긋나며, 또한 내세에 대한 신앙도 고려되지 않고 있는데 이것 역시 정치적 공동체를 세우려고 한 것이지 윤리적 공동체를 세우려고 한 것이 아니라는 점; 셋째, 유태교는 자기들만이 야훼(Yahweh)에 의해 선택된 특수한 민족이라고 생각하고 다른 모든 민족들을 배척함으로써 보편적 교회를 세우려는데 실패한 점[12)] 등이 그것이다. 이러한 칸트의 지적은 올바르다고 여겨진다. 결국 한 민족에게 한정되어 있어 보편적인 세계종교를 포함할 수 없는 법규적인 신앙을 신에 대한 본질적 봉사로, 또 그것만이 신의 호감을 얻는 최고의 조건으로 간주하는 것은 종교적 망상이며 그에 따르는 것은 거짓봉사라고 볼 수 있다. 뿐만 아니라 종교적인 문제에 있어서의 모든 행위를 인간의 소망이 실현되는 수단으로써 파악할 때 그 모든 행위는 주물신앙이며 이것은 자연법칙은 말할 것도 없고 도덕적 이성법칙에 의해서도 아무것도 일으킬 수 없는 것으로서 오로지 게으른 의존 속에서 몽상된 은총 또는 위선적인 거짓신뢰일 수가 있다. 이러한 칸트의 견해가 요약된 대목이 있다. “자기 자신을 전적으로 불신하고 밖에서 오는 도움을 기다리는 게으르고 무기력한 사고방식(도덕과 종교에 있어서)은 인간의 모든 힘을 이완시키고 그같은 도움을 받을만한 가치마저도 상실하게 만든다.”[13] 이러한 칸트의 진술은 도덕적 봉사만이 신의 마음에 드는 봉사라는 셈이다. 의지할 곳 없는 인간이 그의 무능력의 의식 때문에 경험하게 되는 자연적인 공포를 통하여 강요된 불가시적인 강력한 존재의 숭배는 종교와 동시에 직접적으로 시작되는 것이 아니고 신(또는 우상)에 대한 노예적 봉사로부터 시작되는 것이다. 이 봉사는 그것이 어떤 종류의 법률적 형식을 얻게 될 때 성전봉사가 되며, 이 법률에 점차로 인간의 도덕적 교양이 결부된 후에 비로소 교회봉사로 되는 것이다. 퉁구스족의 샤만으로부터 교회와 국가를 동시에 통치하는 유럽의 고위층 성직자에 이르기까지, 또한 아침마다 곰의 앞발을 자기 머리위에 놓고서 “나를 죽이지 말라”고 짧게 기도하는 아주 감성적인 시베리아의 한 종족(Wogulitzen)으로부터 세련된 청교도(Puritan)와 코네티컷의 독립파에 이르기까지 신앙의 기교에 있어서는 엄청난 차이가 있을지는 몰라도 신앙의 원리에 있어서는 차이가 없을 것이다. 그들의 원리에 관한 한 그들은 모두가 하나의 부류에 속한다고 할 수 있다. 즉 그들은 모두가 그 자체로서는 보다 더 착한 사람을 만드는 것이 전혀 아닌 것을 그들의 신에게 예배로서 바치는 부류에 속한다. 신에 대한 봉사를 단지 선한 행실의 심성 안에서만 인정하려고 하는 사람들만이 전자의 원리를 넘는, 전혀 다른 보다 높은 원리에로 옮겨감으로써 전자와 구별되는 것이다.[14]

이렇듯 인간에게는 신에게 봉사하는 부역신앙에의 성향이 있어서 도덕적 신앙(자기의 의무 일반의 준수를 통하여 신에게 봉사하는)보다도 부역신앙에 최고의 중요성을 부여할 뿐만 아니라 또한 다른 모든 결함을 보상하는 유일의 중요성을 부여한다. 그런데 부역 및 보수에 대한 신앙은 수고스럽기는 하나 그 자체로는 아무런 도덕적 가치도 없는, 단순히 공포와 희망에 의해 강제된, 그리고 아무리 악한자라도 행할 수 있는 행위(cultus제사)를 통하여 신의 마음에 들려고 망상하는 것에 불과한 것이다. 모든 의례들은 근본적으로는 도덕적인 것과 무관한 행위임에도 불구하고 그들이 단지 신을 위하여 행하여지는 것이라는 이유 때문에 그만큼 더 신의 마음에 드는 것이라고 주장되는 것이다. 그러므로 교회신앙은 자연적으로는 인간을 도덕적 공동체로 편성하는 과정에 있어서 순수한 종교신앙에 우선하게 되며 성전(공중의 예배에 바쳐진 건물)이 교회(도덕적 심성의 교육과 앙양을 위한 집회소) 보다 우선하게 되고, 사제들(신성한 종교의식의 집행자)이 성직자(순수한 도덕종교의 교사) 보다 우선하게 된다. 그리고 대중들이 그들에게 인정하는 등급이나 가치에 있어서도 대부분 사제들이 우월한 위치에 있게 되는 것이다.[15] 그러므로 교회의 기초가 되며 그의 해석자와 보존자로서의 학자들을 필요로 하는 계시된 교의는 무지한 자들에게 조차도 그리스도교신앙을 이해시키며 그것을 전파하고 지속시키기 위한 대단히 값진 수단으로서 사랑받고 배양되지 않으면 안된다. 이것이 선의 원리의 지배 밑에서의 교회의 참된 봉사라는 것이다. 하지만 계시신앙이 종교에 우선하는 경우의 봉사는 거짓봉사로서 이러한 거짓봉사에 의하여 도덕적 질서는 완전히 전복되고 단지 수단에 지나지 않는 것이(마치 목적인 듯이) 무조건적으로 명령된다. 그리고 그와 관련된 다른 모든 의례들이 행위의 도덕적 규정근거가 없이도 부역신앙으로서 축복을 가져오는 신앙의 지위로 높여진다. 이와 같은 후자의 원리에 기초하는 교의는 본래적인 봉사자를 가지는 것이 아니라 명령하는 고위의 관리들을 가질 뿐이다.[16] 그들은 이러한 방식으로 교회의 봉사(ministrium)를 교회의 성원들에 대한 지배로 바꾸어 놓는다. 더욱이 그들은 그들의 월권행위를 은폐하기 위하여 그들 자신을 교회의 봉사자라고 하는 겸손한 명칭을 부여한다. 그러므로 공공의 종교신앙을 전혀 고려하지 않고 교회신앙의 역사적·법규적 부분에의 의존만이 축복을 가져온다고 가르치는 교회봉사자들은 교회에 의하여 표상되는 선한 원리의 지배하에 있는 윤리적 공동체에 대한 거짓봉사(cultus spurius, 합당치 못한 제사)의 죄가 있다고 할 수 있다. 신의 신하이며 동시에 자유의 법칙 밑에서 이 세상의 시민이기도 한 신자가 행하지 않으면 안되는 신에 대한 진정한 도덕적 봉사는 신국처럼 눈에 보이지 않는 것이다. 다시 말해서 그것은 마음에서 우러나오는 봉사(영과 진리로 행하여지는)이며, 그것은 다만 신을 위하여 정해진 행위 안에서가 아니라 모든 참된 의무를 신의 명령으로 준수하는 심성 안에서 성립하는 것이다. 전술한 내용의 결론으로 칸트의 다음과 같은 명제를 채택할 수 있으리라고 본다.

> 그 원칙은 인간이 신의 마음에 들기 위하여 선한 행실 이외에 다른 것을 할 수 있다고 믿는 것은 모두 종교적 망상이며

신에 대한 거짓봉사이다.… 여기서 내가 말하려는 것은 인간이 행할 수 있는 것을 믿는다는 점이다.[17)]

칸트는 집요하게 인간편에서의 이성에 따르는 선한 행위를 가장 고귀한 신의 명령으로 이해하고 있으며, 그 이외의 것은 부역적인 것으로 보고 있다. 이러한 그의 주장은 '믿음'만을 강조하여 행위를 간과한 프로테스탄트교회에 커다란 경종을 울리고 있는 것으로 보여진다.

Ⅲ. 이성안에서의 윤리적 공동체

1. 이성의 한계

도덕적 요구를 만족시키기에는 부족한 그 자신의 무능력을 의식하는 이성은 그 결핍을 보충하여 줄 수 있다고 생각되는 한계 밖의 이념들에게로 자기를 확장한다. 그러나 인식을 자처하는 독단적 신앙은 이성에게는 불성실하거나 주제넘은 것으로 여겨지는 것이다. 이 도덕적 초월적 이념들을 종교에 도입하려 할 때, 이들로부터 결과하는 단점들에 관한 한 그들의 결과는 은총의 작용(내적 경험)이라는 미명하에 광신으로, 기적(외적 경험)이라는 미명하에 미신으로, 신비(초자연적인 것)라는 이름 아래 영지주의의 환상으로, 그리고 은총의 수단(초자연적인 것에 영향을 주려는 대담한 시도)이라는 이름 아래 마술로 전락한다. 이들은 어느것이든 그의 한계를 넘어선 이성의 순전한 탈선이다.[18)]

칸트에 의하면 기적이란 세계 안에서 일어나는 사건으로서 그의 원인과 그의 작용법칙은 결코 알 수 없다고 한다. 기적일반에 관한 한 이성적 존재자는 기적에 대한 신앙을 부인하려고는 생각하지 않으나 실천적으로는 그것을 결코 허용하지 않으려고 한다. 다시 말해서 이성적 존재자는 이론에 관한 한에서 기적같은 것이 존재한다는 것을 믿으나 실제적인 생활의 제반사에 있어서는 어떤 기적도 허용하지 않는 것이다. 다만 기적을 인정하지 않는다든가 허락하지 않는 것은 이성의 준칙일 뿐이지 기적이 존재하지 않는다고 하는 것에 대한 객관적 통찰은 아니며, 도덕적 불신앙을 드러내지 않기 위해서는 기적을 배제할 필요성이 있다는 말이다. 이성에 의하여 인간의 심성 안에 본래적으로 새겨져 있는 의무의 명령이 기적을 통하여 보증되는 한에 있어서만 그에게 충분한 권위를 인정하려고 한다면 그것은 엄청난 정도의 도덕적 불신앙을 드러내게 되는 것이다. 오로지 이성의 지시에 귀를 기울이는 때에만 인간은 모든 개심과 개선이 그 자신의 노력에 달려있는 것처럼 행위하게 되는 것이다.[19)]

인간이 기적을 이론적으로 굳게 믿는 천부의 소질을 통하여 스스로 기적을 일으키기조차 하며 하늘마저 움직일 수 있다고 말하는 것은 이성의 한계를 너무나도 멀리 넘어서는 것이다.[20)] 진정한 기적이란 다른 것이 아니라 전세계에 타당한 단 한분의 종교적 스승(복음교사), 즉 그의 지상에서의 등장과 퇴장, 풍부한 업적을 지닌 그의 생과 고난 등 역사 자체가 기적(초자연적 계시)인 것이다.[21)] 은총의 작용을 자연의 작용으로부터 구별할 수 있다고 장담하든가 또는 은총의 작용에 의하여 덕의 작용을 자기 자신 안에 생기게 할 수 있다고 장담하는 것은 광신이다. 이렇게 말할 수 있는 근거는 인간에 있어서는 초감성적 대상을 경험 안에서 인식하는 일이 불가능하며 더구나 그것을 우리에게로 이끌기 위하여 영향을 미치는 것은 더욱 불가능하기 때문이다. 인간의 마음에 때때로 도덕적 작용이 일어난다고 하더라도 우리는 그것을 설명할 수가 없으며, 이에 관련하여서는 무지를 고백할 수밖에 없는 것이다. 이러한 칸트의 견해는 비트겐쉬타인(Ludwig Wittgenstein)이 "말할 수 없는 것은 침묵을 지켜야 한다"[22]라는 주장의 선구인 것처럼 보인다. 칸트는 하늘로부터의 영향을 자신 안에서 자각하고자 원하는 것은 일종의 광기이며 그것은 항상 종교에 해를 끼치는 자기기만일 뿐이라고 혹평한다.[23] 다만 인간편에서 말할 수 있는 것은 은총의 작용이 존재할 수 있다는 것을 믿는 것, 그리고 인간의 도덕적 노력의 불완전성을 보충하기 위하여 은총의 작용이 존재하지 않으면 안된다고 믿는 것일 뿐이다. 그 밖에 은총의 작용적 특징에 관하여 어떤 것을 규정한다든가 더구나 그것을 일으키기 위하여 무엇을 한다든가 하는 것 등은 인간에게는 불가능한 것이다.

어떤 것을 실현하기 위하여 인간이 그의 힘으로 사용할 수 있는 모든 중간적 원인을 수단이라고 한다. 그런데 사람이 하늘의 도움을 받을만하게 되기 위해서는 그의 도덕적 성질을 가능한 한 발전시키고, 그에 의해서 그의 힘 안에 있지 않은 신의 마음에 드는 상태의 완성을 선사받기 위한 성실한 노력을 하는 길 밖에 없는 것이다. 왜냐하면 인간이 기대하는 신의 도움 그 자체가 본래는 인간의 도덕성만을 의도하기 때문이다.

순수하지 못한 인간일수록 신의 도움을 도덕성 안에서 구하지 않고 오히려 어떤 감각적인 행위 안에서 구하려 하는 경향이 있다. 그러므로 이른바 은총의 수단이라는 개념은 실제로 그 자신 안에 모순을 내포하고 있으며 여기서 그것은 자기기만의 수단으로 사용되는 것이다. 이 자기기만은 매우 일상적인 것이며 진정한 종교에 대해 불리한 것이다. 신의 직접적인 호의의 획득을 통하여 그의 소원을 성취하기 위한 수단으로 사용하는 인간은 순전히 자연적인 수단에 의하여 초자연적인 작용을 일으키는 기술을 소유하고 있다는 망상 속에 있는 것이다. 이와 같은 시도를 마술이라고 일컫는데 이 말은 주물숭배라는 말과 바꾸어 표현할 수 있다고 칸트는 말한다.24)

그러나 칸트는 이러한 인간의 초자연적 작용은 인간이 신에게 작용을 가하여 신을 이 세상에서 어떤 결과를 일으키기 위한 수단으로 사용하려고 생각하는 인간의 생각 속에서만 가능한 것일 뿐, 그것이 설령 신의 마음에 드는 것이라고 하더라도 인간의 힘은 그 자체만으로는 이 작용을 일으키기에 충분치 못한 것이다. 그리고 이것은 이미 그의 개념 안에 그의 불합리성을 포함하고 있는 것이다. 이러한 이유 때문에 결국 광신적인 종교적 망상은 도덕적 이성의 죽음이나 다름없다는 것이 칸트의 견해이다. 종교란 도덕성 일반처럼 원칙들에 기초하지 않으면 안되는 것으로서, 이성이 없이는 결코 생겨날 수 없는 성질의 것이다. 그러므로 모든 종교망상을 제거하고 방지하는 교회신앙의 근본원칙을 칸트는 다음과 같이 서술하고 있다.

교회신앙은 현재로서는 그것 없이 지낼 수 없는 규약적 조항들 이외에 언젠가는 이 조항들이 없이도 지낼 수 있게 되기 위하여 본래의 목표인 착한 행실의 종교를 초래하기 위한 원리를 동시에 자기 안에 포함하고 있지 않으면 안된다.[25)]

2. 비이성적 신앙행위

칸트는 모든 도덕적 선을 촉진하려는 의도에 기초하고 있는 이성에 이한 네 가지 의무를 말한다. 첫째, 도덕적 선을 인간 자신 안에 확고하게 조건 지우고 그의 선한 심성을 거듭하여 마음 속에 일깨우는 일로서의 개인의 기도; 둘째, 정해진 날들에 함께 모여서 종교적인 가르침과 소망들을 발표하고 그것을 널리 전파하는 것에 의한 도덕적 선의 외적 확장으로서의 교회 참석; 셋째, 신입회원을 신앙공동체 안에 받아들이고 의무적으로 그들을 그 공동체 안에 교육하는 것에 의하여 후세에게 도덕적 선을 전파하는 것으로서의 세례; 넷째, 교회의 성원들을 윤리적 단체에로 결합시키고, 또한 그들 상호간의 권리와 도덕적 선의 결과를 평등하게 분배한다는 원리에 따라 이 단체를 지속시키는 반복적인 공공적 의식에 의한 공동체의 유지로서의 성찬식[26)] 등이 그것이다.

만인에게 있어서 필요한 것은 도덕적 심성의 끊임없는 순화와 고양을 통하여 기도의 정신만이 충분히 고무되게 하고 기도의 언어·문자같은 것은 탈락시켜버려야 한다. 왜냐하면 간접적으로 어떤 목적을 향하고 있는 모든 것과 같이 기도의 언어·문자는 오히려 도덕적 이념(주관적으로 볼 때는 신앙심)의 작용을 약화시키기 때문이다. 예를 들면 다윗왕(King David)의 기도라고 할지라도 그 기도의 언어는 빈 껍질처럼 사라지게 하지 않으면 안되는 것이다. 따라서 기도의 언표는 그 자체로서는 아무런 중요성도 지니고 있지 않으며, 단지 신의 마음에 드는 행위를 하려는 심성을 고무시키는 것이 중요한 것으로서 기도의 말들은 이를 위한 상상력의 수단에 지나지 않는다. 그렇지 않을 경우 모든 외경의 표현은 신에 대한 실천적 봉사 대신에 위선적인 신 숭배 이외의 아무것도 일으키지 못하는 위험을 초래하게 된다. 결국 은총의 수단으로서의 기도는 거기에 봉사가 수반되지 않기 때문에 미신적 망상으로서 역시 주물숭배에 불과한 것이다. 칸트는 이러한 사실을 다음과 같이 말하고 있다.

> 신에 대한 내면적 의식적 봉사로서, 즉 은총의 수단으로 생각되는 기도는 미신적 망상(주물숭배)이다. 그 이유는 그것은 소망하는 자의 심성의 어떠한 해명도 필요로 하지 않는 존재자에 대해서 단지 소망을 밝히는 것이며, 그에 의해서 아무것도 행하여지지 않고, 신의 명령으로서 부과된 의무는 조금도 행하지 않기 때문이다. 이러한 경우 신은 실제로는 아무런 봉사도 받지 못하게 된다. 모든 행위에 있어서 신의 마음에 들고자 하는 진정한 소망, 즉 모든 행위에 따라 다니는, 그리고 이 모든 행위에 있어서 신의 마음에 드는 행위를 하려고 노력하는 심정이 곧 기도의 정신(Geist des Gebets)이며, 이 정신은 우리 안에서 일어나지 않으면 안 된다. 그렇지만 이 소원을 언어나 형식의 껍질 속에 넣는 것은 기껏해야 우리 안에 있는 심성의 반복적인 고무를 위한 수단으로서의 가치를 지닐 뿐이며, 그리고 직접적으로는 신의 마음에 드는 일에 아무런 관계도 없고 따라서 모든 사람에게 의무가 될 수 있는 것도 아니다.[27]

과연 거짓된 기도는 신의 마음에 드는 행위(모든 인간적 의무를 준수하는) 대신에 외경(畏敬)의 표현에 의하여 신과 직접 관계하는 경건의 실천을 대치하는 습관일 뿐이며 이러한 경건의 실천은 부역신앙에 속한다고 볼 수 있다. 이것은 미신 위에 초감성적 감정이라는 광신적 망상을 부가하는 일에 불과한 것이다.

교회참석 역시 그 자체를 은총의 수단으로 사용하거나 그것을 통하여 신에게 직접 봉사하는 것처럼 생각하거나 또는 신이 이 의식의 거행에 특별한 은총을 결합시킨 것처럼 생각하는 것은 망상인 것이다. 그런데 이 망상은 사실 정치적 공동체에 있어서의 선한 시민의 사고방식 및 외적 예절바름과 충분히 조화되는 것이긴 하지만 신국의 시민으로서의 자질에는 아무런 보탬도 되지 못한다. 오히려 이 망상은 그 자격을 거짓되게 하고 그의 심성의 악한 도덕적 내용을 외관에 의하여 타인의 눈과 자신의 눈으로부터 은폐하는데 쓰여질 뿐이다. 종교적 성례전에 있어서는 조직된 교회공동체에 적응하기 위하여 그것을 행하는 것으로 충분하기 때문에 그것은 신에 의해 창설된 질서로 고백할 필요까지는 없다. 오히려 이 고백의 강요에 의하여 양심이 부담을 얻게 됨으로 종교적 성례전은 절대적인 것이 되지 못하는 것이다.

한편 한번 행하여지는 교회공동체의 의식적인 입교식(Einweihung), 즉 교회의 성원으로 처음으로 받아들여지는 세례식은 매우 의미있는 것으로서, 입교자가 스스로 자기의 신앙을 고백할 수 있는 경우에는 본인에게, 그렇지 않은 경우에는 그의 신앙에 대한 교육을 돌보아야 하는 의무가 있는 증인에게 큰 의무를 부과하는 기능을 하며, 어떤 거룩한 것(인간을 신국의 백성이 되도록 교육하는)을 목적으로 한다. 하지만 그 자체는 거룩한 것도 아니며, 이 사람에게 작용하는 타자의 행위 안에서 신의 은총을 받아 들이는 은총의 수단도 아니다. 최초의 희랍교회에서는 이것은 모든 죄를 단번에 씻어버릴 수 있을 정도의 절대적인 위엄을 지닌 것이었던바, 이것에 의해 이 망상은 이방종교의 미신에 못지 않은 유사성을 드러내게 되었다.[28)]

평등의 법칙에 따라 여러번 거듭되는 교회공동체의 쇄신, 존속 및 번영의 의식으로서의 성찬식(Communion)은 교회 창설자의 본을 따서 동일한 식탁에서 식사를 한다고 하는 의식에 의하여 행하여지는 것인데 이것은 어떤 위대한 것, 즉 인간의 편협하고 이기적이며 비협조적인 사고방식을 세계시민적인 도덕적 공동체의 이념으로까지 확대시키는 것을 포함하고 있다.[29)] 그리고 이것은 이 공동체에 의해 표상된 형제애라는 공동체를 고무하는 유용한 수단인 것이다. 이러함에도 불구하고 신이 이 의식의 거행에 특별한 은총을 결합시켰다고 말하고, 은총의 수단이기도 하다는 주장은 종교의 정신에 직접 위배되는 작용 밖에 일으킬 수 없는 비이성적 종교망상인 것이다.[30)] 이것은 칸트가 소위 가톨릭의 화체설(化體說)을 겨냥하여 공박하고 있는 것처럼 보인다.

결과적으로 도덕적 심성에 관계되는 일에 있어서는 인간이 자기의 의무를 어디에 종속시키느냐가 문제이다. 만일 어떤 사람이 신의 숭배가 제일이라고 보고 거기에 덕을 종속시킨다면 그것은 우상숭배이다. 왜냐하면 그 대상은 선한 행실에 의해서가 아니라 숭배와 아첨에 의해서 그의 마음에 들려고 바래도 좋은 존재자로 생각되고 있기 때문이다. 모든 경건한 행위의 진정한 의미는 덕없이 지내기 위한 덕의 대용품이 아니라 인간의 선한 목적 모두를 달성하려는 희망의 최고의 표현이어야 한다.

3. 윤리적 공동체

도덕적인 신의 백성을 창조한다는 것은 인간에 의해서가 아니라 신 자신에 의해서만 수행될 수 있는 작업으로 오해하기 쉽다. 하지만 개인이 자신의 도덕적인 업무에만 종사할 뿐 인류의 전체적인 관심사에 대해서는 신의 섭리에 맡겨도 된다고 생각해서는 안된다. 오히려 인간은 모든 것이 자기 자신에게 달려있는 것으로 처신하지 않으면 안된다. 왜냐하면 인간은 오직 이러한 조건하에서만 보다 높은 지혜가 그의 선의의 수고를 완성시켜줄 것을 기대할 수 있기 때문이다.[31] 그러므로 선한 심성을 가진 모든 인간의 소망은 신국이 하늘에서처럼 이땅에서도 이루어지는 것이어야 한다. 그렇다면 이러한 뜻이 실현되기 위해서 인간은 무엇을 어떻게 해야만 하는가?

칸트에 따르면 도덕적 최고선(summum bonum)은 고립된 개인의 노력만으로 이룩되는 것이 아니라 개개의 도덕적 인격이 동일한 목적하에서 상호협동하는 윤리적 공동체의 건설이어야 한다는 것이다.[32] 다시 말하면 도덕법의 지배밑에서 모든 인류를 결합시키는 보편적 도덕공동체 안에서만 개체인격의 도덕적 완성을 기대할 수 있다는 것이다. 법률적 자연상태가 각 개인의 각 개인에 대한 교전상태인 것처럼 윤리적 자연상태도 자타할 것 없이 인간 각자의 내부에 있는 악의 끊임없는 공격을 받고 있는 상태이며 이러한 상태에서 인간들은 서로 상대방의 도덕적 소질을 부패시키고 있다는 것이다. 그렇기 때문에 인간은 윤리적 공동체, 즉 덕의 법칙에 따르는 보편적 공화국으로서의 전체의 일원이 되기 위해서 가능한 한 속히 윤리적 자연상태의 위협적인 무도덕 상태에서 탈출하지 않으면 안 된다.[33)] 인류에게는 객관적으로 공동의 최고선을 실현하여야 할 공동목적이 부과되어 있으므로 이러한 최고선은 개인의 도덕적 완성만으로는 실현될 수 없고, 이성의 법칙에 따르는 각 개인이 하나의 전체로 결합하여 선한 심성을 가진 인간들의 유기적 조직을 만들어야 하는 것이 요청된다. 그래서 칸트는 불충분한 개인의 힘을 공동의 힘으로 결합시키는 보다 높은 도덕적 존재자의 이념을 설정할 필요가 있다고 본 것이다. 즉 악을 방지하고 선의 지배를 촉진하기 위해서는 도덕법을 위한 영속적 단체를 결성하고 협력하여 이것을 지켜나가는 것 외에는 다른 방도가 없다는 것이 칸트의 입장이다. 그리고 윤리적 공동체는 일단 정치적 공동체의 성원들로 구성되며, 정치적 공동체의 기반없이는 그것은 인간에 의하여 도무지 실현될 수 없는 것이라고 한다. 이러한 논의는 그의 『영구 평화론』에서 구체적으로 다루어 진다. 그러나 칸트는 정치적 공동체와 윤리적 공동체의 상이성을 강조한다. 즉 윤리적 공동체는 특수하며 고유한 결합의 원리 즉 덕을 지니고 있기 때문에 정치적 공동체의 그것과는 본질적으로 형식과 체제가 다르다는 것이다. 칸트가 말하는 윤리적 공동체는 눈에 보이는 행위의 외적 적법성(die Legalität)만을 목표로 하는 법률적 공동체와는 달리 눈에 보이지 않는 내면적 행위의 도덕성(die Moralität)을 목표로 하고 있는 것이다.

그런데 이러한 상이성에도 불구하고 이 양자는 어떤 유사성을 지닌다. 이 유사성에 입각하여 윤리적 공동체를 윤리적 국가 또는 덕의 왕국이라고 부를 수 있다.[34] 단, 윤리적 공동체가 성립하려면 모든 개인들은 하나의 공적인 입법에 종속되지 않으면 안 된다. 그리고 이 개인들을 결합하는 모든 법칙들은 공동체의 입법자의 명령으로 여겨지지 않으면 안된다. 아울러 윤리적 공동체를 위하여 공적으로 입법하는 자로 간주될 수 있는 자는 백성 이외의 다른 존재자이지 않으면 안된다. 따라서 그 입법자는 인간심성의 내면을 통찰하고 그의 행위에 합당한 대가를 부여할 수 있는 능력자가 아니면 안된다. 이같은 존재가 곧 도덕적 세계통치자로서의 신의 개념인 것이다. 동시에 윤리적 공동체는 신의 명령하에 있는 백성, 즉 덕의 법칙에 따르는 백성으로만 생각될 수 있는 것이다.[35] 『실천이성비판』에서는 신의 존재가 단지 피안에 있는 예지계에서의 덕과 복의 일치를 보증하는 조건일 뿐 차안 즉 감성계에서 도덕의 왕국을 건설하려는 인간의 도덕적 활동에 대해서는 단지 형식적인 관련을 가지고 있을 뿐인데 반해 『종교론』에 있어서의 도덕적 세계지배자로서의 신의 개념은 이 세상 한 가운데서 최고선의 실현을 위하여 전인류를 포괄하는 보편적 공동체 곧 지상에서의 신국의 건설을 보증하고 있는 것이다.

그런데 칸트가 의미하는 윤리적 공동체란 다름 아닌 교회로서, 이것의 체제는 교황이나 주교 밑에 있는 군주정치도 아니고, 사교(司敎)나 고위 성직자의 밑에 있는 귀족정치도 아니며,

종파적인 민주정치도 아닌 도덕적 부친의 슬하에 있는 가족공동체와 같은 것이라고 한다.[36] 단, 신의 직접적·도덕적 통치하에 단순한 이념으로서의 원형일 때 그것은 불가시적 교회(die unsichtbare Kirche)이며, 그와 같은 이상과 합치하는 전체를 지향하는 인간들의 현실적인 결합체일 때 그것은 가시적 교회(die sichtbare Kirche)가 되는 것이다.[37] 환언하면 도덕법칙을 신의 명령으로 인식하고 따르는 도덕적 공동체의 이념이 눈에 보이지 않는 불가시적 교회라면, 현실의 역사적 교회는 가시적인 교회인 것이다. 이와 같이 칸트는 도덕적인 신국과 그리스도교적 신앙공동체로서의 교회의 본질적 일치를 주장하면서 신국을 현실적·역사적 교회의 불가시적 원형으로, 그리고 현실적·역사적 교회를 현실의 도덕적 공동체로 이해하고 있는 것이다.[38] 따라서 칸트는 그리스도교와 같은 가시적 교회는 이성적 신앙의 불가시적 교회를 이상으로 하여 이것에 부단히 접근해야 될 것으로 믿었던 것이다. 비록 그것의 실현이 수 세기 걸리고 또 완전한 실현이 불가능할지라도 인류가 기필코 달성해야 할 숙명적이고 종국적인 과제로 보았던 것이다.[39] 여기에서 우리는 칸트의 이상주의적 종교관을 엿볼 수 있다.

끝으로 칸트가 그의 범주론(Kategorie)을 적용하여 내세우는 진정한 가시적 교회의 네 가지 특징을 논급하고자 한다. 첫째, 보편성 즉 수적 단일성이다. 교회는 우연적인 의견들에 있어서는 분열되고 불화한다고 하더라도 본질적인 의도에 있어서는 필연적으로 유일하고도 보편적인 결합으로 이끌어 종파적 분열을 지양하는 근본원리를 세워야 한다는 것이다. 둘째, 교회의 성질 즉 순수성이다. 교회는 모름지기 도덕적 동기 이외의 어떠한 다른 동기도 가지지 않아야 한다. 예컨대 미신의 어리석음과 광신의 망상으로부터 순화되어야 한다는 것이다. 셋째, 자유의 원리에 입각한 관계이다. 교회의 구성원들 상호간의 내적 관계는 물론 정치적 권력에 대한 교회의 외적인 관계도 어디까지나 자유국가 안에 있어야 한다. 그 관계는 교권제도나 심지어 특수한 영감에 의한 일종의 민주주의 안에 있어서도 안 된다. 넷째, 교회의 양태, 즉 그의 구성법에 있어서의 불변성이다. 시간과 형편에 따른 불가피한 행정적 세칙들은 별문제로 하더라도 교회는 반드시 확실한 근본원칙들을 그의 목적 이념 안에 선험적으로 지니고 있지 않으면 안 된다.[40]

결국 칸트는 영원히 보편타당한 법칙에 기초한 교회를 건설할 것을 희구했던 바, 그러한 그의 지론은 마땅한 것으로 받아들이지 않으면 안될 오늘의 시점이라고 생각한다.

Ⅳ. 결 론

시대사상의 흐름을 역류하여 이성의 한계에 대한 투철한 의식과 이성의 피안에 있는 존재신비에 대한 칸트의 심오한 통찰은 그가 살았던 이성의 시대를 넘어서 현대에 이르기까지 철학과 신학의 영역에 지대한 영향을 미친 학문적 유산이라고 하겠다. 더욱이 역사적 종교로서의 그리스도교의 교의와 의식들을 그들의 역사적 제약에서부터 해방시켜서 보편적으로 전달 가능한 이성신앙의 상징들로 변화시키려고 하였던 칸트의 시도는 보다 보편적인 설득력을 지닌 세계종교로서의 그리스도교의 변혁을 위한 과제에 위대한 통찰을 제공하고 있다고 본다. 야스퍼스(Karl Jaspers)의 '철학적 신앙'이 종교신앙 일반에 대한 반명제로서 제시된 것이 아니라 오히려 종교신앙의 탈선과 왜곡현상을 시정하고 본질적인 근원에로 돌려보내는 변혁을 촉진하는데 있었다고 볼 때 이에 앞서 이미 칸트가 이러한 작업을 했다고 보아야 하지 않을까 생각한다. 뿐만 아니라 신앙의 내면적 동기를 강조한 경건주의(Pietismus)의 분위기에서 지낸 탓인지 형식적이고 외적인 것을 될 수 있는대로 배제시키려는 칸트의 노력은 금세기말의 무질서한 프로테스탄트 교회상황을 예견한 듯한 예언자적 자질까지 엿보인다.

그럼에도 불구하고 신앙에 여지를 주기 위하여 지식을 지양하려 한 칸트는 초월적 대상에 대한 일체의 지식을 지양함으로서 신앙 영역의 초감성적 대상으로서의 영적 대상에 대한 일체의 지식의 가능성 뿐만 아니라 그 실체성까지 부인하게 된 것이다. 이것은 칸트가 대상의 개념을 철저하게 감성적 직관에만 한정하는데서 비롯된 것이 아닌가 생각한다. 칸트가 언급한 이성은 이성 자신의 한계의식과 이성의 한계를 넘는 신비에 대한 의식에 도달하기는 하였으나 그를 향하여 이성의 한계를 돌파할 수 있게 하여 주는 실존적 정열(Pathos)이 결여되어 있는 것 같다. 진리에 대한 믿음은 인식없이는 성립될 수 없는 것이긴 하나 인식만으로서 되는 것도 아니라고 생각된다. 인식이라는 형식과 삶의 정열이라는 내용이 통일됨으로써 인식은 제대로 성립하는 것이 아닐까.

실제로 우리가 종교를 이해한다고 할 때에는 다음 세 단계의 극복을 의미한다. 첫째, 철학적 배움의 단계, 즉 종교의 기본교의, 의례, 상징, 언어 등을 지적으로 이해하는 것이다. 둘째, 신학적 배움의 단계, 즉 종교의 교의, 의례, 상징, 언어 등을 직접 관찰하는 것이다. 셋째, 종교적 배움의 단계, 즉 종교는 어디까지나 체험을 전제로 하는 행위이기 때문에 체험의 단계에까지 돌입해야 하는 것이다. 예컨대 무당(Shaman)에게 있어서 가장 필요한 조건은 먼저 황홀경을 맛보는 경우와 같다. 이렇게 볼 때 체험이 따르지 않는 믿음은 믿음이라고 보기 어려운 것이다. 그런데 칸트의 신앙의 경우 이 셋째 단계를 경험했을까 하는 의구심을 불러 일으킨다. 실용주의자인 제임스(William James)는 신비주의자들의 경험의 근저에 있는 여러 가지 보고들을 동정적으로 토론하였으며, 틸리히(Paul Tillich) 역시 신비주의에 대한 철학적 의미를 고찰하면서 이른바 존재론적 철학은 신비주의와 밀접하게 연관되어 있다고 하였다. 그런데 칸트의 이성신앙은 도덕적 실천과 관련된 신의 존재를 인정하지 않을 수 없는 필연성만을 이해하고 있을 뿐 윤리적 영역을 초월한 곳에서 신의 사랑을 체험하는 신과 인간 사이의 인격적 관계의 신비는 거의 도외시되고 있다. 그래서인지 부버(Martin Buber)는 "칸트는 신을 단순한 이념에로 환원했다"고 비판하면서 "사람은 신을 사랑할 때 비로소 이념을 초극하는 신의 현실성을 알게 되는 것이다"[41]라고 주장하였다.

윤이흠은 종교신념 체계의 유형으로 기복형, 구도형, 그리고 개벽형으로 구분하고 이 삼자가 조화를 이룰 때 건전한 종교라고 한다.[42] 그런데 칸트의 경우 구도적이고(윤리적이므로) 개벽적인 것(윤리적 공동체의 형성을 목표로 함으로)은 충분히 추구하지만 기복적 요소는 완전히 배제하고 있는 것을 볼 수 있는데 과연 그가 주장한 대로 이성과 도덕에 입각한 신앙만이 순수·절대적인 것인지 의문이다. 종교는 오히려 이성만으로 도달할 수 없는 세계가 있음을 믿고, 그것을 가능한 추구하고, 그것에 의지하는 심정과 태도가 아닐는지? 신앙의 대상이 합리적일 수만은 없다는 사실에 대한 신학자들의 자인은 일찍이 교부신학자 터툴리아누스(Tertullianus)의 "불합리하기 때문에 나는 믿는다"(Credo quia absurdum)라는 명제 속에 뚜렷이 반조되었으며, 그 이후 실존주의철학의 비조 키에르케고르(Sören Aabye Kierkegaard)에 이르러 "신앙은 이성을 십자가에 못박는 것"[43] 이라는 명제 속에 명확히 결정(結晶)되었는데 이러한 주장은 오류일까. 칸트의 이성적 종교관은 매우 철학적이며, 맹신과 광신을 경계하는 탁월성을 지니고는 있지만 그가 살고 있던 반종교적인 계몽시대의 분위기를 용기있게 뛰어넘지 못하는 한계를 지니고 있는 것으로 보인다.

주(註)

A. 본론. 도덕신학에 관한 연구

■ 제1장 서 론

1) Kant, *Kritik der reinen Vernunft*(Hamburg: Felix Meiner Verlag, 1956), B. 833(이하 Kant, *K. d. r. V*라 약기함).

2) *Ibid.,* B. 833.

3) 한단석, 『칸트 철학사상의 이해』 (서울 : 양영각, 1983), p.11 참조.

4) Kant, *Kritik der praktischen Vernunft*(Hamburg : Verlag von Felix Meiner, 1974), pp. 138～140에서 '순수한 실천이성의 우위(Primat der reinen praktischen Vernunft)'라는 제하에 중점적으로 논의됨(이하 Kant, *K. d. p.* V라 약기함).

5) Kant, *K. d. r.* V, B.664.

6) '도덕적 유신론'이라는 용어는 칸트의 『철학적 신학강의』(Kant, *Lectures on Philosophical Theology*(Ithaca and London : Cornell University Press, 1978) p.40에서 논의됨. 『철학적 신학 강의』에 관해서는 주 9)를 참조할 것.

7) Kant, *K. d. p.* V, [233].

8) Kant, *K. d. r.* V, B.660.

9) 『철학적 신학강의』(*Vorlesungen über die Philosophische Religionslehre ; Lectures on Philosophical Theology*) : 이 강의는 칸트에 의해 1783년～1784년에 시행되었을 것으로 추정한다. 이 강의록은 Karl Heinrich Ludwig Pölitz에 의하여 1817년에 초판, 1830년에 재판이 발행되었으며, 제1부 선험신학, 제2부 도덕신학으로 구성되어 있다. Kant, *Lectures on Philosophical Theology*(Ithaca : Cornell University Press, 1978) p.15. 이책의 번역자 A. W. Wood와 G. M. Clark의 서론(이하 Kant, *Lectures on P. T.*라고 약기함) 참조.

10) Paul Tillich, *Perspectives on 19th and 20th Century Protestant Theology,* 송기득 역, 『19～20세기 프로테스탄트 사상사』(서울 :

한국신학연구소, 1982), p.82.

11) *Ibid.*, pp.83f.

12) *Ibid.*, p.264.

13) Kant, *K. d. r.* V, B. xxx.

14) Kant, *Lectures on P. T*, p.23.

15) Kant, *K. d. r.* V, B.659.

16) *Ibid.*, B.660.

17) *Ibid.*, B.660.

18) W. H. Walsh, *Kant's Moral Theology*(Dawes Hicks Lecture on Philosophy British Academy, 1963), p.267.

19) *Ibid.*, pp.267-268.

20) *Ibid.*, p.268.

21) Kant, *Kritik der Urteilskraft*(Hamburg : Verlag von Felix Meiner, 1974), [401～402] (이하 Kant, K. d. U라 약기함).

22) *Ibid.*, [410].

23) *K. d. r.* V, B.665.

24) Kant, *Lectures on P. T*, p.30.

25) *Ibid.*, p.80.

26) *Ibid.*, p.81.

27) Kant, *K. d. r. V*, B.847 참조.

28) Kant, *K. d. r. V,* B.664 참조.

29) T.E. Wilkerson, *Kant's Critique of Pure Reason*(Oxford University Press, 1976), p.153.

■ 제2장 사변신학 비판

30) Kant, *K. d. r. V,* B.399～432 참조.

31) *Ibid.*, B.432～595 참조.

32) *Ibid.*, B.595～732 참조.

33) *Ibid.*, B.596, cf. S. Körner, *Kant*(Harmondsworth : Penguin Books, 1979), pp.119f.

34) *Ibid.*, B.672.

35) *Ibid.*, B.606f 참조.

36) *Ibid*., B.619.

37) Allen W.Wood, *Kant's Rational Theology*(Ithaca : Cornell University Press, 1978), pp.96f.

38) 『순수이성비판』에서의 '도덕신학'은 모든 도덕적 질서와 완전성의 원리(B.660), 최고존재자의 존재를 확신하며 도덕률을 근거로 하는 원리(B. 669, 842, 847)라는 의미로 쓰여지고 있다.

39) Kant, *K. d. r. V,* B.597f.

40) *Ibid*., B.606.

41) Kant, *Lectures on P. T,* pp.57f.

42) '존재론적 신학(Ontotheologie)'이라는 용어는 『순수이성비판』 B.660에 나타난다.

43) 존재론적 논증은 안셀무스의 Proslogion의 2∼5장에 나온다. 그런데 사실은 안셀무스의 견해보다 더 오래된 아우쿠스티누스-프랜시스칸(Augustine-Franciscan)계통의 견해가 있다. 이 견해에 의하면 신의 존재는 '우리에게 가장 직접적으로 감득되는 존재자체'이다. 안셀무스의 '최고존재자'로서의 신은 '하나의 존재자'이지만 아우구스티누스계통에 따르면 신은 모든 존재를 존재케 하는 '존재의 힘'이며 '존재자체'이다.

44) Anselm, *Proslogion.* 제5장, John Hick, *Philosophy of Religion* 황필호역, 『종교철학개론』 부록 1. p.215.

45) *Ibid*., pp.214f.

46) J. L. Mackie, *The Miracle of Theism*(Oxford : Clarendon Press, 1982), p.50.

47) Alvin Plantinga는 Notre Dame 대학교의 종교철학교수이다.

48) Alvin Plantinga, "The Ontological Argument" Louis P. Pojman, *Philosophy of Religion : An Anthology*(Belmont, Calif : Wadsworth Publishing Co., 1987), p.58.

49) *Ibid*., pp.52f.

50) 독일태생 신정통주의신학자. 특히 그의 『로마서 주석』(*Der Römerbrief*, 1918)은 매우 유명함.

51) John Hick, *Philosophy of Religion*(Englewood Cliffs : Prentice-Hall, 1983), p.20.

52) *Ibid*., p.18.

53) 최명관 역·저, 『방법서설·성찰 - 데카르트연구』 (서울 : 서광사,

1983), pp.91～106 참조.

54) *Ibid.*, pp.115～121 참조.

55) D. Hume, *A Treatise on Human Nature*(Oxford : Clarendon Press, 1967), p.66.

56) Kant, *Lectures on P. T,* pp.62f.

57) Kant, *K. d. r.* V, B.626f. cf. Kant, *Lectures on P. T,* p.59.

58) Taler : 15～19세기의 독일 은화

59) Kant, *K. d. r. V,* B.627.

60) *Ibid.*, B.630.

61) Kant, *K. d. p. V,* [250].

62) Kant, *Lectures on P. T,* p.32.

63) *Ibid.*, p.50.

64) *Ibid.*, p.80.

65) *Ibid.*, pp.44f.

66) *Ibid.*, p.58.

67) *Ibid.*, p.44.

68) *Ibid.*, p.43.

69) *Ibid.*, p.49.

70) Kant, *K. d. r. V,* B.660에 '우주론적 신학(Kosmotheologie)'이라는 용어가 나옴.

71) Aristotle, *Metaphysica ; The Works of Aristotle,* Vol.Ⅷ (Oxford : Clarendon Press, 1966), 999b.

72) Thomas Aquinas, *Summa Theologiae 2* (London and New York : McGraw-Hill Book Co., 1964), pp.13～19, Question 2, Whether there is a God, article 3, Is there a God?

73) *Ibid.*, pp.13～14.

74) *Ibid.*, pp.14～15.

75) *Ibid.*, pp.14～15.

76) *Ibid.*, p.15.

77) *Ibid.*, pp.16～17.

78) Kant, *Lectures on P. T,* p.32.

79) Kant, *K. d. r. V,* B.632.

80) *Ibid.*, B.632f.

81) Kant, *Lectures on P. T,* p.60.

82) Kant, *K. d. r. V*, B.634. cf A. Wood, *Kant's Rational Theology*(Ithaca : Cornell University Press, 1978), p.124.

83) Kant, *Lectures on P. T,* p.35.

84) 최일운,『비판철학의 비판』(대구 : 형설출판사), p.185 참조.

85) Kant, *Lectures on P. T,* p.81.

86) '자연신학(Physikotheologie)'이라는 용어는 Kant, *K. d. r. V,* B.660에 나타남.

87) John Hick, *Philosophy of Religion* (Englewood Cliffs : Prentice-Hall, 1983), p.23.

88) T. E. Wilkerson, *Kant's Critique of Pure Reason* (Oxford : Clarendon Press, 1976), p.150.

89) A. Wood, *Kant's Rational Theology* (Ithaca : Cornell University, 1978), p.130.

90) Kant, *K. d. r. V,* B.650f.

91) *Ibid.*, B.653f.

92) Kant, *Kritik der Urteilskraft*(Hamburg : Verlag von Felix Meiner, 1974), [293], [323], [328] 참조(이하 Kant, *K. d. U*라 약기함).

93) A. Wood, *op. cit.*, pp.136f.

94) Kant, *K. d. r. V*, B.655.

95) *Ibid.*, B.655.

96) *Ibid.*, B.656.

97) Kant, *K. d. U,* [410].

98) Kant, *Lectures on P. T,* p.38.

99) D. Hume, *Dialogues Concerning Natural Religion*(New York : Hafner Press, 1948), Part V. p.39(이하 Hume, *Dialogues*라 칭함).

100) Kant, *Lectures on P. T,* p.37.

101) *Ibid.*, p.38.

102) Kant, *K. d. U,* [472].

103) Kant, *K. d. r. V,* B.653.

104) *Ibid.*, B.651.

■ 제3장 도덕신학의 기본구조

105) 『순수이성비판』에서 '도덕신학(Moraltheologie)'이라는 용어는 B.660, 669, 842, 847에 등장한다.

106) '要請(Postulat)'이론에 대한 집중적인 논의는 Kant, *K. d. p. V,* [219~240]에서 이루어지고 있다.

107) Kant, *K. d. p. V*, [22]~[23] 주.

108) *Ibid*., [238]. [239].

109) *Ibid*., [6~7].

110) Kant, *K. d. p. V,* Vorrede [4]. '표석(Schlußstein)'은 아아치(arch)의 머리 꼭대기에 끼어 있는 돌이요, 이 돌이 있어서 아아치의 전 건축물이 굳건하여 진다.(최재희 역, 『실천이성비판』(서울 : 박영사, 1981), p.1 주)

111) J. L. Mackie, *The Miracle of Theism* (Oxford : Clarendon Press, 1986), pp.108f.

112) Kant, *K. d. r. V,* B.472.

113) *Ibid*., B.473.

114) *Ibid*., B.474.

115) *Ibid*., B.476.

116) *Ibid*., B.561.

117) *Ibid*., B.562.

118) *Ibid*., B.474f.

119) Bernard Carnois, tr. David Booth, *The Coherence of Kant's Doctrine of Freedom*(Chicago : The University of Chicago Press, 1973)은 '선험적 자유'와 '실천적 자유'를 잘 구분하여 설명하고 있다.

120) 김종문, "Kant에 있어서의 이성의 자유" 『철학연구』 제35집 (한국철학연구회, 1983. 8), pp.74f.

121) Kant, *K. d. r. V*, B.562.

122) Kant, *K. d. p. V*, [5]의 주.

123) *Ibid*., [56].

124) *Ibid*., [54].

125) 한단석, 『칸트철학사상의 이해』, p.220.

126) Kant, *K. d. p. V*, Vorrede [4].

127) 한단석, *op. cit*., p.339.

128) Kant, *K. d. p. V*, [4～5].
129) *Ibid*., [13].
130) 칸트, 『도덕형이상학 원론』, 이규호 역, 서울 : 박영사, 1975, p.125.
131) Kant, *K. d. r. V,* B.410f.
132) *Ibid*., B.411.
133) *Ibid*., B.402.
134) *Ibid*., B.421.
135) A. Wood, *Kant's Moral Religion*, p.176.
136) S. Körner, *Kant*(Harmondsworth : Penguin Books Ltd., 1979), p.165.
137) F. Copleston, *A History of Philosophy,* Vol.Ⅵ(Westerminster : The Newman Press, 1961), p.339.
138) Kant, *K. d. p. V,* [220].
139) A. Wood, *Kant's Moral Religion,* p.116 이하.
140) *Ibid*., p.147.
141) Kant, *K. d. p. V*, [220].
142) Kant, *K. d. r. V*, B.839.
143) C. D. Broad, *Kant*(Cambridge University Press, 1979), p.267.
144) A. Wood, *Kant's Moral Religion,* pp.180f.
145) Kant, *K. d. p. V*, [220].
146) Kant, *K. d. r. V*, B.400.
147) Kant, *K. d. r. V*, B.454～471 참조.
148) *Ibid*., B.472～483 참조.
149) *Ibid*., B.480.
150) *Ibid*., B.481.
151) *Ibid*., B.480, 482.
152) *Ibid*., B.481, 483.
153) *Ibid*., B.443.
154) *Ibid*., B.444.
155) *Ibid*., B.496.
156) *Ibid*., B.589.
157) *Ibid*., B.590f.
158) J. Hirschberger, *Geschichte der Philosophie* Ⅱ 강성위 역, 『서양철학사』 하권, 근세와 현대(서울 : 이문출판사, 1987), pp.453f.

159) A. Wood, *Kant's Moral Religion*, p.95.

160) *Ibid*., pp.39f.

161) Kant, *K. d. p. V*, [194].

162) *Ibid*., [198]

163) *Ibid*., [199]

164) *Ibid*., [40]

165) A. Wood, *op. cit*., pp.91f.

166) J. L. *Mackie, op. cit*., pp.107f.

167) A. Wood, *op. cit*., p.85.

168) *Ibid*., p.86.

169) Kant, *K. d. p. V*, [62].

170) C. D. Broad, *Kant*, pp.265f.

171) Kant, *Die Religion innerhalb der Grenzen der bloßen Vernunft* (Hamburg Verlag Von Felix Meiner, 1956), S.59~62 참조.(이하 Kant, Die Religion)이라고 약기함)

172) J. R. Silber, "The Importance of the Highest Good in Kant's Ethics," *Ethics,* April 1963.

173) W. H. Walsh, *Kant's Moral Theology*(Dawes Hicks Lecture on Philosophy British Academy, 1963), p.271.

174) Kant, *K. d. p. V,* [220].

175) Kant, *Die Religion,* S.67.

176) Kant, *K. d. p. V,* [204]~[205].

177) 이 내용은 사도 바울(St. Paul)의 절규(로마서 7:19~24)를 연상케 함.

178) A. Wood, *Kant's Moral Religion,* pp.124f.

179) Kant, *K. d. p. V,* [205].

180) Kant, *Die Religion,* S.17f.

181) Ibid., S.18.

182) Ibid., S.18f.

183) Ibid., S.19.

184) Kant, *Lectures on P. T,* p.115.

185) *Ibid*., p.115.

186) 김균진, 『기독교조직신학』 I, pp.368~370 참조.

187) Kant, *Die Religion,* S.45.

188) *Ibid.*, S.45f.
189) 신옥희, "칸트에 있어서 근본악과 신" 칸트 저, 신옥희 역, 『이성의 한계 안에서의 종교』(서울 : 이화여자대학교 출판부, 1984), pp.272f.
190) Kant, *Lectures on P. T.* p.117주.
191) *Ibid.*, p.117.
192) Kant, *Die Religion,* S.38.
193) *Ibid.*, S.38f.
194) Clement, C. J., *Kant's Philosophy of Religion*(New York : Kraus Reprint Co., 1970), pp.110f.
195) Kant, *Die Religion*, S.25～28 참조.
196) John R. Silber, "The Ethical Significance of Kant's *Religion*." in Kant, *Religion Within the Limits of Reason Alone*, New York : Harper Torchbooks, 1960, p. cxxvi.
197) 신옥희, "칸트에 있어서 근본악과 신" 『이성의 한계 안에서의 종교』, p.271.
198) Kant, *Die Religion*, S.37.
199) A. Wood, *Kant's Moral Religion*, p.214.
200) Kant, *Die Religion,* S.33.
201) *Ibid.*, S.33f.
202) A. Wood, *Kant's Moral Religion*, pp.218f.
203) 신옥희, "칸트에 있어서 근본악과 신" 『이성의 한계 안에서의 종교』, pp.270f.
204) Kant, *Die Religion,* S.44.
205) *Ibid.*, S.55.
206) *Ibid.*, S.67.
207) *Ibid.*, S.91.
208) *Ibid.*, S.91.
209) Kant, *Lectures on P. T,* p.116.
210) *Ibid.*, p.118.
211) Kant, *Die Religion,* S.47.
212) *Ibid.*, S.56.
213) *Ibid.*, S.47, S.50.
214) *Ibid.*, S.51.

215) *Ibid.*, S.53.
216) Kant, *K. d. U,* [428].
217) A. Wood, *Kant's Moral Religion,* pp.159f.
218) *Ibid.*, p.160.
219) *Ibid.,* p.245.
220) *Ibid.*, p.236.
221) *Ibid.*
222) Kant *Die Religion*, S.155f.
223) A. Wood, *op. cit.*, p.240.
224) 신옥희, "칸트에 있어서 근본악과 신" Kant 저, 신옥희 역, 『이성의 한계 안에서의 종교』 부록 1, pp.268f.
225) *Ibid.*, p.275.
226) *Ibid.*, p.276.
227) *Ibid.*, p.277.
228) P. Tillich, *Perspectives on 19th and 20th Century Protestant Theology,* 송기득 역, 『19~20세기 프로테스탄트 사상사』 (서울 : 한국신학연구소, 1982), pp.85f.
229) 신옥희, *op. cit.*, p.277.
230) 김균진, *op. cit.*, pp.299f.
231) Kant, *Lectures on P. T,* p.54.
232) A. Wood, *Kant's Rational Theology,* p.92.
233) Kant, *K. d. p. V,* [251].
234) Kant, *Lectures on P. T,* p.121.
235) *Ibid.*, pp.99-101 cf. A Wood, *op. cit.*, p.165.
236) Kant, *K. d. U,* [257~258].
237) A. Wood, *Kant's Rational Theology,* p.23.
238) Kant, *Lectures on P. T,* p.79.
239) W. H. Walsh, *Kant's Moral Theology,* p.281.
240) Kant, *Lectures on P. T.* pp. 109~131 참조.
241) Kant, *K. d. r. V,* B.725, B.728.
242) Kant, *Lectures on P. T,* p.79.
243) A. Wood, *Kant's Moral Religion,* p.164.
244) 일반적으로 살아계신 신의 속성을 논할 때 다음과 같은 분류형식

을 띤다. (1) 형이상학적 속성 ① 비물질적(imcorporeal) ② 전지(omniscient) ③ 편재(omnipresent) ④ 전능(omnipotent ⑤ 유일(unique) ⑥ 영원(eternal) (2) 도덕적 속성 ① 사랑(love) ② 정의(justice) ③ 자애(benevolent) ④ 전선(wholly good) ⑤ 성결(holy) (Kant, *K. d. r. V*, B.843 참조.)

245) Kant, *Lectures on P. T,* pp.41f.

246) Kant, *K. d. r. V,* B.843.

247) Kant, *K. d. p. V,* [252].

248) "A History of Natural Theology, according to Meiners" *Historia doctrinae de Uno vero Deo.*" Kant, *Lectures on P. T*, : Appendix, p.166.

249) Kant, *Lectures on P. T,* pp.111~113 참조.

250) Uwe Schultz, Kant, 최혁순 역, 『칸트』 (서울 : 행림출판사, 1980), pp.175f.

251) Kant, *Lectures on P. T,* p.113.

252) *Ibid.*, p.114.

253) *Ibid.*

254) *Ibid.*

255) Kant, *Die Religion,* S.158f.

256) 신옥희, "칸트에 있어서 근본악과 신," 칸트 저, 신옥희 역, 『이성의 한계 안에서의 종교』, pp.293f.

257) 김균진, 『기독교 조직신학』 Ⅰ, pp.308f.

258) Kant, *Lectures on P. T,* p.23.

259) *Ibid.*, p.131.

260) 이것은 신의 본질(essence)로부터의 우주의 현현을 설명함. (Baumgarten, *Metaphysica*, § 927) ; Kant, *Lectures on P. T,* pp.131f.

261) Kant, *Lectures on P. T,* p.133.

262) Baumgarten, *Metaphysica,* § 940 ; Kant, *Lectures on P. T,* p.133 註 참조.

263) Kant, *Lectures on P. T,* p.133.

264) *Ibid.*, p.135.

265) *Ibid.,* p.135.

266) *Ibid.*, p.136.

267) *Ibid.*, p.137.

268) *Ibid.,* p.137 註 참조.

269) *Ibid.*, p.143.

270) Baumgarten, *Metaphysica,* § 942 ; Kant, *Lectures on P. T.* p.143. 註 28 참조.

271) *Ibid.*

272) *Ibid.*, p.151.

273) *Ibid.*, p.152.

274) *Ibid.*, p.153.

275) *W. H. Walsh, op. cit.,* pp.274f.

276) Kant, *Lecture on P. T,* p.156.

277) Kant, *Die Religion,* S.156.

■ 제4장 도덕신앙과 도덕공동체

278) Johannes Wallmann, "경건주의의 이해," 주도홍 편저, 『독일경건주의』(서울: 이레서원, 2003), p.9.

279) 주도홍, "개혁교회 경건주의," 주도홍 편저, 『독일경건주의』(서울 : 이레서원, 2003), p.169.

280) *Ibid.*, p.173.

281) Bernard M.G. Reardon, *Kant as Philosophical Theologian* (Macmillan Press, 1988), p.7.

282) *Ibid.*, pp.4～5.

283) Karl Vorländer, *Immanuel Kants Leben,* 서정욱 옮김, 『칸트의 생애와 사상』(서울: 서광사, 2001), p.20.

284) Bernard M.G. Reardon, *op. cit.*, p.19.

285) 주도홍, "개혁교회 경건주의," *op. cit.*, p.168.

286) Philipp Jakob Spener, *Pia Desideria,* 주도홍 편저, 『독일경건주의』, pp.116～161 참조.

287) Johannes Wallmann, 주도홍 편저, 『독일경건주의』, pp.23～26 참조.

288) Bernard M.G. Reardon, *op. cit.*, p.16.

289) 지형은, 『경건주의 연구 : 갱신 · 시대의 요청』(서울 : 한들출판사, 2003), p.98.

290) Ernst Cassirer, *The Philosophy of the Enlightenment*(Princeton Uni-

versity Press, 1979), p.134.
291) *Ibid.*, pp.134～196 참조
292) 지형은, *op. cit.*, pp.71～72.
293) Kant, *Beantwortung der Frage: Was ist Aufklärung?* AK.Ⅷ,35, 배석원,『도덕과 종교』(대구 : 이문출판사, 1988), p.8 재인용.
294) 이진오, "칸트와 기독교 - 칸트의 초월적 비판철학에 있어서 이성종교와 기독교," 칸트 서거 200주년 기념 학술대회보,『칸트와 종교』(한국 칸트학회, 2004. 12.), p.60.
295) Paul Tillich, *A History of Christian Thought* (NewYork: A Touchstone Book, 1968), p.286.
296) Kant, *K. d. r. V,* B.848
297) *Ibid.*, B.850.
298) *Ibid.*, B 852.
299) *Ibid.*, B 853.
300) *Ibid.*, B 856.
301) 신옥희,『석가와 칸트에 있어서 자아의 문제』,『이성의 한계 안에서의 종교』(이화여자대학교출판부, 1984), p.335.
302) W. H. Walsh, *op. cit.*, pp.283f.
303) Kant, *Lectures on P. T.* p.122.
304) Allen Wood, *Kant's Moral Religion* (Ithaca and London : Cornell University Press, 1970), p.164.
305) Kant, *Lectures on Ethics* (London : Methuen and Co., 1979), p.95.
306) A.Wood, *Kant's Moral Religion* p.163.
307) Kant, *Lectures on Ethics,* p.96.
308) Allen Wood, *Kant's Moral Religion*, p.169.
309) *Ibid.*, p.176.
310) 김영태,『칸트의 도덕신학에 관한 연구』(전북대학교 대학원 철학박사 학위논문, 1989. 2), pp.82～87 참조.
311) Kant, *Die Religion,* p.191.
312) Kant's *Lectures on Ethics,* p.104.
313) *Ibid.*, p.112.
314) Kant, *Die Religion*, p.220.
315) *Ibid.*, p.114.
316) *Ibid.*, p.156.

317) 대표적인 예로서 브라만교(고대 힌두교)의 3신(브라흐마 = 창조의 신, 비쉬누 = 유지 및 통치의 신, 쉬바 = 파괴 및 심판의 신) 사상을 들 수 있을 것이다.

318) Kant, *Die Religion*, p.158.

319) *Ibid*., pp.117-118.

320) *Ibid*., p.182.

321) *Ibid*., p.183.

322) *Ibid*., pp.13-14.

323) 유태교에 대한 신랄한 비판은 『종교론』제 4권 제 2부에서 이루어지고 있다.

324) 필자가 1986년 가을학기에 The Hebrew University of Jerusalem에서 E. Fackenheim과의 대화를 통하여 확인한 사실임. E. Fackenheim은 그곳에서 종교철학을 강의하고 있었으며 'Ausschwitz의 목소리'로 유명한 철학자였음.

325) Kant, *Die Religion*, p.177. cf. 레위기 11:44, 베드로전서 1:15~16.

326) 본 연구자가 직접 확인하여 세어 본 결과임.

327) 量義治, "이성종교와 기독교,"『한단석교수 정년 기념논문집』(전북 전주: 선명출판사, 1993), p.188.

328) Philipp Jakob Spener, *Pia Desideria,* 주도홍 편저,『독일경건주의』(서울: 이레서원, 2003), p.106 재인용.

329) *Ibid*., p.112.

330) W. T. Purkiser, *Sanctification and Its Synonyms,* Kansas: Beacon Hill Press, 1963), p.13.

331) Kant, *Lectures on Ethics,* p.98.

332) Allen Wood, *op. cit*., p.230, p.246.

333) 최성환, "현실과 이상의 화해로서의 종교,"『칸트연구』제13집 (2004. 6), p.170 참조.

334) Bernard M.G.Reardon, op. cit., p.103. Allen Wood, *op. cit*., pp. 228~9 참조.

335) 김종국, "칸트와 프로테스탄트교," 한국칸트학회,『토마스에서 칸트까지』(서울: 철학과 현실사, 1999), p.130 참조.

336) 칸트의 윤리적 공동체 논의는『종교론』제3권 제1편에서 유태교와 기독교를 비교하면서 이루어지고 있다.

337) Allen Wood, *op. cit*., p.189 참조.

338) Kant, *Die Religion*, pp.104～105.

339) *Ibid.*

340) A. Wood, *Kant's Moral Religion,* p.156.

341) A. Wood, *Kant's Moral Religion*, pp.188f.

342) *Ibid.*, p.226.

343) Kant, *Die Religion*, p.102.

344) *Ibid.*, p.104.

345) *Ibid.*, p.107.

346) 김용정, 『칸트철학연구』 (서울 : 유림사, 1983), p.285.

347) 신옥희, 「칸트에 있어서 근본악과 신」, 『이성의 한계 안에서의 종교』, pp.289f.

348) A. Wood, *Kant's Moral Religion*, p.193.

349) Kant, *Die Religion*, p.110.

350) *Ibid.*, p.109.

351) *Ibid.*, pp.109f.

352) *Ibid.*, p.110.

353) *Ibid.*, p.111.

354) 최일운, *op. cit.*, p.447.

355) Kant, *Die Religion*, p.134.

356) *Ibid.*, pp.141f.

357) *Ibid.*, p.144.

358) *Ibid.*, p.145.

359) A Wood, *op. cit.*, p.195.

360) *Ibid.*

361) *Ibid.*, p.196.

362) *Ibid.*, p.196 재인용.

363) *Ibid.*, p.78.

364) *Ibid.*

365) J. L. Mackie, *op. cit.*, p.107.

366) Kant, *Lectures on Ethics*, p.252.

367) *Ibid.*, p.253.

■ 제5장 결 론

368) Theodore M. Greene, *Kant Selections*(New York : Charles Scribner's Sons, 1957), p.273.

369) Martin Buber, *Eclipse of God*(New York : Harper and Row, 1952), p.52. 신옥희, 「칸트에 있어서 근본악과 신」, 칸트 저, 『이성의 한계 안에서의 종교』, p.287 재인용.

370) *Ibid.*

371) *Ibid.*, p.288.

372) Rudolf Otto, tr. John W. Harvey, *The Idea of the Holy* (London : Pelican Books, 1959), p.19.

373) 신옥희, *op. cit.*, p.301.

374) *Ibid.*, p.302.

375) James Collins, *The Mind of Kierkegaard*(Princeton : Princeton University Press, 1983), p.264.

376) W. James, *The Varieties of Religious Experience*(New York : Macmillan, 1961), 16~17장 참조.

377) P. Tillich, "The two types of Philosophy of Religion," *Union Seminary Quarters Review*, May 1946, pp.3~13 참조.

378) 신옥희, *op. cit.*, p.300.

379) 황필호, 「현대종교 철학의 흐름」, 『철학연구』 제20집(서울 : 철학연구회, 1985. 11). pp.37f.

B. 부록 1. 칸트철학에 있어서 근본악의 문제

1) Augustine, *Confessions* Ⅶ, Chapter 5(Vol. I), Harvard University Press, 1968, p.349.
2) Kant, *Die Religion innerhalb der Grenzen der blossen Vernunft* (Hamburg : Felix Meiner, 1956, 이하 *Die Religion*이라 약함), 제1권~제3권에서 '근본악'의 문제를 집중적으로 논의하고 있음.
3) Immanuel Kant, *Kritik der reinen Vernunft*, Hamburg: Felix Meiner Verlag, 1956, S.28. "Ich musste also das Wissen aufheben, um zum Glauben Platz zu bekommen".
4) *Die Religion* S.51.
5) Immanuel Kant, *Kritik der praktischen Vernunft*, Hamburg: Verlag von Felix Meiner, 1974, S.4. 주 참조.
6) Immanuel Kant, *Grounding for the Metaphysics of Morals,* trans. by James W. Ellington, Indianapolis : Hackett Publishing, 1981, p.49.
7) *Ibid.*, p.50.
8) *Die Religion*, S.48.
9) *Die Religion*, S.31.
10) *Die Religion.*, S.32.
11) 죄(Sin)라는 용어는 전적으로 종교적 영역에 속하는 것으로서 비종교적인 도덕철학이나 윤리학에서는 이것을 사용할 수 없다고 한다.(Gustaf Aulen, 『조직신학개론』, 김관석 역, 서울 : 대한기독교서회, 1965, pp.225~226.) 그러나 칸트가 이 말을 사용하고 있는 것은 악과 같은 의미로 혼용하고 있는 것 같다.
12) Die Religion, S.32. cf. Paul Tillich(1886~1965)는 죄를 Sin과 Sins로 구별하고 있다. 전자는 근원적 죄이고 후자는 현상적 죄라고 한다. 물론 현상적 죄는 근원적 죄의 결과이다.(Paul Tillich, *Systematic Theology* Vol. Ⅱ, The University of Chicago Press, 1975, pp.46~47).
13) *Die Religion*, S.44.
14) *Die Religion*, S.33. *cf.* 결국 칸트의 근본악설은 그리스도교의 원죄설에 대한 철학적 해석의 일환인 것 처럼 보인다.
15) *Die Religion.*, S.30.

16) *Die Religion*, S.30.

17) *Die Religion*, S.30.

18) Immanuel Kant, *Mutmasslicher Anfang der Menschengeschichte* (Cassirer), S.334. 고범서, 『개인윤리와 사회윤리』, 서울 : 한국신학연구소, 1980, p.64에서 재인용.

19) 고범서, 『개인윤리와 사회윤리』, 서울 : 한국신학연구소, 1980. p.64.

20) Emil Brunner는 Swiss 신학자이자 목사였다. Zürich대학교 신학교수를 지냈으며 Karl Barth(1886~1968)와 더불어 신정통주의(Neo-Orthodoxy) 신학자로 알려져 있다.

21) Emil Brunner, *Der Mittler,* Zürich : Zwingli-Verlag, 1947. S.102. 고범서, *op. cit.*, p.58에서 재인용.

22) Katl Jaspers, "Das radikal Böse bei Kant," *Rechenschaft und Ausblick*, München: R. Piper und Co. Verlag, 1951. S.92f.

23) *Ibid.*, S.93f.

24) *Ibid.*, S.94.

25) *Die Religion,* S.18f.

26) *Die Religion*, S.32.

27) *Die Religion*, S.29f.

28) 신약성서중 로마서 7:18~19(공동번역성서, 서울 : 대한성서공회, 1977).

29) *Die Religion,* S.40.

30) *Die Religion*, S.29f.

31) *Die Religion*, S.30.

32) *Die Religion*, S.27.

33) *Die Religion*, S.40.

34) *Die Religion*, S.55.

35) *Die Religion*, S.52.

36) *Die Religion*, S.37.

37) *Die Religion*, S.49.

38) *Die Religion*, S.52.

39) 이 교리는 그리스도교에서 중히 여기는바, 흔히 그 선결조건으로서 회개와 신앙을 든다. 영어로는 'regeneration' 혹은 'being born again'으로 표현된다.(cf. 신약성서 요한복음 3:3)

40) *Die Religion*, S.57.

41) 경건주의란 1675~1740년(65년간)까지의 시기에 독일 각지에서 일어났던 새로운 신앙운동. 회개를 통한 신생이 강조되며 개인정신의 자발성이 존중되었음.

42) *Die Religion*, S.58.

43) *Die Religion*, S.56.

44) *Die Religion*, S.56.

45) *Die Religions*, S.58.

46) *Die Religion*, S.3. Vorrede zur Auflage.

47) I. Kant, *Kritik der praktischen Vernunft,* Hamburg: Verlag von Felix Meiner, 1974. S.182.

48) *Die Religion*, S.51.

49) *Die Religion*, S.18.

50) Die Religion, S.25f. 칸트는 인간을 규정하는 3요소로 (1) 생물로서의 인간의 동물성의 소질, (2) 생물인 동시에 이성적 존재자로서의 인간성 소질, (3) 이성적인 동시에 책임을 감당하는 존재자로서의 인격성의 소질을 들고 있다.

51) Nicolai Hartmann, *Ethics* Vol. Ⅲ, New York: The Macmillan Co., 1951. p.271.

B. 부록 2. 신 존재 문제에 관한 도덕적 논증

1) Kant, *Kritik der reinen Vernunft*(이하 *K.d.r.V.*,라 칭함)(Felix Meiner Veralg, 1956). Vorrede, S. XXX.

2) *Ibid*., B. 399.

3) *Ibid*., B. 433.

4) *Ibid*., B. 595.

5) *Ibid*., B. 608.

6) *Ibid*., B. 672.

7) *Ibid*., B. 620.

8) *Ibid*., B. 631.

9) *Ibid*., B. 648.

10) 존재론적 논증은 *Anselmus*의 *Proslogion* 제2~4장에서 이루어지고 있음.

11) René Descartes, *Meditations*, 제5장.

12) T.E. Wilkerson, *Kant's Critique of Pure Reason(*Oxford University Press, 1976), p.143.

13) Taler=옛날의 은화, 약 3마르크에 해당한다고 함.

14) *K.d.r.V.*, B. 627.

15) *K.d.r.V.*, B. 630.

16) Aristoteles, *Metaphysica, The Works of Aristotle* Vol. Ⅷ(Oxford: Clarendon Press, 1966), 999b.

17) Thomas Aquinas, *Summa Theologica*(New York : McGraw-Hill, 1964), Vol. 2, Q 2. Art. 3. pp.13~17.

18) Wilkerson, *op. cit.*, p.148.

19) *K.d.r.V.*, B. 632.

20) *K.d.r.V.*, B. 634~635.

21) *K.d.r.V.*, B. 637~638.

22) William Paley, *Natural Theology: or Evidences of the Existence and Attributes of the Deity Collected from the Appearances of Nature,* 1802, John Hick, *Philosophy of Religion*, 황필호 역, 『종교철학개론』(서울 : 종로서적, 1981), p.55에서 재인용.

23) *K.d.r.V.*, B. 651~652.

24) *K.d.r.V.*, B. 653~654.

25) *K.d.r.V.*, B. 655.

26) *K.d.r.V.*, B. 657.

27) John Hick, 『종교철학개론』, 황필호 역(서울 : 종로서적, 1981), pp.57f.

28) *K.d.r.V.*, B. 666.

29) *K.d.r.V.*, B. 664.

30) *Kant, Die Religion innerhalb der Grenzen der bloßen Vernunf* (Verlag Von Felix Meiner, 1956) (이하 Religion이라 칭함), S. 108.

31) Kant, *Kritik der praktischen Vernunft*, [238~239] (이하 *K.d.p.V.*라 칭함).

32) *Ibid*.

33) *K.d.r.V.*, B. 852~857 참조.

34) *K.d.r.V.,* B. 852.

35) *K.d.r.V.,* B. 853.

36) *K.d.r.V.,* B. 856.

37) *K.d.p.V.,* [263].

38) *K.d.p.V.,* [289].

39) Kant는 신학을 근원적 존재자의 인식으로 이해하고 그것을 둘로 구분한다. (1) 이성신학(theologia rationalis), (2) 계시신학(theologia revelata). 전자를 선험적 신학 혹은 우주론적 신학, 후자를 자연적 신학 혹은 존재론적 신학이라고 부를 수 있다고 한다.

40) Kant, *Kritik der Urteilskraft*(Hamburg : Felix Meiner, 1974), [414].

41) S. 쾨르너, 『칸트의 비판철학』, 강영계 역(서울 : 서광사, 1983), p.194 재인용.

42) *K.d.p.V.,* [226].

43) *K.d.p.V.,* [224].

44) *K.d.p.V.,* [225].

45) *K.d.p.V.,* [207].

46) *Religion,* S. 5.

47) *Religion,* S. 49, 55.

48) *Religion,* S. 55.

49) Kant가 사변신학을 비판한 직접적인 동기는 D. Hume이 통속신학을 비판한 것에 자극받은 것이 아닌가 한다.

50) *Religion,* SS. 103f.

51) *Religion,* SS. 56～58.

52) L.Wittgenstein, *Tractatus Logico-Philosophicus*(New York : The Humanities Press, 1951)의 마지막 말(p.189).

B. 부록 3. 도덕적 이성신앙에 관한 고찰

1) 본고에서는 '도덕'과 '윤리'라는 용어를 상호 교환적인 것으로 사용하고자 한다. 칸트도 이 두 용어에 대해서 분명한 구획을 짓고 있지 않은 것으로 보인다.

2) Immanuel Kant, *Kritik der reinen Vernunft*(Hamburg: Felix Meiner,

1956), S. 28. (Ich muβte also das Wissen aufheben, um zum Glauben Platz zu bekommen.)

3) Immanuel Kant, *Die Religion innerhalb der Grenzen der blossen Vernunft* (Hamburg: Felix Meiner, 1961), S. 108(이하 *Die Religion* 이라 하겠음.)

4) "Kant 철학에 있어서의 근본악의 문제"는 전남대학교, 용봉논총(인문과학연구) 제12집(1982), 87～103, "신존재 문제에 관한 도덕적 논증"은 전남대학교, 논문집 제29집(1984), 45～63에 게재됨.

5) I. Kant, *Kritik der reinen Vernunft,* B. 852～856.

6) *Ibid.,* B. 856.

7) *Die Religion*, S. 126.

8) *Die Religion*, S. 182.

9) *Die Religion*, S. 156.

10) *Die Religions*, S. 113.

11) *Die Religion*, S. 139.

12) *Die Religion*, S. 139～141.

13) *Die Religion*, S. 59.

14) *Die Religion*, S. 197f.

15) *Die Religion*, S. 115f.

16) *Die Religion*, S. 184.

17) *Die Religion*, S. 191.

18) *Die Religion*, S. 58.

19) *Die Religion*, S. 96f.

20) *Die Religion*, S. 97.

21) *Die Religion*, S. 93.

22) Ludwig Wittgenstein, *Tractatus Logico-Philosophicus* (New York : The Humanities Press, 1951), p.189.

23) *Die Religion*, S. 195.

24) *Die Religion*, S. 199～200.

25) *Die Religion*, S. 196.

26) *Die Religion*, S. 218f.

27) *Die Religion*, S. 220f.

28) *Die Religion*, S. 226.

29) *Die Religion*, S. 226.

30) *Die Religion*, S. 227.
31) *Die Religion*, S. 108.
32) 신옥희, "Kant에 있어서 근본악과 신", 『철학』 (한국철학회) 제18집(1982), p.65.
33) *Die Religion*, S. 103f.
34) *Die Religion*, S. 101.
35) *Die Religion*, S. 106f.
36) *Die Religion*, S. 110.
37) *Die Religion*, S. 109.
38) 신옥희, "칸트에 있어서 근본악과 신", 『철학』 (한국철학회) 제18집(1982), p.67.
39) I. Kant, *Lectures on Ethics* (Methuen & Co. Ltd, 1979), p.253.
40) *Die Religion*, S. 109f.
41) 신옥희, "Kant에 있어서 근본악과 신", 『철학』 (한국철학회) 제18집(1982), p.64 재인용.
42) 윤이흠, "신념유형으로 본 한국종교사", 장병길 교수 은퇴기념논총 간행위원회, 『한국종교의 이해』 (서울 : 집문당, 1985), p.39.
43) 이영호, "인식과 신앙", 『철학』 (한국철학회) 제18집(1982), p.133 註 8) 재인용.

참고문헌

A. 본론. 칸트의 도덕신학에 관한 연구

1. 단행본

김균진.『기독교 조직신학』 Ⅰ. 서울 : 연세대학교 출판부, 1986.

박선목.『칸트와 형이상학』. 대구 : 학문사, 1983.

최명관 역 · 저『방법서설 · 성찰-데카르트 연구』. 서울 : 서광사, 1983.

최일운.『비판 철학의 비판』. 대구 : 형설출판사, 1982.

칸트 저, 신옥희역.『이성의 한계 안에서의 종교』. 서울 : 이화여자 대학교 출판부, 1984.

하영석 외.『칸트철학과 현대사상』(대한 철학회 논문집)『철학연구』 제38, 39집. 대구 : 형설출판사, 1984.

한단석.『칸트 철학 사상의 이해』. 서울 : 양영각, 1983.

Ayer, *A. J. Hume*. Oxford University Press, 1980. 서정선 역.『흄의 철학』, 서울 : 서광사, 1987.

Jaspers, Karl. *Der Philosophische Glaube*. 신옥희 역.『철학적 신앙』. 서울 : 이화여자대학교 출판부, 1981.

Otto, Rudolf. *Das Heilige*. 길희성 역.『성스러움의 의미』. 왜관 : 분도출판사, 1987.

Tillich, Paul. *Perspectives On 19th and 20th Century Protestant Theology.*

송기득 역. 『19~20세기 프로테스탄트 사상사』. 서울 : 한국신학연구소, 1982.

Van Til, Cornelius. *The Reformed Pastor and Modern Thought.* 이승구 역. 『개혁신앙과 현대사상』. 서울 : 엠마오, 1984.

Whitehead, A. N. *Religion in the Making.* 류기종 역. 『종교론』. 서울 : 종로서적, 1986.

Aquinas, Thomas. *Summa Theologiae* Vol. 1~15. London and New York : McGraw-Hill, 1964.

Beck, Lewis White. *A Commentary on Kant's Critique of Practical Reason.* Chicago : University of Chicago Press, 1960.

Broad, C. D. *Kant.* Cambridge University Press, 1978.

Buber, M. *Eclipse of God.* New York : Harper and Row, 1952.

Cahn, Steven M., Shatz, David. *Contemporary Philosophy of Religion.* Oxford : Oxford University Press, 1982.

Carnois, Bernard. translated by David Booth. *The Coherence of Kant's Doctrine of Freedom.* Chicago : The University of Chicago Press, 1987.

Collins, James. *The Mind of Kierkegaard.* Princeton : Princeton University Press, 1983.

Copleston, Frederick, S. J. *A History of Philosophy* Vol.Ⅵ (Wolff to Kant). Westminster, Maryland : The Newman Press, 1961.

Ewing, A. C. *A Short Commentary on Kant's Critique of Pure Reason.* London : Methuen, 1938.

Fackenheim, Emil L. *Encounters between Judaism and Modern Philosophy.* New York : Schocken Books, 1973.

Freud, Sigmund. *The Future of an Illusion.* London : W. W. Norton and Company, 1961.

Geach, Peter. *God and the Soul.* London : Routledge and Kegan Paul, 1969.

Greens, Theodore M. *KANT Selections.* New York : Charles Scribner's Sons, 1957.

Hick, John. *Arguments for the Existence of God.* London : Macmillan and Co. Ltd., 1970.

_____. *Philosophy of Religion.* Englwood Cliffs : Prentice-Hall, 1983.

_____. *The Existence of God.* New York : Macmillan Publishing Company, 1964.

Hirschberger, Johannes. *Geschichte der Philosophie* II, Freiburg : Verlag Herder, 1976.

Hume, David. *Dialogues Concerning Natural Religion.* New York : Hafner Press, 1948.

_____. *The Natural History of Religion.* Stanford University Press, 1957.

_____. A *Treatise of Human Nature.* Oxford : Clarendon Press, 1967.

James. William. *The Varieties of Religious Experience.* London : Collier Macmillan Publishers, 1961.

Jaspers. Karl, *Kant.* New York : Harcourt Brace Jovanovich, 1962.

Kant, Immanuel. *Prolegomena zu einer jeden künftigen Metaphysik.* Hamburg : Felix Meiner Verlag, 1969.

_____. *Kritik der reinen Vernunft.* Hamburg : Felix Meiner Verlag, 1971.

_____. *Kritik der praktischen Vernunft.* Hamburg : Verlag von Felix Meiner, 1974.

_____. *Kritik der Urteilskraft.* Hamburg : Verlag von Felix Meiner, 1974.

_____. *Die Religion innerhalb der Grenzen der blossen Vernunft.* Hamburg : Verlag von Felix Meiner, 1961.

_____. *Grundlegung zur Metaphysik der Sitten.* Reclam-Verlag Stuttvgart, 1952.

_____. *Werke* I～XI. Wiesbaden : Insel Verlag, 1960.

_____. *Lectures on Philosophical Theology*. Ithaca : Cornell University Press, 1986.

_____. *Lectures on Ethics*. translated by Louis Infield, Introduction by J. Macmurray, Whitstable : Methuen and Co., Ltd., 1979.

Kemp. John. *The Philosophy of Kant.* Oxford : Oxford University Press, 1968.

Kenny, Anthony. *The God of the Phiosophers.* Oxford University Press, 1968.

Körner, S. *Kant.* Harmonds-Worth : Penguin Books, 1979.

Livingston, James C. *Modern Christian Thought.* From the Enlightenment to Vatican Ⅱ. New York : Macmillan Publishing Company, 1971.

Mackie, Joan L. *The Miracle of Theism.* Oxford : Clarendon Press, 1986.

Mendelssohn, Moses. *Jerusalem or on Religious Power and Judaism*. London : University Press of New England, 1983.

Mill, John Stuart. *Nature and Utility of Religion.* New York : The Bobbs-Merrill Company, 1958.

Mitchell, Basil. *The Philosophy of Religion.* Oxford University Press,

1971.

Otto, Rudolf. *Das Heilige*. Breslau : Trewendt and Grainer, 1920. (*The Idea of the Holy*, tr. John W. Harvey, London : Pelican Books, 1959)

Paton, H. J. *The Moral Law*. London : Hutchinson University Library, 1969.

_____. *The Categorical Imperative.* New York : Harper and Row, 1965.

_____. *Kant's Metaphysics of Experience* Vol. Ⅰ. Ⅱ. London : George Allen and Unwin, 1970.

Pojman, Louis P. *Philosophy of Religion : An Anthology*, Belmont : Wadsworth Publishing Company, 1987.

Rotenstreich, Nathan. *Jews and German Philosophy-The Polemics of Emancipation*, New York : Schocken Books, 1984.

Santayana, George. *Reason in Religion.* New York : Dover Publications, 1982.

Smith, Norman Kemp. *A Commentary to Kant's Critique of Pure Reason.* New York : The MacMillan Press, 1979.

Taylor, Richard. *Ethics, Faith and Reason*. Englewood Cliffs : Prentice-Hall, 1985.

Tillich, Paul. *Systematic Theology* Vol. Ⅰ～Ⅲ. Chicago : University of Chicago Press, 1963.

_____. *What is Religion?* New York : Harper and Row, 1969.

Walker, Ralph C. S. *Kant.* London : Routlege and Kegan Paul Ltd., 1978.

Walsh, W. H. *Kant's Criticism of Metaphysics.* Chicago : The University of Chicage Press, 1975.

Webb, Clement C. J. *Kant's Philosophy of Religion*. New York : Kraus Reprint Co., 1970.

Wilkerson, T. E. *Kant's Critique of Pure Reason : A Commentary for Students*, Oxford University Press, 1976.

Wood, Allen W. *Kant' Moral Religion*, Ithaca and London : Cornell University Press, 1970.

_____. *Kant's Rational Theology*. Ithaca and London : Cornell University Press, 1978.

2. 논 문

김규영. “칸트의 ‘우주론적 증명’ 비판,” 『시간론』 pp.102～129. 서울 : 서강대학교 출판부, 1979.

김성린. “칸트에 있어서의 이념의 실재성에 관한 연구,” 미간행 철학박사 학위논문. 대전 : 충남대학교 대학원, 1984.

김우태. “칸트에 있어서의 도덕성의 근거,” 미간행 철학박사 학위논문. 전주 : 전북대학교 대학원, 1984. 8.

김종문. “칸트에 있어서 이성의 자유,” 『철학연구』 제35집 pp.41～110. 한국 철학연구회, 1983. 8.

손봉호. “칸트 철학 사상의 반형이상학적 경향과 칸트 철학,” 『철학연구』 제40집 pp.63～80. 대한철학회, 1985. 2.

신옥희. “칸트에 있어서 근본악과 신,” 『이성의 한계 안에서의 종교』. 신옥희 역. 이화문고 31. pp.265～304. 서울 : 이화여자대학교 출판부, 1984.

엄정식. “칸트와 비트겐슈타인의 비판 철학,” 『철학연구』 제40집

pp.123～150. 대한철학회, 1985. 2.

하영석. "칸트의 비판적 선험 철학의 과제," 『철학연구』 제40집 pp.I～36. 대한철학회, 1985. 2..

_____. "칸트의 자유론," 『범한 철학』 제2집 pp.I～16. 범한철학회, 1987. 가을.

황필호. "현대 종교철학의 흐름" 『철학 연구』 제20집 pp.21～45. 철학연구회(한국외국어대학교) 1985. 11.

Fackenheim, Emil L. "Kant and Radical Evil," in University of Toronto Quarterly. Vol.22(1954). pp.339～353.

Greene, Theodore M. "The Historical Context and Religious Significance of Kant's Religion," *Religion within the Limits of Reason Alone. tr.* Theodore M. Greene and Hoyt H. Hudson. New York : Harper and Row, 1960. pp.ix～1xxviii

Haezrahi, Pepita. "Kant on Religion and It's Relation to Ethics," *Studies in Philosophy* Vol.Ⅵ. Jerusalem : The Hebrew University, 1960. pp.199～221.

John R. Silber, "The Ethical Significance of Kant's Religion", Kant, *Religion within the Limits of Reason Alone.* tr. Theodore M. Greene and Hoyt H. Hudson. New York : Harper and Row, 1960. pp. 1, pp.1xxix～cxxxvi

Wagner, Hans. "Moralität und Religion bei Kant," 하영석 역, "칸트에 있어서의 도덕성과 종교," 『철학연구』 제24집(1976. 11). pp.169～181.

Walsh, W. H. "Kant's Moral Theology," Dawes Hicks Lecture on Philosophy, British Academy VolumeXLIX, pp.263～289. London : Oxford University Press Amen House, E. C. 4, 1963.

B. 부록 1. 칸트철학에 있어서 근본악의 문제

고범서, **개인윤리와 사회윤리**, 서울 : 한국신학연구소, 1980.

김태길, **윤리학**, 서울 : 박영사, 1981.

서동익외 3인 역, **세계의 대사상**, Vol. Ⅳ(칸트), 서울 : 휘문출판사, 1972.

정의채, **형이상학**, 서울 : 성바오로출판사, 1978.

최재희, **서양윤리사상사**, 서울 : 서울대학교출판부, 1975.

한단석, **칸트의 생애와 사상**, 서울 : 형설출판사, 1980.

Augustine, *Confessions*. Harmondsworth, England: Penguin Books Ltd., 1976.

Hartmann, Nicolai. *Ethics.* trans. by Stanton Coit. New York: The Macmillan Co., 1951.

Jaspers, Karl. "Das Radikal Böse bei Kant," in *Rechenschaft und Ausblick.* München: R. Piper und Co., Verlag, 1951.

Kant, Immanuel. *Die Religion innerhalb der Grenzen der blossen Vernunft.* Hamburg: Verlag von Felix Meiner, 1956.

______________. *Kritik der praktischen Vernnunft.* Hamburg: Verlag von Felix Meiner, 1974.

______________. *Grundlegung zur Metaphysik der Sitten*, Leipzig: Karl Vorländer, 1920.

______________. *Kritik der reinen Vernunft.* Hamburg: Felix Meiner Verlag, 1956.

부록 2. 신존재 문제에 관한 도덕적 논증

Broad, C.D. *Kant.* Cambridge University Press, 1979.

Jaspers, Karl. *Kant.* Harcourt Brace Jovanovich, 1962.

Kant, *Kritik der reinen Vernunft.* Hamburg: Felix Meiner Verlag, 1956.

____, *Kritik der praktischen Vernunft.* Hamburg: Felix Meiner Verlag, 1974.

____, *Kritik der Urteilskraft.* Hamburg: Felix Meiner Verlag, 1974.

____, *Die Religion innerhalb der Grenzen der bloßen Vernunft.* Hamburg: Felix Meiner Verlag, 1961.

Kemp, John. *The Philosophy of Kant.* Oxford University Press, 1968.

Smith, Norman Kemp, *A Commentary to Kant's Critique of Pure Reason.* The Macmillan Press, 1979.

Wilkerson, T.E. *Kant's Critique of Pure Reason.* Clarendon Press, 1976.

Hick, J.H. **종교철학개론.** 황필호 역, 서울 : 종로서적, 1981.

Jaspers, K. **철학적 신앙.** 신옥희 역, 서울 : 이화여자대학교출판부, 1981.

Körner, S. **칸트의 비판철학.** 강영계 역, 서울 : 서광사, 1983.

김태길, **윤리학.** 서울 : 박영사, 1981.

서남동, **전환시대의 신학.** 서울 : 한국신학연구소, 1982.

부록 3. 도덕적 이성신앙에 관한 고찰

이마뉴엘 칸트, **이성의 한계 안에서의 종교**, 신옥희 역, 서울 : 이화여자대학교출판부, 1984.

이영호, "인식과 신앙", **철학** (한국철학회) 제18집(1982), 121~123.

칼 야스퍼스, **철학적 신앙**, 신옥희 역, 서울 : 이화여자대학교 출판부, 1981.

폴 틸리히, **종교란 무엇인가?**, 황필호 역, 서울 : 전망사, 1983.

한단석, **칸트 철학사상의 이해**, 서울 : 양영각, 1983.

Broad, C.D. *Kant.* Cambridge University Press, 1979.

Hick, John H. *Philosophy of Religion.* Englewood Cliffs: Prentice-Hall, 1983.

Jaspers, Karl. *Kant.* Harcourt Brace Jovanovich, 1962.

Kant, Immanuel. *Kritik der reinen Vernunft.* Hamburg: Felix Meiner Verlag, 1956.

____________. *Kritik der praktischen Vernunft.* Hamburg: Felix Meiner Verlag, 1974.

____________. *Die Religion innerhalb der Grenzen der blossen Vernunft.* Hamaburg: Felix Meiner Verlag. 1967.

____________. *Lectures on Ethics.* Methuen & Co., Ltd. 1979.

Kemp, John. *The Philosophy of Kant.* Oxford University Press, 1968.

Smith, Norman Kemp. *A Commentary to Kant's Critique of Pure Reason.* The Macmillan Press, 1979.

Wilkerson, T. E. *Kant's Critique of Pure Reason.* Clarendon Press,

1976.

Wittgenstein, Ludwig. *Tractatus Logico-Philosophicus.* New York: The Humanities Press Inc., 1951.

영문초록 (Abstract)

본론. A Study on Kant's Moral Theology

Arguments for the existence of God are divided into two main groups : a priori and a posteriori arguments. An a priori argument rests on premises that can be known to be true independently of experience of the world. An a posteriori argument, on the other hand, is based on premises that can be known only by means of experience of the world.

The a priori argument is the ontological argument. The a posteriori arguments are the cosmological argument and the teleological (physicotheological) argument. The ontological argument for the existence of God is the most intriguing of all the arguments for theism. It is one of the most remarkable arguments ever set forth. First devised by Anselm(1033～1109), Archbishop of Canterbury in the eleventh century, the argument has continued to puzzle and fascinate philosophers ever since. How can we outline this argument? If we use the term 'God' as an abbreviation for Anselm's phrase "the being than which nothing greater can be conceived," then the argument seems to go approximately as follows : 1. God exists in the understanding but not in reality. 2. Existence in reality is greater than existence in the understanding alone. 3. God's existence in reality is conceivable. 4. If God did exist in reality, then He would be greater than He is. 5. It is conceivable that there is a being greater than God is. 6. It is conceivable that there be a being greater than the being than which nothing greater can be conceived. 7. It is false that God exists in the understanding but not in reality.

The general outline of cosmological argument (especially the First-Cause argument) goes something like this : 1. Everything has a cause., 2. An infinite regress is impossible. The series of causes and effects cannot go on indefinitely but must have a beginning. 3. So there must be a First Cause capable of producting everything besides itself. 4. Such a being must be an infinite, necessary being, that is, God. 5. Therefore, God exists.

The teleological (physico-theological) argument for the existence of God begins with the premise that the world exhibits intelligent purpose or order, and it proceeds to the conclusion that there must be or probably is a divine intelligence, a supreme designer, to account for the observed or perceived intelligent purpose or order. The skeleton of the argument looks like this : 1. Human artifacts are products of intellingent design. 2. The universe resembles these human artifacts. 3. Therefore, the universe is (probably) a product of intelligent design. 4. But the universe is vastly more complex and gigantic than a human artifact. 5. Therefore, there probably is a powerful and vastly intelligent designer who designed the universe.

In the area of natural theology Kant is a profound critic of the tradition of scholastic rationalism and its claims to natural knowledge about God. In the Analytic of *the First Critique*, Kant argues that the human faculty of knowledge is limited to the world of sense ; and in the Dialectic of the same work, he systematically criticizes the attempts of rationalist metaphysics to overcome this limitation.

Kant does reject its argument for God's existence, and turns something of a skeptical eye on its claims to speculative knowledge of the divine nature. But in the end, Kant is fundamentally unable to conceive of the human situation except theistically, and unable to conceive of God in any terms except those of the scholastic-rationalist tradition.

Kant's real aim is not to destroy theology, but to replace a dogmatic theology with a critical one : to transform rational theology from a complacent speculative science into a critical examination of the inevitable but perpetually insoluble problems of human reason, and a vehicle for the expression of our moral aspirations under the guidance of an autonomous reason.

'Theology of reason' contrasts with 'theology of revelation', a study for which Kant showed little sympathy despite his celebrated declaration that he had to abolish knowledge in order to make room for faith. The faith he wanted to recommend was not blind but rational ; the assurance he thought we had of God's existence was different in knid from the assurance we have about everyday matter of fact but not for that reason incapable of justification. *Credo quia absurdum and credo quia impossible,* whatever appeal they might have in other ages, were not slogans which had much attraction for men of the Enlightenment. And thought Kant was perhaps a man of the Enlightenment with a difference, he was in this respect typical of his time : he wanted a rational theology, or he wanted no theology at all.

Kant was of course aware that when men spoke of 'God', whether in ordinary life or in theology, they filled out the bare ontological concept of 'a being which possesses all reality' with extraneous matter, and so rendered the idea more definite and more intelligible. His question was, however, what justified this filling out. There were, in his view, only two sources from which we could derive such supplementary material : reflection on the phenomena of nature, and the moral life. And as regards the first, despite the respect with which he treated the argument from design, his conclusion was that the process of supplementation was quite illegitimate. In a careful and detailed treatment of the whole subject in the last part of the *Critique of Judgement* he argued that the step from teleology to theology could be taken only if we imported the idea of a final end of creation, an idea which could not be derived from the contemplation of natural phenomena but was properly a moral idea. Falling this we could not even arrive at the concept of a single architect of the natural world, much less of a supreme intelligence who is creator of heaven and earth. The physicotheological argument might, in the words of the *Critique of Pure Reason*, 'perhaps give additional weight to other proofs (if such there be)', but taken by itself it was useless to the theologian. Or, as Kant put it in another passage :

> Physico-theology is a physical teleology misunderstood. It is of no use to theology except as a preparation or propaedeutic, and it is only sufficient for this purpose when supplemented by a further principle on which it can rely. But it is not, as its name suggests, sufficient, even as a propaedeutic, if taken by itself.(Kant, *Kritik der Urteilskraft* (Verlag von Felix Meiner, 1974), §85)

If these contentions are correct, it follows that theological cencepts and statements must get any meaning they have from their connexion with morals. The concept of God, as Kant expressed the point in his second *Critique*, must be shown to belong not to physics, or metaphysics, but to ethics.

Moral theology, if there is to be such a thing, has clearly got to be something other than a further version of the old-fashioned speculative theology which Kant rejected in principle. Its whole ambience must be different. Speculative theology took its shart either from a truth about the world or from an idea, and argued that we were committed to God's existence on grounds which were, respectively, casual or logical. The object of the speculative theologian's inquiries was to attain enhanced understanding, and the status claimed for their results was that of knowledge or truth. As such they were meant to be independent of persons, just as scientific conclusions are, and certainly and nothing to do with the human will. By contrast the moral theologian must take his beginning not from a fact or a conceptual puzzle, but from something we do or a way in which we are practically affected, and his aim must be not to explain but to facilitate action. It follows that the assertions at which he arrives will not, in the strict sense, constitute knowledge ; they will represent convictions rather than truths. It follows again that any arguments to which he appeals will have a peculiar status : they cannot claim the universal validity which attaches to a successful geometrical demonstration or a congently presented scientific case, but will be valid only for those who shard the arguer's startingpoint. For a man who was totally insensitive to moral distinctions and totally unaware of moral obligation, moral theology would have no meaning whatsover.

The conception of God is almost anthropomorphic, and Kant insists that it is appropriate not to theology proper, but to what he calls 'demonology', a doctrine of gods or divine spirits such as was to be found among the early Greeks. Though we ascribe to God properties which are not primarily moral, such as omnipotence and omniscience, the predicates which belong to God 'exclusively and without qualification of magnitude' are all moral predicates. God is the only holy, the only blessed, and the only wise being, because these concepts of themselves imply unlimitedness. By arrangement of these He is thus the holy lawgiver(and creator), the beneficent ruler (and sustainer), and the just judge, These three descriptions, Kant adds, 'contain everything whereby God is the object of religion, and in conformity to them the metaphysical perfections of themseleve arise in reason.'

Knat is not usually thought of as a theologian. He is, in fact, remembered principally as a critic of the tradition of natural theology, on account of his influential attacks on the received proofs for God's existence.

As an ardent supporter of the Enlightenment, Kant dose not hesitate to express his mistrust of clericalism and traditional ecclesiastical institutions. He is the bitter opponent of any faith which encourages contempt for human reason and seeks to deprive it of its rightful sovereignty over thought and action. The only really acceptable religion for Kant is a religion of pure reason. He himself has only contempt for creeds whose main appeal is to our morbid emotions and for systems of fanaticism (schwärmerei) which found themseleves on extravagant aspirations to mystical theosophy. Kant is willing to condone a faith which bases itself on special divine revelation only insofar as the content of its revelation accords with the precepts revealed naturally to every human being through the faculty of reason.

부록 1. The Problem of 'radical evil' (das radikale Böse) in Kant's Philosophy

I think the attempt to understand the problem of 'radical evil' in Kant's philosophy is fraught with difficulties. And it may be presumptuous of me to survey it, I determined to find out it as much as possible. Kant writes that we may conceive three distinct degrees of a natural propensity of man to evil in his book [*Die Religion innerhalb der Grezen der blossen Vernunft*, 1793]: 1. The weakness of the human heart in following adopted maxims generally, or the frailty of human nature. 2. The propensity to mingle non-moral motives with the moral, that is impurity. 3. The propensity to adopt bad maxims, that is the depravity of human nature or of the human heart. The depravity, or if it is preferred, the corruption, of the human heart, is the propensity of the elective will to maxims which prefer other (not moral) springs to that which arises from the moral law. The moral disposition is thereby corrupted in its root, and the man is therefore designated bad. This is the very 'radical evil.'

Then, the rational origin of 'radical evil' is unfathomable for us. Because we are held responsible for being evil, and yet evil is originally inherent in human nature. The possibility that a naturally evil man should make himself into a good man surpasses all our understanding. But since we ought to turn away from evil, we must be able to. Kant arote, "…the command 'we ought to become better men,' resounds with undiminished force in our soul." This command (maybe moral law) is the only one that makes us conscious of the independence of our elective will on determination by any other springs(or freedom), and at the same time of the imputability of our actions. And man even the worst does not in any maxim, as it were, rebelliously abandon the moral law and renounce obedience to it. Is that all? Notwithstanding his corrupt heart, to have a good rational will has still left the hope of a return to the good from which he has gone astray.

Accordingly, Nicolai Hartmann also indicates that on man's part there is, in principle, no incapacity to be good, due to his guilt. That is the possibility of moral betterment. It is the most positive power that makes for goodness.

부록 2. Moral Argument on Existence of God in Kant's Philosophy

Kant deals with theology in each of the three *Critigues* and also in a work called *Religion within the Bounds of Mere Reason.*

In the *Critique of Pure Reason* he deals with the three main traditional arguments(ontological, cosmological, physicoeological) for the existence fo God. He concluded that they are all invalid. But they are not merely contingent mistakes; they arise naturally in the course of human thought, like the antimies. So Kant maintains that we can draw no conclusions at all about the existence or attributes of God from speculation.

In the *Critique of Practical Reason* he tries to show that the existence of God is a postulate which must be granted unless the demands of the moral law are to be self-stultifying. According to Kant, moral theology can make good the deficiency; althought it cannot give us knowledge, in the strict sense, of the existence and attributes of God, it can provide, from the side of practical reason, grounds for belief.

So far the moral argument is merely a modification and supplementation of the old physico-theological argument. But Kant insists that this is nopt the whole truth about it. Even if there were no traces of design in the material world, we could still use certain ethical facts about human nature as the basis of a moral argument.

So, we must not say it is certain that there is a God, but we are morally certain that He exists. In Kant's view, the only possible theology is moral theology, so-called 'natural theology' is not theology at all; it is at most a preparation for moral theology. In spite of his efforts to establish moral theology, Kant's moral argument for the existence of God seems to me to be very much weaker and unnatural.

부록 3. A Study of the Moral and Rational Faith in *Die Religion innerhalb der Grenzen Vernunft* in Kant's Religious Work

According to Immanuel Kant, every faith, even historical faith, must indeed be rational (for the ultimate touchstone of truth is always reason), but a rational faith is one which is based on no other data than those contained pure reason. Without pure rational faith the use of reason becomes either the pretension to universal knowledge pansophy or misology, the suicide of reason.

Therefore, religion and morality must go hand in hand. Religion is the application of the moral laws to the knowledge of God, and not the origin of morals. All religion assumes morality, and morality, cannot be derived from religion which does not assume morality, consists in a *cultus externus*, in sevice and praise. Nevertheless, there exist religions which are devoid of morality, and there are human beings who think they possess a religion though they have no morality.

Religion has two constituents: the honor of God and the love of God. There are two ways of showing honor to a person: practically, by doing His will; and as a flatterer, by outward marks of esteem, by ceremonial and by praise. we cannot honour God in this latter manner, by assurances of our esteem, and so on; we can only honour Him practically, by our acts.

We love God practically if we take pleasure in doing His commandments, because they are worthy of love; we love Him if we love His law and fulfil it lovingly.

God tells us to be holy, not meaning that we ought to imitate Him, but that we ought to strive to approximate to the unattainable ideal of holiness. We cannot imitate what is specically differnet from us; but we can be obedient and compliant. Our archetype is not a pattern which we must reproduce, but a rule to which we should conform.

The universal end of mankind is the highest moral perfection. The realization of the full destiny, the highest possible perction of human nature— this is the Kingdom of God on earth or the ethical community. This is the final end, the highest moral perfection to which the human race can attain; but the hope of it is still distant; it will be many centuries before it can be realized.

색 인 (Index)

ㅅ

ㅇ

ⓩ

ⓒ

ⓚ

ⓔ

ⓟ

ⓗ

저자약력

김영태

서울신학대학교 (신학과) 신학사
전남대학교 대학원 (철학과) 문학석사
전북대학교 대학원 (철학과) 철학박사
서울대학교 대학원 (종교학과) 종교학박사
The Hebrew University of Jerusalem(이스라엘) 객원연구원
Bethany Theological Seminary & Earlham School of Religion(Richmond, Indiana 미국) 객원교수
Texas Christian University (Fortworth, Dallas 미국) 객원교수
University of New Mexico (Albuqurque, New Mexico 미국) 객원교수
현재: 전남대학교 사범대학 윤리교육과 교수

도덕신학과 도덕신앙
– 칸트 종교철학의 실제 –

2006년 2월 10일 —— 인쇄
2006년 2월 20일 —— 발행

저 자 —— 김영태
발 행 —— 강정채
발행처 —— 전남대학교출판부

등록 1981. 5. 21. 제53호
500-757 광주광역시 북구 용봉동 300
TEL. (062) 530-0571～3
FAX. (062) 530-0579
http://altair.chonnam.ac.kr/～cnup

값 12,000 원

ISBN 89-7598-543-1(93190)

이 도서의 국립중앙도서관 출판시도서목록(CIP)은 e-CIP홈페이지(http://www.nl.go.kr/cip.php)에서 이용하실 수 있습니다.(CIP제어번호: CIP2006000351)